基于数据运用的教学改进

主编 沈子兴

上海大学出版社
·上海·

图书在版编目(CIP)数据

基于数据运用的教学改进 / 沈子兴主编. —上海：上海大学出版社，2022.6
ISBN 978 - 7 - 5671 - 4476 - 7

Ⅰ.①基… Ⅱ.①沈… Ⅲ.①数据处理-应用-课堂教学-教学研究 Ⅳ.①G424.21 - 39

中国版本图书馆 CIP 数据核字(2022)第 086781 号

责任编辑　傅玉芳
封面设计　柯国富
技术编辑　金　鑫　钱宇坤

基于数据运用的教学改进

主编　沈子兴
上海大学出版社出版发行
(上海市上大路99号　邮政编码200444)
(http：//www.shupress.cn 发行热线 021 - 66135112)
出版人　戴骏豪

*

南京展望文化发展有限公司排版
上海颛辉印刷厂有限公司印刷　各地新华书店经销
开本 710mm×1000mm 1/16 印张 20 字数 337 千
2022 年 6 月第 1 版　2022 年 6 月第 1 次印刷
ISBN 978 - 7 - 5671 - 4476 - 7/G・3440 定价　60.00 元

版权所有　侵权必究
如发现本书有印装质量问题请与印刷厂质量科联系
联系电话：021 - 57602918

前　言 | Foreword

　　本书是上海市长宁区创新团队研究项目"基于大数据分析的区域精准教研路径与策略研究"的研究成果之一。

　　众所周知,教研是促进教师专业发展的重要途径,教研工作是保障基础教育质量的重要支撑。纵观新中国成立以来的中国教研史,广大教研员凭借自己丰富的教学经验、熟练的教材处理能力以及行之有效的教学方法,组织开展各层次的教研活动,数以千万计的教师通过教研活动获得专业成长。然而,随着时代的发展,教研工作的外部要求和内部需求发生了重大变化,传统教研中的许多问题日益显现,例如教师需求错位、供学矛盾凸显及交流反馈迟滞等。其中较为突出的问题是教研效能不高,教研员往往凭借个人的经验主观臆断地开展工作,缺少实证研究,教研针对性不强。随着大数据时代的到来,我们发现,这些问题归根结底是教研数据的运用问题,即如何通过教师的需求数据、行为数据开展研究,了解教师专业发展的需求,才能真正改进教师的教学方法,提高教育教学质量。互联网+时代,云计算、物联网、人工智能等新一代信息技术的蓬勃发展和广泛应用,无一离得开数据的底层支撑,有数据才有智能,有数据才有精准,数据对教研的驱动作用亦当如此。在此背景下,精准地分析和运用学生学习数据、课堂教学数据和区域教育数据,已经成为教研发展的新趋势和新热点。

　　《教育部关于加强和改进新时代基础教育教研工作的意见》(教基〔2019〕14号)中明确提出教研工作要"积极探索信息技术背景下的教研模式改革",适应新时代教育改革发展的需要,教研员必须成为教师专业发展的把脉者、组织者和引领者。通过数据的分析和研究,精准地分析问题,制定精准教研改进策略,实现由经验型向科学型的转变。基于这样的背景和要求,我们开展了数据驱动下的区域精准教研转型的实践研究,促使区域教研活动由基于经验向基于数据转型。经过几年的实践探索,初步形成了基于三类数据分析的教研模型,指导广大教师开展基于数据分析的教学改进,取得了可喜的成效,由精准教研实现精准教学。

本书内容分两个部分,第一部分简单介绍创新团队研究项目,包括研究内容、研究过程、研究成果等;第二部分介绍项目研究的系列成果,呈现一线教师在教学过程中开展基于数据分析的教学改进的27个案例,这些案例是2020年长宁区教育学会与长宁区教育学院联合开展的"基于数据运用的教学改进"征文活动中获得一、二等奖的作品,反映了长宁区中小学一线教师在大数据时代实现教育数字化转型的背景下运用数据开展精准教学的真实情况。

本书的出版得到了长宁区教育学会、长宁区教育学院以及上海大学出版社的大力支持,感谢创新团队核心成员付淑群老师在项目研究过程中贡献的智慧和付出的辛劳,感谢复旦初级中学李小林老师为书稿的整理付出的劳动,特别感谢案例的作者们长期的实践探索并为推动区域教育数字化转型、提高教学质量作出的贡献,我们将继续努力。

沈子兴
2021年12月

目 录 | Contents

第一部分 "沈子兴创新团队"
——"基于大数据分析的区域精准教研路径与策略的研究"项目

一、项目研究的内容 ………………………………………………………（ 3 ）
二、项目研究的过程 ………………………………………………………（ 6 ）
三、项目研究的成果 ………………………………………………………（ 8 ）
四、项目研究的社会影响力 ………………………………………………（ 28 ）

第二部分 研究成果应用
——长宁区"基于数据运用的教学改进"实践案例

一、让数据"说话"
　　——绿苑小学"绿色指标"校本化评价实践案例
　　　　…………………………………… 上海市长宁区绿苑小学　姚丽琳　（ 31 ）
二、灵活运用合作学习策略，提升学校"教师教学方式"指数
　　　　…………………………………… 上海市复旦初级中学　张电春　（ 44 ）
三、基于学生情绪问题数据分析开展三级干预的教学改进研究
　　　　…………………………………… 上海市西延安中学　杨红丽　吴 洁　（ 61 ）
四、基于数据分析下的初中高年级英语阅读教学中积极阅读策略的应用
　　　　…………………………………… 上海市天山第二中学　张 雪　（ 71 ）

五、基于数据分析的初中化学精细化教学实践
　　……………………………… 上海市复旦初级中学　周书静（84）
六、以数据驱动教学成效，以学习发生的灵活性重新定义作业
　　——Learn only学习本在线教学评估系统案例分析
　　……………………………… 上海市复旦初级中学　李小林（96）
七、营造温馨娄山校园，激发师生成长活力
　　——基于"三个指数"的学校改进行动
　　……………………… 上海市娄山中学　周　未　周若菡（111）
八、用好数据，服务教改，提升成效
　　——西延安中学对2020年"三个指数"测评报告的分析和使用
　　………………… 上海市西延安中学　伍　敏　郑　莹（120）
九、冥茫八极游心兵，坐令无象作有声
　　——初一学生记叙文写作优化策略探索
　　……………………………… 上海市复旦初级中学　陆毓灵（128）
十、小学数学高年级学段通过"计算卡"提高计算能力
　　………………………… 上海市长宁区安顺路小学　陈　旻（137）
十一、以语文组建设促进阅读与习作教学
　　——基于《上海市中小学学业质量绿色指标》数据分析研究
　　……………………… 上海市长宁区天山第一小学　庄佳叶（150）
十二、顺天性而为，助学生发展
　　——以2017年"学生成就发展指数"反馈整改为例
　　……………………… 上海市长宁区愚园路第一小学　徐贵强（160）
十三、基于数据分析的中学美术教育教学改进案例
　　——如何以绘本教学提升中学生创造性思维能力
　　……………………………… 上海市娄山中学　兰家悦（168）
十四、基于数据分析的英语试卷讲评课的探索与实践
　　——以九年级英语试卷词汇语法题的讲评为例
　　……………………………… 上海市延安实验初级中学　陈　冉（180）
十五、精准诊断，才能对症下药
　　——基于两次质量监测数据的分析与感想
　　……………………………… 上海市复旦初级中学　李娜娜（191）

十六、基于人工智能数据分析开展的精准作文修改

  ……………………………… 上海市延安中学 吕 斌（201）

十七、基于写作板块数据分析 提升学生写作品质

  …………………………… 上海市延安实验初级中学 蔡文圆（208）

十八、理想课程走向"泾"彩，助力学生理想发展

  ——"基于绿色指标的教学改进与实践研究项目"案例

  ……………………………… 上海市新泾中学 余 琼（215）

十九、相异构想的呈现在初中数学学习中重要性的探索

  ——基于八年级"二元一次方程"的课堂实践与数据分析

  …………………………… 上海市西延安中学 刘 艳（233）

二十、基于初中数学习题链式单元复习课的教学探究

  ………………………… 上海市天山初级中学 蒋莉婷（242）

二十一、以元认知策略培养学生自主整理、诊断反思能力

  ………………………… 上海市天山初级中学 徐 丽（249）

二十二、基于大数据平台的生命科学教学质量分析

  ……………………………… 上海市仙霞高级中学 王 佳（259）

二十三、复旦小学四年级数学学科诊断性评价分析案例

  …………………………… 上海市长宁区复旦小学 厉 悦（268）

二十四、"线上线下相融合教学模式"初探

  ………………………… 上海市长宁区天山第一小学 王 诚（277）

二十五、基于证据调整教研专题 关注表达训练读写结合

  ——以二年级语文学科阶段终结性评价中的看图写话为例

  ………………………… 上海市长宁区天山第一小学 吴珏芳（288）

二十六、依托数据分析 提升命题与评价能力

  ……………………… 上海市长宁区新虹桥小学 邹小群（296）

二十七、数据为眼 反思现状 探索改进

  ……………………… 上海市长宁区古北路小学 徐 萍（304）

第一部分

"沈子兴创新团队"
——"基于大数据分析的区域精准教研路径与策略的研究"项目

> # 长宁区教育学院
> # 沈子兴创新团队
>
> 长宁区人才工作协调小组办公室
> 2018年12月

  创新团队是经上海市长宁区人民政府组织部人才工作协调小组办公室评审确定的区级创新团队,通过组建研究团队开展项目研究,目的是进一步发挥区领军、拔尖人才和特级校(园)长书记、特级教师的引领、示范和带动作用,创新人才发展方式,鼓励和推动形成结构合理的人才梯队,根据《长宁区关于加快集聚高层次人才的若干意见》(长府〔2016〕56号)精神,经过个人申报、组织初审、专家面试等层层选拔,以区域内有引领示范作用的高层次人才作为团队领衔人,市、区级优秀骨干人才作为团队的主要成员,针对教育改革进程中的重大问题,集中攻关,工作项目直接服务于区域教育教学和学校持续发展。

一、项目研究的内容

(一) 项目名称

基于大数据分析的区域精准教研路径与策略研究

(二) 项目研究时间

2018—2021 年

(三) 项目领衔人

沈子兴,上海市数学特级教师,正高级教师,中国数学奥林匹克竞赛高级教练员,教育部基础教育质量监测中心特聘专家,上海市中学数学教材主审专家,上海市教委项目指导专家。华东师范大学、浙江师范大学、上海师范大学特聘教授。长期从事中学数学教研工作,曾任上海市长宁区教育学院教研室主任,现任长宁区教育学院副院长。

曾获得全国优秀教师、上海市"五一"劳动奖章、上海市优秀教育工作者、上海市园丁奖、上海市长宁区"十大领军人才""长宁人杰"等称号。多项成果获全国及上海市教育成果一、二等奖,全国及上海市课堂教学比赛一等奖。出版专著《评价,让教育充满活力》《教海求索》《中学数学过程性教学》《基于核心素养培育的数学教学设计》《我的教研故事》《特级教师公开课》等,主编参编教学参考书籍 40 余部。

(四) 项目研究基础

长期以来，领衔人在教研工作中一直关注数据的收集、分析和应用，主持开展了多个重大项目的研究，利用研究成果提高教研工作的精准性，进一步提高教学质量。

2010年5月，参与上海市重点课题"基于关键教育事件的教师培训的实践研究"，研究成果获上海市教科研成果一等奖（课题组核心成员）；主持课题"数学基础性课程中实施研究性学习的策略研究"，研究成果获第五届"中国教育学会奖"优秀教育科研成果奖（每5年一次）。

2012年，主持国家教育体制改革试点项目"改革义务教育教学质量综合评价办法"子项目"学习动力指数的研究"（2014年12月结项）。

2013年，"'三个指数'助推长宁教育改革"研究成果，获上海市首届基础教育教学成果一等奖（核心成员）；"区域推进高中多样化特色发展行动研究"获上海市级教育成果一等奖（核心成员）。

2015—2017年，主持上海市基础教育质量综合评价改革区深化试点项目（结项等第为优秀）。

2017年，主持市区合作项目"保障区域教育质量提升的教研机制建设"的研究，获上海市教研室主任论坛常青藤金奖。

2018年，领衔教育部国家义务教育质量监测结果应用试验区项目研究；长宁区被教育部基础教育质量监测中心选定为"首批国家义务教育质量监测结果应用实验区"（上海唯一）。

(五) 项目研究内容

本项目以区教研室多年积累的教研数据、质量监测数据为基础，根据"基于大数据分析的区域精准教研路径图"（图1）开展研究工作。

第一步，首先，开发数据聚类分析系统，构建区域教研数据挖掘与分析模型；其次，通过各项测评数据，分析教师的教学行为对教学效果所产生的影响，按照一定的类型进行聚类分析；最后，在前期分析的基础上总结归纳出不同类型的问题并研究针对不同类型问题的教研工作的策略与实施路径，形成一套用大数据提升区域教研质量的解决方案，提高广大教师应用数据分析问题的意识，提升广大教师运用数据分析精准分析教学中的问题的能力，达到提高教师的专业能力、

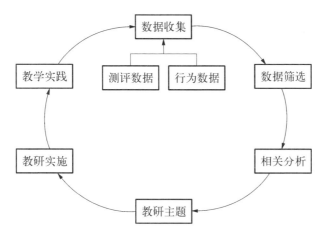

图 1 基于大数据分析的区域精准教研路径图

保障区域教学质量全面提升的目标。

第二步,开发"基于大数据分析的区域精准教研的案例分析范式",规范教研员的案例分析行为,该范式引导教研员以"主题策划、活动设计、活动实施、反思与分享"四个模块对教研活动进行分析,并且每个模块都有明确的要求,引导教研员从各个角度对教研主题进行思考与分析,实现精准教研、精准指导、精准教学。

二、项目研究的过程

（一）专家咨询，制定项目研究实施规划

针对项目如何开展研究、大数据如何处理、如何保证研究过程的科学性等问题，项目组邀请了上海市教育科学研究院研究员杨玉东博士、上海市教委教研室质量监测中心汪茂华博士、上海市特级教师余安敏教授、华东师范大学刘海波教授以及长宁区教育学会陈晞会长，诸位专家为项目组开展研究提供了很有参考价值的建议。

2018年，长宁区被教育部选定为"首批国家义务教育质量监测结果应用实验区"（上海唯一），凭借实验区的资源，借助教育部专家的力量，解决了不少项目实施过程中出现的问题。

2019年5月28日，在长宁区教育学院举行了项目启动大会，参加启动仪式的有上海市教育界知名专家，包括上海市首届教育功臣、上海市教科院原副院长顾泠沅教授，上海市教委教研室党总支书记、副主任纪明泽教授，华东师范大学刘海波教授，携程消费金融风控模型团队领衔人唐大维博士等。长宁区教育局、长宁区教育学院领导全程参加了会议，有时任长宁区教育局姚期局长、熊秋菊副局长、时任区委组织部人才办王岚科长。创新团队成员的教研室全体教研员参加了启动仪式。

纪明泽教授、刘海波教授、顾泠沅教授三位项目指导专家对项目的研究提出了许多指导性建议。纪明泽教授对项目的整体方案给了充分肯定，认为本项目真正体现了创新团队研究的前瞻性、创新性和实践性。作为评价专家和教研专家，纪教授从数据的筛选、模型的建立、教研策略、路径、机制等方面进行了专业性的指导。刘海波教授从理论层面对项目研究提出了建设性建议，包括如何准确抓住真问题、如何研究数据之间的关联、如何实现理论的创新等，为项目实施提供了具体操作的要求。顾泠沅教授回顾自身48年的教学研究历程，对本项目的研究提出了三方面的建议：一是要从大数据中寻找最小数据集。掌握具有

研究对象特征的数据,有用的数据,但数据不是越多越好,而是要为我所用;二是教研要切实针对教师的需求,但又必须领先教师的需求,这方面如何把握? 这需要研究;三是强调守正才能创新,教研是"中国的国宝",必须从中吸取精华,利用数据分析,聚焦有价值的问题开展研究,在此过程中实现理论的创新、研究方法的创新和实践能力的改进。顾老师作为一名老教研专家,从教研员的职责、教研员的研究方向与方法等介绍了自己的经验。

长宁区教育局领导对团队的建设提出了四个方面的要求:一是立足现实,培养面向未来的教师;二是团队需要根据专家的建议,完善创新方案;三是研究如何建立数据分析模型,保证研究的创新性、科学性和实用性;四是通过研究,切实改变教师的教学行为,提高区域教学质量,实现长宁区教育"保高原、建高峰"的目标。

(二) 组织培训,提高队员数据处理能力

为了提高广大教研员的数据素养,团队邀请科大讯飞股份有限公司技术员为长宁区教研室的 60 名教研员开展了"基于大数据分析的精准教学"的专题培训。

同时邀请科大讯飞股份有限公司技术员为长宁区各学校的 50 名信息技术课教师开展了"大数据分析基本方法"的专题培训。还邀请华东师范大学、上海市基础教育质量监测中心的专家为团队成员开展"教育统计学基础知识及统计软件使用"培训活动。

同时委托第三方组织对长宁区各学校参与项目研究的人员开展"基于大数据分析的教研策略"专题培训,通过培训系统学习大数据分析的基本方法以及教研实施,进一步提高了团队成员分析数据、解读数据、应用数据的能力,为顺利开展项目研究做好了知识储备。

三、项目研究的成果

(一) 理论学习,明晰了精准教研机理

1. 明确精准教研的内涵

借力于信息技术的发展和进步,"精准"一词在各个领域广泛应用——从政府工作的"精准扶贫",到医疗卫生的"精准诊疗",再到教学领域的"精准教学""精准评价"等。而精准教研来源于精准教学理论,精准教学(Precision Teaching)是美国学者奥格登·林斯利(Ogden Lindsley)根据心理学家斯金纳的操作性条件反射原理创立的,它通过设计量化的教育测量方法来收集数据,表征学生的学习表现,以此为基础支持教师决策。基于此,精准教研(Precision Teaching Research)可以理解为,以教师专业发展为愿景,基于信息技术环境收集多模态数据进行分析和应用,以支持课堂教学改进、教学行为优化与宏观教研精准决策的一种教研形态。

2. 找准精准教研的关键特征

精准教研是互联网+时代的一种教研形态,利用数据的支持功能,克服教研工作仅凭自身经验主观臆断的弊端,通过数据分析,找准真问题,强调"用户意识",关注教师的教研需求,通过数据来驱动和优化教研关键环节。精准教研的三大关键特征分别体现在如下方面:

一是需求个性化。精准教研的服务对象是教师个体,教师的教研需求来源于教学实践,每位教师的教学对象特征不同、教学问题不同,教研需求也不同,因而教研主题和教研内容应当体现普遍性与个性化的结合。

二是过程数据化。教研过程中产生的海量数据是促生精准评估和智慧决策的基础。丰富的信息技术手段贯穿应用于教研全过程,包括开展教研前的需求调查、教研过程中的信息交流、教研之后的评价反馈,这使得过程性数据的采集、处理、分析和表征得以落实。

三是决策循证化。不同于传统教研只注重结果性评价,精准教研强调过程性评价和决策。能否智慧决策的关键因素之一在于是否有丰富且真实的证据作

支撑,以辅助决策者结合教研实际拟定合适的优化方案,小至每一单元的教研计划,大到区域教研改革,以实现精准决策。

(二)分析现状,研制了精准教研路径

建立数据分析平台,对数据进行深度分析,探索区域精准教研策略和路径:一是对区域以往的监测数据进行分析,构建大数据聚类分析系统,研发分析平台;二是利用分析系统,充分挖掘数据信息,总结出教育教学中存在的问题,并形成有针对性的教研主题;三是研究制定精准教研的策略与实施路径;四是形成各学科实施精准教研的案例。

(三)聚类分析,确定了三类精准教研场景

本研究着眼于不同的数据主体进行数据分类,确定了三种典型的精准教研应用场景,分别是基于学习分析的课堂教学改进、基于课堂观察的教学行为分析和基于质量评估的精准教研帮扶,从不同角度对精准教研进行阐释(表1)。

表1 精准教研典型应用场景对比表

应用场景	基于学习分析的课堂教学改进	基于课堂观察的教学行为分析	基于质量评估的精准教研实施
数据主体	学生	教师+学生	教育部门
技术环境	学习分析系统	行为数据采集设备	教育质量监测系统
应用流程	分析数据,确定问题;交流研讨,提出方案;实施行动,记录过程;评价效果,互评反思	课堂实录,量化分析;发现问题,聚焦研讨;在线评课,同伴交流;行动迭代,评价反思	对象精准确定;决策精准生成;措施精准落地
效能提升	聚焦问题,改进教学效果	聚焦行为,提升教学能力	聚焦质量,共同促进发展

1. 基于学习分析的课堂教学改进

基于学习分析的课堂教学改进是一种着眼于学生学习痛点的教学研究方式,教师基于大数据进行学习分析、评估和诊断,以问题为中心在教研共同体中开展交流研讨,集群体智慧提出优化方案,对课堂教学进行再设计和改进。"学习数据分析系统"在本应用场景中提供技术环境,它是指以大数据作支持,以数

据挖掘、处理和分析为技术手段,基于合适的学习者模型,对学习者及其学习情境的数据进行测量、收集、分析和表征的一体化平台。在本应用场景中,学生的个人信息、学习情境数据、学习行为和结果等大数据来源于学习分析系统,它通过教育大数据表征学习过程,驱动教师的课堂教学改进(图2)。

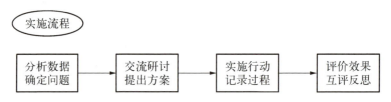

图 2 "基于学习分析的课堂教学改进"实施流程

(1) 分析数据,确定问题。教学改进的起始是基于一个教学问题,有问题才有改进。教师根据自身的教学经验和教学智慧可以判断一个问题,如学生总体上不能较好地掌握某个知识点,教师围绕问题分析系统推送的学习数据如对学习时长、学习频率、论坛讨论、测验成绩等统计数据进行分析,再结合线下教学情境做出精确判断,找出问题的真正原因从而确定问题。

(2) 交流研讨,提出方案。当教师无法独立解决某一问题时,可以将其提炼成一个教研主题与同伴教师交流研讨。研讨需要基于明确的教研活动计划和目标,组织教师进行问题讨论和观点分享,并通过利用丰富的技术和制定合适的机制来支持和激励教师积极思考、交流互动,最终在整合提炼全体成员观点的基础上,再设计下一轮教学实践的行动方案。

(3) 实施行动,记录过程。根据教研过程中确定的改进方案,教师再设计课堂教学,开展新一轮"计划、行动、观察、反思"教学实践,利用学习分析系统伴随式收集教学过程数据,或者采用视频技术进行课堂观察实录,为后续再反思和再改进提供数据支持。

(4) 评价效果,互评反思。课堂教学改进的评价包含两层要义:一是学生学习效果的评价,即在一段时间后,利用学习分析系统提供的数据来表征学生的学习变化,以评定教学方案的实施是否取得良好效果。二是教师教研效果评价,即对参与教研的教师进行过程性评价,收集教师的自我量化数据、过程行为数据和教研成果数据,通过评价反促教师专业发展。

2. 基于课堂观察的教学行为分析

基于课堂观察的教学行为分析最早起源于20世纪60年代,目前已经成为一个应用广泛且重要的教学研究途径。课堂观察经历了从传统的纸笔记录到摄像记录再到云端记录的过程,课堂行为数据采集技术和设备越来越丰富且轻便,如行为采集跟踪系统、眼动仪、可穿戴设备、云录播系统等等。以云录播系统为例,基于课堂观察的行为分析依次采集课堂教学行为的流媒体数据,允许自动或手动在一定的时间间隔内对师生行为进行标记,并借助"教师行为分析量表"进行聚类量化。教研共同体(包括参与教研的教师,指导教研的教研员,研究教育的专家学者)可以通过实录视频来观察和解构课堂,基于证据对一堂课的结构和特点进行深入分析和反思,精准发现课堂问题并提出改进意见,有利于授课教师提升教学能力,促进教师共同成长。

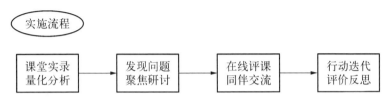

图3 "基于课堂观察的教学行为分析"实施流程

(1) 课堂实录,量化分析。通过行为数据采集设备对课堂进行教学实录,根据不同目标和情境,采用相应的课堂分析方法进行标记、统计和分析。就云录播系统而言,目前常用的是 S-T(Student-Teacher)分析法,即将课堂行为分为两类:T 类数据是指教师视觉或听觉的信息传递行为,剩下的全部都属于 S 类数据。通过两类数据的比值可以判断课堂的教学模式类型,如对话型、练习型、混合型或讲授型,这种量化分析方法使得课堂观察更加客观。

(2) 发现问题,聚焦研讨。采用课堂观察开展教研的情况通常分两类:一是教师通过观看课堂实录,对照课堂教学评价量表,分析教学中存在的普遍问题,提炼为教研主题;二是借助视频采集对教学经验丰富型教师的优质课堂进行教学分析,分析学习优秀教师的教学策略和方法,以此作为学习主题,以供同行学习和借鉴。在此活动中需要明确不同应用目的,分析所选教学内容,精心设计教学策略和准备教学资源,制订相应的课堂实施和观察计划。

(3) 在线评课,同伴交流。通过线上课堂观察,同伴教师可以在线听评课,在任意时间、任意地点都可以对一堂课进行浏览、点赞、评论、标注等,同时也可以接收到其他教师对该课的评论和建议,在交流中形成多向良好互动,打造高凝聚力的教研共同体,提升专业能力。

(4) 行动迭代,评价反思。授课教师针对同行教师提出的建设性意见进行对照反思,再优化教学设计,开展下一轮的教学行动,同样制订课堂计划,进行课堂活动,观察和反思多轮实践,教学智慧就是在这样的迭代反思中生成的。

3. 基于质量评估的精准教研实施

区域教育质量监测通过网上阅卷系统能够收集大范围的学校教育数据,教育信息系统、教育考试系统和教育评价系统的数据都可以整合,对区域内所有学校的办学数据和教育数据实现一体化呈现,为精准教研提供了"病历"。教育部门根据评估体系获取、分析和应用数据,查出薄弱学校的"病症",采取相应措施开出教研"药方",使区域整体教育质量获得提升(图4)。

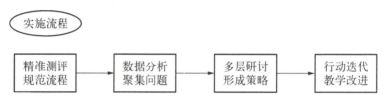

图4 "基于质量评估的精准教研实施"实施流程

(1) 精准测评,规范流程。既然要以区域质量监测数据作为对教学情况分析的依据,数据的可信度、有效性就显得尤为重要,因此对命题的质量提出了比较高的要求。同时整个测评流程的科学、规范,是保证数据有效性的前提。因此命题人员必须严格按照命题流程,精准把握每一个知识点的考查目标,在测评过程中严格按照操作流程,在阅卷的过程中严格按照评分要点评分,确保数据的可靠性。

(2) 数据分析,聚集问题。对数据进行获取、处理和分析后,通过可视化分析技术将其表征出来,形成面向决策者的专业分析报告,决策者发挥数据智慧,从"是什么""为什么""怎么办"三个方面来解读教育质量数据,解读和探析数据背后的教育规律,设计教研帮扶方案和策略。

(3) 多层研讨,形成策略。措施的落地需要兼顾技术环境、组织协调、评价机制等各方条件,尤其是技术环境。云计算、大数据和移动技术的支持使学校可以依托视频会议方式或直播APP开展校际协同教研,跨越时空和资源壁垒的障碍,具体的实现形式有专家线上直播讲座、空中课堂、同课异构等。但由于依托信息技术平台开展的网络教研活动组织凝聚力不强,需要发展一套数据驱动的教研评价激励机制,这样既有专业发展的内驱力,又有措施保障的外驱力,才能真正常态化发展。

（4）行动迭代，教学改进。针对质量监测结果的分析，通过多层次的研讨，同时结合具体课堂教学内容的深度剖析，教师不断地调整原有的认知，不断地改进自己的教学策略，从而达到提高教学质量的目的。

（四）全员参与，撰写了应用数据改进教研的案例

图 5　案例集封面　　　　　　　　图 6　案例集目录

应用举例一　**数据引领下的区域教研**

一、问题背景

考试作为评价的一种常见形式，是数学教学中非常重要的实践活动，通过考试可以了解学生对所学知识的掌握情况，是否达到国家规定的学业水平。作为阶段性考试，可以根据学生的答卷情况，分析学生学习中存在的问题以及各知识点掌握的程度。同时学生的答题情况，是教师教学的真实反映，由此可以反射出教师教学中的优势和不足，通过数据分析，可以从教的层面和学的层面对教和学

加以改进,以达到最佳效果。

每一位教师对考试的认同度都是相同的,都认为考试很重要。但对考试所呈现的数据处理的方法却各不相同,对学生的考试情况及考试结果,有些教师只看结果、看排名,看所教班级在全年级或者全区排名所处的位置,至于其中各个知识点的得分情况,学生解题中的具体的错误及失分原因不很在意;不同的是还有一些教师,每次考试后会认真分析考试数据,从不同的视角对数据进行分析,寻找学生答题中存在的问题,判断是共性问题还是个性问题?是概念问题还是计算问题?是粗心大意造成失分还是知识点没有掌握而失分?通过分析,为后续教学提供依据,并作为教学改进的动力。

作为教研员,更应该利用好每一次测评数据,通过分析,发现学生学习中存在的问题,找出教师教学中存在的不足,为开展教研活动、教师培训提供依据,为精准教研提供支撑。

二、问题发现

2016年12月,长宁区进行高一年级质量调研,其中包括数学学科。数学测试卷共20道题,其中12道为填空题,每小题4分;4道为选择题,每小题4分;另外4道为解答题。试卷满分100分,考试结果全区平均分68分,基本达到预期的目标。具体得分情况如表1所示。

表1

题 型	题 号	知 识 点	平均得分
填空题	1	函数定义域	3.5
	2	集合运算	3.6
	3	解一元二次不等式	3.2
	4	函数零点概念	1.7
	5	命题关系	2.9
	6	函数奇偶性	3.0
	7	基本不等式	2.5
	8	充要条件	2.3

续 表

题 型	题 号	知 识 点	平均得分
填空题	9	函数单调性	1.2
	10	奇偶性应用	2.5
	11	函数图像	2.1
	12	不等式实际应用	0.6
选择题	13	分式不等式	3.6
	14	对数函数性质	3.3
	15	函数基本性质	2.8
	16	函数实际应用	0.7
解答题	17—20	略	

通过对试卷中各小题得分情况的分析,发现有些小题得分特别低,从网上阅卷反馈的数据可以看到:第4、第9、第12及第16小题得分偏低。那么,这是由于这些小题整体得分偏低还是部分学校得分偏低造成的呢?进一步研究发现,无论是市实验性示范性高中还是普通高中,这几道小题的平均得分都在1.5~2.5分之间。再看是属于哪类知识点,第4题是有关零点概念的问题,第9题是有关函数单调性概念的问题,第12、第16题都是实际应用题,是关于不等式的应用和函数应用。得出初步结论是学生对数学概念掌握不到位,对解决实际应用题的能力不强。

为了了解问题真相,开展了进一步的调查研究活动。

1. 教师访谈

首先,召开了部分教师座谈会,听听他们对这次考试结果的反应以及对这几道题得分比较低的原因分析。

教师1:数学概念天天背,还是不行,遇到题目,一做就错,没有办法。

教师2:这些学生解题就是粗心,考试过后,如果让他们重新做这些题目,几乎没有问题,都能做得正确,但考试就犯糊涂。

教师3:实际应用题本身就是学习的难点,题意不理解,无法建立正确的数学模型,当然就无法解答正确。

教师4:我认为还是平时训练不够,需要多做题,做熟练了就不会错。

……

从以上的发言中可以看出,教师们认为考试成绩不好的责任都在学生,因为学生的不作为使得题目做不出,没有一位教师从自身的教学出发,反思自己的教学行为,在自己的教学中寻找原因。

2. 学生问卷

进一步对学生进行问卷调查,听一听他们的声音,了解他们对这次考试结果的感受以及做题错误的真实原因。学生问卷内容如下:

1. 你对这次数学考试结果满意吗?

　　A. 很满意　　　B. 满意　　　C. 一般　　　D. 不满意

2. 这次数学考试中错误最多的是哪类题?(可以多选)

　　A. 计算题　　　B. 概念题　　　C. 应用题　　　D. 推理题

3. 你认为造成错误的主要原因是什么?(可以多选)

　　A. 对概念没有理解　　　　　B. 计算粗心

　　C. 不知解题方向　　　　　　D. 解题不规范

学生问卷结果如表2所示。

表2

	A	B	C	D
第1题				
选择比例(%)	6.5	57.8	25.5	10.2
第2题				
选择比例(%)	34	72.5	80.3	28.7
第3题				
选择比例(%)	78.6	63	47	28

三、问题思考

数学概念题成为失分最多的题目,虽然学生对数学概念能够记住,但对概念并没有真正理解,导致解题过程中出现混淆。因此概念教学必须加强。

四、教研设计

(一)教研主题

数学概念教学策略的行动研究。

(二)教研计划

(1) 听课调研,了解真相。

(2) 理论学习,提高认识。

(3) 课例分析,剖析问题。

(4) 效果检测,总结策略。

五、问题解决

(一)听课调研,了解真相

通过听课发现数学概念课教学主要存在以下三个方面的问题:

一是教师替代了学生对概念本质属性的揭示,导致学生对概念形成过程缺乏参与体验,影响了学生对概念本质的清晰认识,失去了引导学生参与数学活动、培养数学素养的机会。有的教师直接把定义告诉学生,并让他们熟记;在概念的背景引入上着墨不够,没有给学生提供充分的概括本质特征的机会,以解题教学代替概念教学,认为让学生多做几道题目更实惠。

二是从一个具体情境或事例中揭示概念本质的方式使概念内涵比较单一狭窄,容易导致学生对概念内涵的形成出现偏差,影响学生对概念内涵的认识。有些老师不知如何教概念,概念教学走过场,常常采用"一个定义,几项注意"的方式;有的教师通过告诉学生尽可能多的正面例子来帮助学生把握概念;有的教师更倾向于概念的应用。

三是教师替代了学生对概念表述的概括提炼和抽象表达,影响学生对概念来龙去脉的结构性理解,影响了学生对概念内涵本质的理解、内化和掌握。更多的教师关注的是对数学概念功利性的运用,追求的是学生能用概念正确解题的结果。课堂时间有限,教师急于讲例题,根本顾不上讲透概念,只能寄希望于练习,企图以练代讲,这也许就是数学概念讲不透的主要原因。但大量的练习仅仅是执行(规则)的活动,而不是一种认识活动,通过练习学生并不能自动达到对数学概念的深刻理解,他们更多的只是停留在表面,或者一知半解,没有从根本上理解概念的内涵。因而在数学新课标实施的背景下,对中学数学概念教学进行反思,针对不足提出教学建议就显得尤为迫切和必要。

（二）理论学习，提高认识

通过组织数学教学理论的学习，结合多年的教学实践，总结了数学概念过程教学"三环节"，即概念的形成过程、概念的理解过程、概念的应用过程。

（三）课例分析，剖析问题

通过对概念课教学案例的剖析，寻找问题的症结，一直以来，广大教师在教学中都非常强调数学概念教学的重要性和基础性，但距离期望的目标还有很大距离，教师对于数学概念的学习不重视，导致学生对概念的掌握不理想，不能理解概念的本质，对于相邻或者相近的数学概念辨别不清，对于基本数学概念的本质不理解，学生由于对数学概念把握不准确，引起思维混乱，导致解题失误。许多教师仍然存在着"重解题技巧、轻数学概念"的教学倾向，有的教师还是刻意地追求概念教学的最小化和习题教学的最大化，实际上这是应试教育下典型的舍本逐末的错误做法，致使学生中出现两种错误的倾向：一是认为概念的学习单调乏味，不去重视它，不求甚解，导致对概念认识的模糊；二是对基本概念只是死记硬背，没有透彻理解，只是机械、零碎的认识，导致学生在没有正确理解数学概念的情况下匆忙去解题，并且只会模仿老师解决某些典型例题和掌握某类特定的解法，一旦遇到新的背景、新的题目就束手无策，进一步导致教师和学生为了提高考试分数陷入题海之中。对于学生解题错误的原因追根究底，主要在于忽视了数学概念的形成过程，缺少这个过程，学生很难理解概念的本质。

（四）效果检测，总结策略

通过对数学概念教学课例的分析，可以归纳总结出让学生理解数学概念本质的基本策略：

策略一：概念的引发充分体现教师的主导性，注重直观想象、数学抽象素养的落实。课堂上学生不会凭空想出问题，往往是在教师的诱发之下展开他们的思维。为了引入某一概念，教师必须创设恰当的情景，使学生置身于情景之中，引导学生观察、分析、归纳，总结事物的共性的本质特征，这一过程就是培养直观想象能力的过程，同时让学生感觉到引入这一概念确实是必要的，让学生体会到数学概念不是凭空想出来的，而是在解决问题的过程中提出的。这一过程往往伴随着实际应用问题，有利于数学抽象能力的培养。这一过程能否激发学生的探究欲望，完全取决于教师的设计艺术。

策略二：概念的生成充分体现学生的主体探究性，注重数学抽象、逻辑推理素养的落实。概念的生成应以学生的合作探究为核心，通过与已有知识的类比，对一些结论的归纳、分析,作出一些猜想,展开一些讨论,提出一些"名字",引进一些"记号",最后形成共识,得出一个规范的数学定义,形成数学概念。这样,有利于学生理解数学概念的内涵与外延,即概念的本质属性。这更是一个再发现、再创造的过程,既培养了学生的逻辑推理能力,又使学生从中学到研究问题和提出概念的思想方法,产生创新欲、发明欲,探索、创新的能力得到提高。经历了比较、抽象、概括、假设、验证和分化等一系列的概念形成过程,受到的是科学精神、科学思维的训练。在整个教学过程中,以学生发现问题—研究问题—解决问题的探究活动为主线,使学生在交流中获得知识,在辩论中理解其本质,提高学习积极性,活跃思维能力,教师真正起到"导演"的作用,教学过程高潮不断、跌宕起伏,耐人寻味。

策略三:概念的应用充分体现层次性,注重逻辑推理、数学运算素养的落实。概念的应用是为了加深对概念的理解、与相近概念的辨析以及在其他情景中的应用,因此必须体现层次性。比如:直线的倾斜角教学,应该体现两个层次:一是概念的简单应用,给出图形画出倾斜角,给出倾斜角求出斜率;二是倾斜角与斜率关系的应用,这一过程应该由教师与学生共同完成,是学生的主动探究与教师的引导讲授相互交替的过程。教师与学生的主体性都应该得到充分的发挥,问题的解决过程必须紧扣概念的相关因素,关注逻辑推理。

策略四:概念教学的课堂小结应该让学生充分回味概念的发现发展过程。课堂小结不仅仅是一节课所学习知识点的小结、概念的复述,更应该是一个提升的过程。这就好比在攀登一个崎岖的山峰,学生经过自己的摸索,终于登上山峰,站在山顶,回味攀登的过程,会产生许多感慨,小结起到画龙点睛的作用。从数学学习的角度分析,学生的情感、态度及价值观等方面都得到发展,有了这样的体验,学生知道数学概念是如何产生的,才能够对数学思想、数学方法有所感悟。这才是真正"做数学"的过程。

大数据时代,教育数据以海量、全面和真实为显著特征,为驱动精准教研提供了可能。学生学习数据、教师行为数据和区域教育数据有助于映射和勾勒出不同教研应用场景的特征和轮廓,帮助教研共同体精准把握方向,提升教研效能。然而,不同于网络用户行为数据,教研数据具有特殊性,在精准教研实践中,仍然会面临教研数据有效采集、合理应用和隐私保护等方面的挑战。因此,后续还需要研究精准教研挑战的可行性措施和对策,以有利于在实践中更好地指导教师开展教研活动,促进教师的专业发展。

应用举例二 综合运用国测结果 精准破解课改难题

质量监测是教育过程中的重要环节,目前上海基础教育参加的质量监测项目主要有国家义务教育质量监测(简称"国测")、上海市绿色指标质量监测、世界经济合作组织(OECD)的Pisa测试等,除此以外,各区还有一些针对本区特点的教育质量综合评价项目,如长宁区实施多年的"三个指数"质量综合评价等。监测不是目的,关键在于如何利用监测结果对监测数据进行合理应用,通过数据分析发现教育的亮点,同时揭示存在的问题,为行政精准决策、学校精准改进提供依据,这需要教研部门的不断跟进。那么如何利用监测结果精准破解教改难题,长宁区教育的做法值得借鉴。

一、问题背景

上海市长宁区是上海市教育改革试验区,也是最早参加国家义务教育质量监测的地区之一,同时也是教育部义务教育质量监测数据应用试验区(上海市唯一)。多年来,长宁区教育一直把国家义务教育质量监测工作作为推进区域教育改革的抓手,通过分析数据、解读数据、运用数据,使得国家质量监测成为引领全区教育教学改革的指挥棒,通过监测结果不断完善政府决策,实现教学改进。

二、问题发现

每次参加国家义务教育质量监测都会产生大量的数据,"用数据说话、重数据评价、依数据决策"已经成为全体长宁教育人的共识。教育评价专业性很强,谁能够对这些测评报告进行解读?如何利用监测数据破解教改中的难题?这些都是摆在我们面前的一系列问题。

三、问题思考

关于反馈报告的解读,一种办法是全区教育专家统一解读,由质量监测中心人员召开全区中小学校长大会,对监测部门发布的反馈报告进行解读,国家义务教育质量监测结果非常科学,但各学校的情况无法反馈,并且每一所学校除了共性的问题以外,更多的是个性的问题。这些报告带回学校以后,基本上是束之高阁,学校没有专业人员解读。既然这样,那么监测数据如何解读?应用测评结果的后续改进也成为棘手问题,教研工作的跟进是教学改进的抓手,因此培养一支评价队伍迫在眉睫。

四、教研设计

(一)举办质量评价人员培训班,培养一支评价队伍

一直以来长宁区对国家义务教育基础工作的质量非常重视,面对教育部的

测评数据和分析报告如何才能正确解读？这需要教育评价专业人员的介入。为此，长宁区开办了"教学质量评价人员培训班"，每一所学校推荐一名具有一定评价基础的教师参加区级培训，培训内容包括教育评价方法介绍、教育测量基础理论、评价数据解读方法、反馈整改报告的撰写等，培训班聘请华东师范大学、上海市教育质量监测中心、上海市教科院的评价专家授课，每周半天培训，坚持了一年，学员初步掌握了教育测量基本理论、数据分析的基本方法等。这支队伍成为全区质量监测工作的业务骨干，极大地提高了全区教育质量监测工作的科学性和实效性，他们不仅为本学校教师正确解读报告、撰写反馈报告提供帮助，而且协助区质量监测中心完成了多项工作，对全区质量监测工作的顺利开展，发挥了很大的作用。

(二) 建立区、校质量评价管理员制度，保证监测结果落实到校

为了保障每一次国家教育质量监测及各项测评工作的顺利开展以及测评结果的有效运用，长宁区形成区、校两级管理网络，区、校两级在评价管理中的角色和职责各不相同。长宁区教育质量监测中心有三名教育质量评价人员，除了承担区域质量监测的相关任务之外，还承担全区评价人员的培训任务。长宁区评价人员培训班的学员来自各中小学的分管领导、骨干教师，培训班定期开展专题培训，通过专家引领、实践操作等办法不断提升评价队伍的专业化素养。各学校评价管理员的工作体现在从协助区域开展国家教育质量监测工作实施，到完成"一校一报告"的数据解读分析以及学校整改报告的撰写等各个环节。

(三) 组织各校评价人员科学分析、找准问题

面对一堆数据，从哪里找问题呢？主要从如下两个方面着手：

1. 测量数据差异明显

(1) 发现问题。在解读监测结果报告的过程中发现，监测中的各项指标数据，有些差异是明显的，仔细分析每一项指标数据并与上海市及全国的数据进行比较，可以初步确定某些方面存在的问题。例如，2016年国家义务教育语文学科质量监测，长宁区四年级学生平均每天作业时间在30分钟以内完成的比例为53.9%，低于上海市平均值10.2个百分点，低于全国平均值5.7个百分点；作业时间在60分钟以内完成的比例为80.5%，低于上海市平均值4.1个百分点。长宁区八年级学生平均每天作业时间在30分钟以内完成的比例为40.3%，低于上海市平均值5.1个百分点，低于全国平均值14.3个百分点；作业时间在60分钟以内完成的比例为86.2%，低于上海市平均值0.6个百分点(图1)。这初步表明长宁区学生的语文作业时间明显较长，这需要进一步实证。

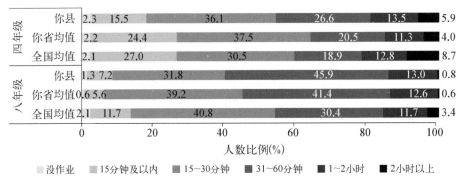

图1　2016年国家义务教育质量监测长宁区四年级、八年级学生平均每天语文作业时间分布情况

(2) 专项调研。长宁区在国家义务教育质量监测基础上开发了具有长宁特色的"三个指数"质量综合评价测评系统,每年对四年级、八年级开展质量监测,目的是为了与国家义务教育质量监测相互印证,通过网上问卷(学生问卷、家长问卷),对学生作业量、完成作业时间、对作业的自我感受等等进行调查,通过系统回收数据,作进一步分析。

(3) 问题聚集。通过对回收数据的进一步分析,学校作业主要来自课外教辅书,学生重复作业、无效作业现象严重,同时学校内这些所谓的考试科目作业量比较大,这种现象必须解决。

当然,对数据中突出优势的指标、体现区域特点的信息,组织区、校相关人员进行经验总结,分析原因,继续保持。

2. 相关数据存在异常

(1) 发现问题。在国家质量监测分析报告中,提供了不同指标的数据,有些测量指标是相互关联的,并且相关性很高,但数据表现不一致,有些差异比较大,这时必须通过分析其他因素,如环境因素、非智力因素等寻找原因。例如,在监测结果报告中,语文学科无论是"量尺分数"还是"表现水平",长宁区均远远高于全市及全国平均值,但语文学习兴趣指标、自信心指标却低于全市的平均值,课外阅读时间低于全市平均值与全国平均值。语文教师探究性教学行为使用频率低于全市平均值2.2个百分点,学生参加校外语文学科补课的人数比例和花费的时间远远高出上海市平均值(图2、图3)。从这些数据的相关性分析,学生对语文学科缺乏兴趣,课外阅读时间比较少,在这种情况下语文学业成绩应该不可能好,但测评结果恰恰相反,什么原因呢?我们发现学生在校外补课的时间长、人数比例很高,因此可以断定学生学业成绩好的主要原因是校外补课所致,说明我们的课堂教学出了问题。课堂是教学工作的主阵地,必须对教师进行正确引导,将提高课堂教学效率作为教学工作的主要任务。

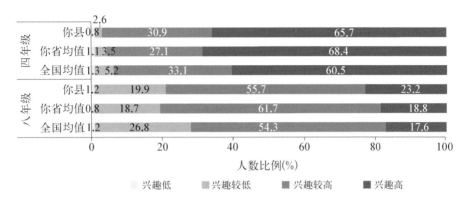

图2　2016年国家义务教育质量监测长宁区四年级、八年级学生语文学习兴趣情况

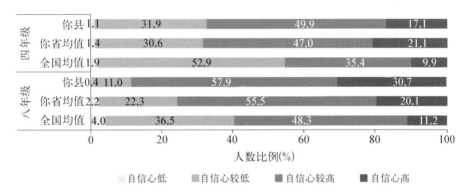

图3　2016年国家义务教育质量监测长宁区四年级、八年级学生语文学习自信心情况

(2)专项调研。在长宁区"三个指数"质量评价中,"学业成就发展指数"包含"学习成本指数","学校生活幸福指数"包含"课堂教学方式""学校为学生提供的服务"及"师生关系、生生关系"等反映学校课堂教学及学校环境的感受指标,与国家义务教育质量监测相关数据进行对照、印证,进一步明确了改进课堂教学是当务之急。

(3)问题聚集。教师课堂教学方式陈旧,不能激发起学生的学习兴趣;教师缺乏对学生学习方法的指导,使学生逐渐对学习丧失信心。

(四)聚焦数据反映的问题,精准施策

面对监测结果中发现的问题,长宁区教育局认真分析本区的教育现状,同时分析了多年来国家义务教育质量监测数据,以长宁区"三个指数"质量评价数据为佐证,在教育局行政部门、教育局业务部门(教研室)、学校等多方合力之下促进问题的解决。

1. 聚集问题一:学业负担过重

实施策略:聚焦"作业研究",推进"作业研究"项目。

经过几次测评数据分析,发现长宁区学生学业负担过重。通过组织调研发现,学生学业负担聚焦在作业上,重复作业现象普遍存在,目的性不明的作业不在少数,学生认知水平的差异性与作业的统一性之间存在很大的矛盾。

针对这一问题,长宁区教育局决定成立"作业效能监测中心",目的在于使作业"提质减量",减轻学生的作业负担。在小学,实施作业"二级备案制",即区级提供每一个单元作业指导建议及作业样板,学校根据学生的情况,在此基础上作适当增减,然后在网上发布。

在初中,为了提高作业的选择性,开展了"分层作业"项目的研究,同时采用"二维码"技术,实现了"随时、随地、随意"的学习,切实减轻学生的学业负担。

同时,为了进一步发挥作业在培养学生开放性思维能力方面的作用,提高学生思维品质,在全区推进初中"开放性作业"的研究。区教育局设计项目推进方案,组织专家团队,选择试点学校开展相关研究。通过开展全区研讨展示活动推进项目实施。实施两年来,全区初中全覆盖参与项目研究,取得了比较好的效果。

2. 聚集问题二:课堂效率低下

实施策略:聚焦"课堂研究",实施"课堂工程"项目。

2016年在分析国家义务教育质量监测结果时,我们发现一些学校学生学习成绩不理想,但学业负担却很重,学习品质比较差,这引起区教育行政部门的重视。据了解,学校各项活动名目繁多,牵制了教师很大的精力,教师上课马马虎虎,课堂效率很低,学生只能利用休息时间在校外补课。因此狠抓课堂教学、提高课堂教学效率迫在眉睫。2016年3月区教育局下发文件,在全区推进"课堂工程",要求"一师一实录",每一位教师包括校长都必须完成;"一课一点评",每一位教师的课由教研组长点评,教研组长的课由教导主任点评,要求教研组加强"课前""课中""课后"的研究,最后全区评选出"优课",并对获奖者进行奖励。经过一年的实施,教师研究课堂教学、上好课的积极性明显提高,研究教材、研究学生、研究教法的氛围浓了,真正把教师的精力引导到追求课堂时间的效率、提高课堂教学质量上来。实施三年来,课堂教学效率明显提高,教师的课堂教学能力明显增强,在上海市的各类教师教学比赛中,长宁区总能够取得令人羡慕的成绩。更主要的是在各类测评中,全区学生的学习成本降低,学习成绩明显提升,保障了全区的教学质量走在上海市的前列。

3. 聚集问题三:午餐幸福指数不高

实施策略:聚焦"学生午餐",实施"食堂工程"项目。

监测数据显示,虽然学校在学校环境建设上花了功夫,但学生对"学校生活满意度"不高。针对这一问题,我们开展了更加细致的调查,专门设计问卷进行调研,发现"学习压力比较大"是其中的一个原因,但更重要的原因是"对学校午餐的满意度"比较低,为此教育局在全区推进"食堂工程",对学校的食堂工作提出具体要求,不仅要让学生吃饱,更要让学生吃好。教育局领导亲自深入学校与学生共进午餐,与学生交流,了解他们的需求,要求校长、教导主任每天安排人员与学生同进午餐,同时在午餐的配料上符合学生的要求,在品种上提供选择性,这项工作持续了一年,学生对午餐的满意度明显提升。

4. 聚集问题四:教师命题能力薄弱

实施策略:聚焦"命题研训",开展"以考促培"活动。

各类测试数据结果显示,上海教师,特别是初中教师命题能力低于国际平均水平。据公布的2018年世界经济合作组织(OECD)测试结果也反映了这一情况(上海教师自己命题能力指数55.6,而国际平均水平是77.2)。长宁区在针对教师的命题专业素养方面,进行了专题研讨,针对测试中出现的命题能力比较弱的问题,进行了深入的分析,原因有如下三点:

原因一,现成题目用得多,自己编制题目少。教辅市场题海泛滥,网络上各类考题层出不穷,教师平时更多的是选择题目,具有很大的盲目性。学生平时的作业,包括单元测试、期中期末试卷,往往是从现成的试题中拼凑,很少有自编题目出现,久而久之,自己命题能力下降。

原因二,缺乏命题理论的指导,不会命题。教师走上工作岗位前后,没有系统地学习命题理论,对构成命题的要素、命题如何考查核心知识点核心能力、命题的结构以及一张测试卷的框架结构、双向细目表等等,都不是很清楚,因此无法命题。

原因三,缺少命题机会,缺乏培养机制。一些学校教研组命题任务基本上是落在个别骨干教师身上,对其他教师命题不放心,缺乏命题能力培养机制,导致一些教师缺少参与命题的机会。长此以往,形成惯性,一些教师根本没有命题实践,此方面能力越来越差。

基于这些分析,首先从区域层面制定提升教师命题能力的策略。

策略一,组织命题理论学习,教研跟进。面对这样的问题,全区要求各学科的教研工作以提高教师命题能力为抓手,开办专门的教师命题能力提升培训班,邀请命题方面的专家进行授课,从理论上提高教师对命题的认识,同时参加培训学习。

策略二,实施教师命题能力评价,倒逼培训。为了保证命题能力培训工作的顺利开展,提高教师学习的内驱力,长宁区组织开展了"长宁区教师命题能力评价调研活动",要求全体教师参与,分学段,分学科,聘请市级专家命题,由区组织测试、阅卷。在调研之前,开展专项培训;调研之后,再请专家进行专门试卷讲解,反馈测试情况;对在测试中取得优异成绩的教师,给予表彰和奖励,对命题调研中问题较大的教师,继续参加命题能力培训。通过这些举措,提高了教师参加培训的积极性,更重要的是实实在在提高了教师的命题能力。

策略三,组织命题工作研讨,分享经验。开展教师命题能力提升活动,每年组织开展命题工作研讨活动,除了对命题能力测试工作总结表彰外,还有更多的经验分享,包括专家讲座,即对命题工作的认识、教师命题的经验和体会等,取得了一定的成效。

五、实施策略

(一)长宁区教育局行政部门——推进综改

监测的结果是否能够得到合理的利用,关键在于教育局和学校。区教育局将每一次国家义务教育质量监测结果作为推进综合改革的重要依据,有效地促进了区域基础教育问题的解决。学校也将测评数据分析与学校的教育教学发展紧密结合,开展教育评价改革项目研究。例如:绿苑小学的"以'优+'发布为载体的新优质办学综合质量评价体系的研究"、天山初中的"健康理念下初中学生综合素养培育的校本评价研究"、华政附中的"建立学生成长会诊制评价系统,促进学生个性化成长发展"教育评价改革项目,都是在国家义务教育质量监测结果的基础上进行的校本化实施。

(二)长宁区教育局业务部门——调研跟进

区教育局业务部门针对监测中发现的主要问题,进行专项调研及跟踪式调研。教育局督导室定期对学校各项工作进行督导,针对质量监测中出现的问题,开展专项督查、督促改进;教育学院组织针对性的教学调研,在调研的过程中,针对质量监测过程中存在的教学问题,通过听评课活动,与学校领导、教师、学生座谈,检查学生作业等行动了解学校教学开展情况,诊断问题,提出改进建议,督促学校整改。

(三)基层学校——落实改进

基层学校是落实各项改进措施的主体,教育行政部门推进的各项改进举措都需要在学校落地,因此学校在认真分析测评数据的基础上,根据学校存在的主要问题,压实责任主体,制定针对性的整改措施,并在后续工作中认真落实到位,才能确保问题得到解决。

六、教研反思

(一)客观真实解读数据是基础

对国家义务教育质量监测数据客观、正确解读,反映出教学中的真问题,这是开展质量监测工作的基础。如果不能正确解读数据,那再完美的监测也是无效的。

(二)行政领导的重视是根本

行政领导重视国家义务教育质量监测工作,充分认识到国家义务教育质量监测的重要性,通过国家义务教育质量监测发现本地区教育工作的优势和不足,通过行政驱动,工作中不断发扬优势、改进不足,评价工作才真正发挥"指挥棒"的功能。

(三)业务部门的跟进是关键

通过对数据的分析,发现区域教学中的优势和存在的问题,这些问题既有教学管理上的问题,更多的是学科教学中的问题。课堂是教学改革的主战场,教研室学科教研员的课堂教学跟进就显得尤为重要。既然质量监测的目的在于改进,那么最后这个重要环节必须通过各学校、各学科教研跟进,解决教学中的问题,师训部门各层次、多路径的培训,改变教师才能改变学生,这是实现监测目标的关键所在。

以上是上海市长宁区运用国家义务教育质量监测,破解教改难题的一些做法。我们坚信国家义务教育质量监测为教育评价改革指明了正确的方向,只要我们不断地总结经验,科学合理地运用监测数据,一定会使教育事业再上新台阶。

四、项目研究的社会影响力

本项目实施以来受到各方面的关注,已应邀在全国学术研讨会以及上海市教研室做主题发言,受到一致好评。

(1) 2018年5月,应邀参加长三角基于大数据的区域教育评价变革论坛并做专题报告。

(2) 2019年3月10日,应邀在上海市教委教研大会上介绍本项目研究情况。

(3) 2019年7月31日,应教育部基础教育质量监测中心的邀请,参加"国家义务教育质量监测结果应用暨教育评价改革高峰论坛"并做主题发言。

(4) 2019年8月2日,应邀参加北京师范大学与科大讯飞股份有限公司联合举办的"人工智能与大数据的应用"年会并做主题发言。

(5) 2020年9月,应邀参加杭州市滨江区"白马湖之秋"第八届中学教育论坛,作《精准评价,促进教育质量提升》讲座。

(6) 2021年4月,应浙江省教研室邀请为全省教育评价培训班作《让评价成为区域课程改革的引擎》讲座。

(7) 2021年5月,应教育部基础教育质量监测中心的邀请,开发培训课程"基于监测结果,开展实地调研",并进行线上培训。

(8) 2021年12月,在长宁区教育学院"金秋论坛"作《基于数据分析的精准教研探索》讲座。

第二部分

研究成果应用
——长宁区"基于数据运用的教学改进"实践案例

一、让数据"说话"
——绿苑小学"绿色指标"校本化评价实践案例

上海市长宁区绿苑小学　姚丽琳

作者简介：

姚丽琳，现任上海市长宁区绿苑小学副校长，高级教师。曾荣获上海市园丁奖、长宁区园丁奖、长宁区教学先进工作者、上海市教育学会优秀工作者。撰写论文《有效作业　快乐成长——上海市长宁区绿苑小学有效作业与学生成长的实践研究》发表在《现代基础教育研究》(2013年第3期)；撰写论文《探索个性作业　优化学习品质》获得长宁区第十八届教学论文评比一等奖；撰写论文《小学语文活力课堂教学实践初探》荣获上海市小学语文教学优秀论文评比二等奖。积极投身于上海市基于课程标准的教学与评价工作，切实推动学校评价工作的开展。带领校内骨干教师参与市级课题"学生学习品质评价的指标体系和工具研制"和"基于评估数据的课程建设研究"的研究，在课题研究中通过解读数据，及时发现问题；善于运用数据，进行科学诊断；有效利用数据，促使精准决策。多年来，加强对学校教师信息素养和数据素养的培养，提升学校教师的数据分析能力和科研能力，进而推动学校教育教学的变革和发展。

教育格言：

静心地做老师，尽心地教学生。

[摘要] 在上海市"绿色指标"和长宁区"三个指数"的思想与方法指导下，上海市长宁区绿苑小学积极开展学校"优＋"发布教育质量评价体系的研究，从对学生学业水平的聚焦，到全面关注学生的学习兴趣、学业负担和学习品质，通过多种方式调研学生和家长，了解教师教育教学的现状。不仅关注学生学习的进步和发展趋势，同时兼顾不同学生群体间的均衡发展。阶段性评价和过程性评价相结合，及时了解学生的发展情况，从而更好地改进教育教学。在研究中，学校始终把学生发展放在首位，以学生学习品质评价为切入点，推进教学决策的科学化。除了对学生的学习品质进行收集量化数据外，还开展了"数据解读与课堂教学"工作坊，通过评价数据的结果解读，引发教师对数据结果解读的讨论。从教师讨论的质性数据中，进一步拓展对学生测试数据的理解。在通过前期的数据解读研讨后，学校将评价数据转化为更具解释意义的信息，并进一步将这些有意义的信息转化为教育教学改进的决策依据。

[关键词] 教育质量评价；学习品质；数据解读；评价数据；信息素养

（一）背景介绍

近年来，教育评价在学校教育改革中发挥着越来越重要的作用，通过调研、测试等方式记录学校教育教学发展动态，基于评价数据驱动学校的教学改革，是当今教育领域中一个重要的研究方向。特别是近年来教育评价技术和信息技术的快速发展，为学校开展校本化评价研究提供了契机，使得学校能更为科学地开展教学实践研究，更高效地收集和分析评价数据。

在上海市"绿色指标"和长宁区"三个指数"的思想与方法指导下，长宁区绿苑小学积极开展学校"优＋"发布教育质量评价体系的研究，从对学生学业水平的聚焦，到全面关注学生的学习兴趣、学业负担和学习品质。通过多种方式调研学生和家长，了解教师教育教学的现状。不仅关注学生学习的进步和发展趋势，同时兼顾不同学生群体间的均衡发展。阶段性评价和过程性评价相结合，及时了解学生的发展情况，从而更好地改进教育教学。

（二）数据呈现

1. 学业水平部分

2019年绿苑小学共有121名四年级学生参加了上海市"绿色指标"中的学科

测试和问卷调查,其中 96 名学生参加类型 1(语文、数学)学科测试,14 位教师、2 位校长、123 位学生家长分别参加了教师问卷、校长问卷及家长问卷调查。本次调研结果显示,绿苑小学语、数成绩明显高于市区平均得分,在区域内名列前茅。

语文学科从"积累、阅读、习作"三个板块来看,明显领先于市区水平。尤其是"积累与运用"部分优秀率高于区域 14 个百分点,其中没有出现 C 类学生。"能正确理解常用字词的字义、词义"部分,正确率达到 100%;"读准字音"和"理解常见古诗文"部分,正确率均明显高于区域整体水平;阅读部分也明显高于区域平均成绩。最为明显的是"能利用文本信息对相关问题做出合理的解释""能合理利用信息完成任务""能根据一定的标准对文本内容、观点及语言运用作出评价"这三个部分,均高于区域 10 个百分点左右;习作部分的优秀率,整体高于区域 14 个百分点(图 1)。

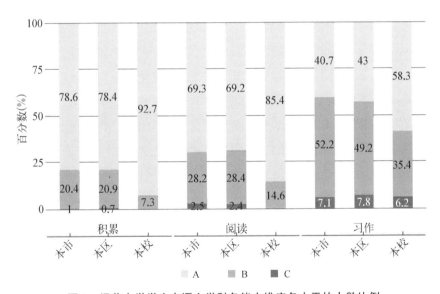

图 1　绿苑小学学生在语文学科各能力维度各水平的人数比例

数学学科从"数与运算、图形与几何、统计与概率"三个板块看,整体高于市、区平均值。从数据上分析,绿苑小学学生在数学理解部分所有项目的得分率大多高于区平均值。通过分析发现,"能借助已经给出的标准,对于较大数量进行估算"这一题的正确率远远高于市、区平均值。在问题解决部分,"能灵活运用不同的方法,解决生活中的常见问题"得分率明显高于区平均值,可见绿苑小学学生能够灵活运用所学知识去解决生活中的问题,老师在教学时注重了高阶思维的培养。

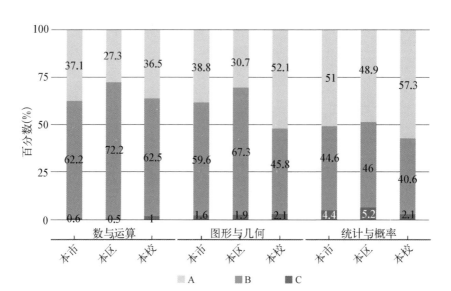

图 2　绿苑小学学生在数学学科各内容维度各水平的人数比例

2. 学业背景部分

本次测试,绿苑小学学生学业背景部分各项"绿色指标"令人满意。学生品德与社会化行为指数、学生学习动力指数、学生对学校的认同指数、学生心理健康指数与市、区持平,达到指数9;情绪稳定指数高于市、区平均值,达到指数9;学生学业负担及压力指数与市持平,高于区指数,达到指数5;学生的睡眠指数达到8,远超市、区水平,表明有80%~90%的学生睡眠时间基本得到保障;学生学业压力指数低于市、区,达到8,表明有80%~90%的学生学业压力较小;教师教学方式指数高于市、区,达到9,表明有80%~90%的学生对教师教学方式评价较高。

从以上数据看,实现了轻负担、高质量的教学效果。学校对调研结果作了认真分析,寻找在各项指标中还需努力提升的项目,如"学生作业"指数5,与本市齐平,表明只有50%~60%的学生认为作业量适宜;"学生每周校外运动时间"低于市、区水平;"学生参加与考试科目相关的家教补习或课外辅导"的占比达84%,远高于市、区。这些数据都需要我们去关注与分析。

(三) 原因分析

学校认真总结取得以上好成绩的原因,认为与近六年来积极构建并实践以校为本的"优+"发布教育质量综合评价体系分不开。在上海市"绿色指标"和长宁区"三个指数"的思想与方法指导下,绿苑小学结合学校的实际情况,进一步构建和完善了具有校本化特色的学校发展评价指标,设计完成了全面关注师生发展、课程发展、办学水平的绿苑小学"优+"发布综合评价体系。该评价体系旨在通过以校为本的评价了解学校发展的现状以及影响学校教育质量发展的因素,深入挖掘学校教育发展新的生长点。本案例所呈现的,是在校本化评价体系初步构建后通过学生学习品质评价来了解课堂教学实施现状,为课堂教学改革提供依据的探索实践。

"优+"发布的综合评价体系,包含3个一级维度,即学校的办学品质、学生的学习品质和教师的专业品质。其中办学品质是因变量,教师专业品质是中介变量,学生学习品质是最终因变量。学校的办学品质给学生和教师的发展提供支持,会影响教师和学生的品质,而教师的专业品质则会影响学生的学习品质发展(图3)。

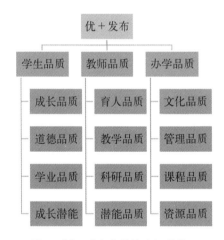

图 3 "优+"发布的综合评价体系

实践中,学校引导教师将学生发展放在首位,关注学生学习品质评价,重点关注五大学习品质养成,即好奇心、主动性、坚持性、问题解决能力、创造力。通过优化学生学习品质,提升教育教学质量。

(四) 改进策略

1. 将学生的发展放在首位,关注学生学习品质评价

学生的发展是学校办学质量的根本和最终体现,也是绿苑小学质量综合评价的核心关注点。在学生学习品质、教师专业品质和学校办学品质三大维度汇

总中,绿苑小学最为突出的是对学生学习品质发展的评价。

学生学习品质评价包含 4 个一级指标:成长品质、道德品质、学业品质和成长潜能,一级指标下又进一步细分为 12 个二级指标。为更好地满足发展的需求,学校进一步提炼了绿苑小学五大核心学习品质:好奇心、主动性、坚持性、问题解决能力和创造力。在初期的实践中,学校以潜能品质、学业品质、道德品质、成长品质的评价为切入点,试图以教育评价的数据驱动,探索学校教育教学管理中,推进教育决策科学化的有效路径(图 4)。

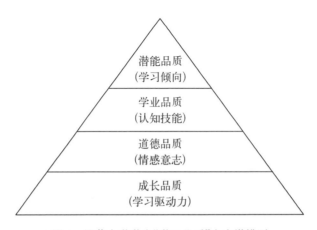

图 4　绿苑小学学生"学习品质"金字塔模型

2. 以学生学习品质评价为切入点,推进教学决策科学化

如何利用评价数据了解教学现状,借助评价结果进行有针对性的改进和提升,真正通过评价来推动教育教学改革、推进教育决策的科学化,成为推进校本化评价实践需要解决的一系列问题。

选择学生的学习品质评价为切入点(表 1),主要有以下原因:

(1) 在新优质项目和课程领导力项目中,学校开展了"基于学生起点的学习品质优化实践研究""基于学生学习品质评价的课程教学变革研究"等研究工作,对于学习品质的内涵和特点有了比较深刻的理解,并积累了一定的校本化研究成果和数据。

(2) 学生的学习品质发展,既能一定程度上反映学校教育教学的成效,也是学校办学质量的最终体现。关注学生综合发展的学习品质评价,能更好地树立科学的教育质量评价观,转变传统只以考试分数为衡量标准的评价观。

(3) 学生学习品质评价以学生为评价对象,评价指标清晰,可操作性强,在初期实践中能更好地获得评价数据,有利于更好地开展数据研究,探索教育决策科学化的有效路径。

表1 绿苑小学学生五大"核心学习品质"介绍

所属领域	五大核心学习品质	内涵阐释
成长品质	好奇心	学生遇到新奇事物或处在新的外界条件感知下所产生的注意、操作、提问的心理倾向。具体包括儿童具有好奇感,有寻求新信息的兴趣,对新知识敏锐,渴望学习等
成长品质	主动性	学生按照自己规定或设置的目标行动,而不依赖外力推动的行为品质。具体包括肯接受任务,愿意参与学习活动,学新东西时会进行适度地冒险等
道德品质	坚持性	学生遇到学习困难与障碍或外界无关刺激影响时坚持努力的程度。具体包括在完成任务时,表现出坚持性,能够集中注意,不容易被干扰或被弄得很沮丧
学业品质	问题解决能力	学生具有发现问题,并且能够尝试用多种方式探索出多种问题解决的方案的能力
潜能品质	创造力	根据一定的目的,运用一切已知信息,发挥想象,产生出某种新颖、独特、有社会或个人价值的产品的智力品质,这里的产品既指思维成果,也指物质成果

(五)改进措施

绿苑小学利用评价数据驱动教学决策的过程主要包括三部分内容:一是通过开展学生前测后测评价工作,对收集到的数据进行初步分析;二是通过教师研讨、家长访谈等形式,将评价数据转化为信息;三是结合数据结果,联系对教育发展规律的认识和实践经验,将信息转化为教学改革的决策依据。

1. 让数据"说话",对学习品质进行初步分析

学校对三至五年级的702名学生开展了学习品质前测后测,获得了教学评价的基础数据(表2)。

由表2可以看出,经过课程的实施,三年级学生的问题解决、坚持性、创造力品质提升,主动性和好奇心下降;四年级学生的问题解决品质提升,其余四个品质下降;五年级学生的主动性、好奇心、创造力品质提升,解决问题、坚持性品质下降。尽管数据结果并不十分理想,让课程管理者感受到较大的压力并对课程

实施成效产生质疑,但通过进一步的数据分析和挖掘,课程管理者对评价数据有了更深入的了解和解读。

表 2 学生五大学习品质的前测后测平均分的差值结果

年级	好奇心	主动性	坚持性	问题解决能力	创造力
三年级	−0.66	−0.74	0.99	0.40	0.13
四年级	−0.70	−0.01	−0.75	0.15	−0.03
五年级	1.38	0.85	−0.38	−0.10	0.01

注:差值为正,表示后测分数高于前测分数;差值为负,表示后测分数低于前测分数

2. 让数据"说话",将评价数据转化为信息

为了更深入地分析和挖掘数据,学校管理者展开了思考:哪些数据还可以作为评价的依据? 如何更准确地解读数据、理解数据背后的因果关系?

(1) 平均值和标准差相结合,多角度了解学生发展变化。

本次学习品质所有得分都通过原始分数转换为标准分进行对比。标准总分是指 T 分数,这是一种反映学生在其所在年龄段中相对位置的分数,它满足以 50 为平均值、10 为标准差的正态分布。

在进一步的数据分析中,我们既通过平均分了解学生学习品质分数的变化情况,也通过学生分数的标准差,了解学生群体分数的差异变化情况。在同一个图表中,柱状图代表学生在该项学习品质的前测后测平均分(用 T 分数表示),折线图代表不同年级内部的学生在该项学习品质上得分的差异(用标准差表示)。通过分析五大学习品质的前测后测的标准差,总体上可以看出,学生学习品质的后测标准差均较前测有不同程度的降低(除了四年级的坚持性)(图 5)。这个结果反映课题研究在减少学生学习品质的差异性方面有着明显的效果。

对五大学习品质在不同年级的平均分值和标准差的分析,有助于帮助教师了解不同年级学生的不同学习品质的差异以及年级内部之间的差异,在不同年级教学中能够基于学生的发展规律,更有针对性地进行教育教学实践。

(2) 量化和质性数据相结合,多主体分析数据背后的因果关系。

除了对学生的学习品质进行测试收集量化数据,学校还开展了"数据解读与课堂教学"的工作坊,通过评价数据的结果解读,引发教师对数据结果解读的讨

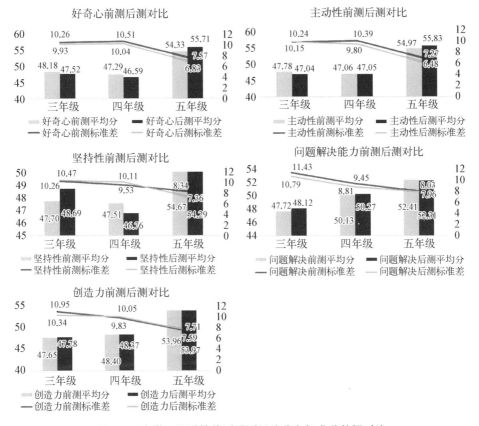

图 5 五大学习品质的前测后测平均分和标准差数据对比

论。从教师讨论的质性数据中,进一步拓展对学生测试数据的理解。学生的学习品质既受自然发展规律的影响,也受教学改革的影响。有的教师在讨论中提道:"孩子们在这些方面都有潜力,比如好奇心,这是天生就有的,只是教育的方式限制了发展。"学生学习品质的发展并不一定是直线式的上升,发展过程中会受到多种因素的影响,作为教育工作者,我们需要为学生预设更多的可能,从更多角度理解学生的变化,用更多的耐心去等待学生的成长和发展。

参与讨论的教师重构了对评价数据重要性的认识。评价数据能帮助我们了解教学现状,教师通过数据了解课改的实施成效,加深对学生发展规律的认识和理解,有利于教师对自身教育教学工作的反思和改进,如对不同年级的课程活动任务进行差异化的处理等。教师参与对课程评价数据的解读和讨论,促进教师的信息素养提升,为教师参与课程决策提供脚手架,更好地形成多主体参与学校决策的新形态。

除了收集教师的反馈信息,学校还对学生家长进行了访谈,许多家长表示,课堂教学改革,除了对学生五大学习品质的直接影响外,还会通过其他方面因素对学生发展产生间接影响(图6)。如有家长表示,以往父亲参与孩子教育的比例要远低于母亲,学校家长会为父亲参与孩子的教育过程创造了机会。许多教师表示,父亲参与孩子的教育过程,在孩子坚持性、主动性、创造性等学习品质的培养方面,会较母亲有更为显著的影响作用。

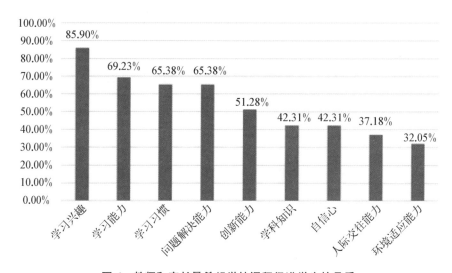

图6　教师和家长最希望学校课程促进学生的品质

(3) 数据和经验规律相结合,多视角评价课堂实施效果。

结合前期的文献研究及教师在研讨中对评价数据的解读,我们也意识到学生的学习品质的变化,不仅受到课堂实施的影响,还会受到其他多种因素的影响,在充分整合这些数据信息的基础上,我们对学生评价的数据结果也有了更为客观的认识。从数据结果发现,在五大学习品质的每个项目表现上,四年级学生都普遍低于三年级学生。我们推测这并非是生源差异,而是学生普遍受到生理和心理发展规律的影响,原本在天性上富有创造、积极主动的品质,可能会普遍经历一段时间的挫折期。他们这些学习品质的发展会存在一定的停滞。而到了五年级,随着学生各方面的发展,五大学习品质也会呈现很快的成长趋势。

3. 让数据"说话",将信息转化为决策

在通过前期的数据解读研讨后,我们将评价数据转化为更具解释意义的信息,并进一步将这些有意义的信息转化为教育教学改进的决策依据。在对学生学习品质数据进一步挖掘的基础上,我们意识到,在关注学生学习品质的发展时,既要全面兼顾,也要有针对性地重点关注。例如通过对评价数据的分析、研讨和解读,我们认识到对学生的"坚持性"的评价,存在培养关键期,因此我们在低年段的教育教学中,更多地关注培养学生的坚持性、意志力的活动;数据也表明,四年级学生的学习品质整体处于"低谷期",这也启发我们在学生升入四年级时,更多地了解学生的生理、心理方面的成长需求,给予学生更多的鼓励和关心。

为了更好地通过评价手段来促进学生学习品质和身心健康的全面发展,绿苑小学将基于评价数据促进教育教学改进的理念,从基础型课程的评价延伸到拓展型课程评价,从课堂教学评价延展到课外生活与实践评价,形成全方位的、全覆盖的学生成长伴随环境,更好地促进学生的成长和发展。

(六)改进效果

1. 上海市"绿色指标"测评指数领先区域平均值,课程实施成效显著

2019年上海市"绿色指标"测评结果显示,绿苑小学学生的综合学业质量表现突出,凸显学校基于课程评价进行课程改革和改进的实施成效。课程评价更多地关注学生的兴趣和发展的需求,对提升学生学习兴趣、减轻学生学习压力起到了积极的影响。另外,学生对教师教学方式的满意度和师生关系指数也达到了9分,说明通过基于评价数据所进行的课程活动和教学调整,为学生带来了更好的学习体验和感受(图7)。

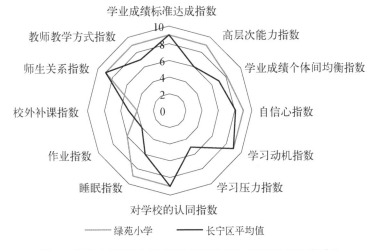

图7 绿苑小学"绿色指标"的测评结果与长宁区平均值对比

2. 长宁区"三个指数"测评处于高位均衡水平,学生综合素质全面发展

2019年,绿苑小学在长宁区学业成就发展、身心健康、学习生活幸福这"三个指数"的测评中均领先于区域平均值(图8)。说明学校在课程发展过程中,通过课程评价及时了解实施效果和课程反馈,关注学生的个性发展和健康成长,从而使每个孩子的天性、特长得以展露和发挥,使学生更多地获得自信、快乐和成功的体验。

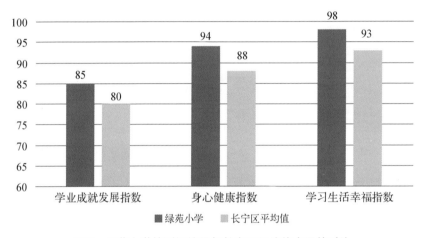

图8 绿苑小学的测评结果与长宁区平均值水平的对比

3. 学校课堂改革路径进一步明晰,数据决策科学化有效探索

经过课程满意度调研、家长访谈,基于评价数据展开的教师研讨等,使学校课堂改革路径进一步明晰,借助评价数据的"脚手架",让教师有效地发现问题、诊断问题、调整教育教学方法策略。有了评价数据,有了"脚手架",就能够给出解决方案并继续评估解决方案的有效性。这使得教学改革能够不断地"往前走",而非无休止地"原地打转"。

围绕着数据的使用,学校也逐渐摸索出一套行之有效的"数据驱动的课程决策模式":一是将数据转化为信息;二是将信息转化为决策;三是评估结果和重新决策。通过这样的流程,学校将与教师日常工作有一定距离感的数据,转化为教师可以理解的内容,进而通过协商的方式,破解决策困境,最终调整方案,使课程得到不断的完善。数据让教师们更全面地了解课堂实施的情况,讨论起来更有针对性,更深入地探究学生的学习过程。毫无疑问,数据是"让教师的实践性知识显性化的支架"。

(七) 问题与反思

经过初期的探索实践,我们也发现了实践研究中存在的几点不足:

第一,由于学校研究团队在经验和研究基础等方面的局限性,对基于评价收集哪些数据,往往缺乏较为全盘的考虑。更重要的是,对于课堂的评价需要更多的重要数据,如学生的日常作业情况、考试情况等,由于学校各类数据结构的复杂性、数据采集工具的不完善等,往往使得学习品质评价的全面性受到制约。

第二,教师的数据素养和信息素养不足是制约学校提升课程决策科学化的一个很重要的因素。只有教师自身具备分析数据的能力,才能更好地对评价数据进行解读,针对自己班级学生的具体情况对学校层面的课程决策给予调整,从而进一步完善具体的课程目标、内容、方法和评价。学校可通过与校外专业机构等的合作,加强对学校教师信息素养和数据素养的培养,提升学校教师的数据分析能力和科研能力,更好地利用评价促进学校课程决策、教育决策的科学化水平,推动学校教育教学的改革和发展。

二、灵活运用合作学习策略,提升学校"教师教学方式"指数

上海市复旦初级中学　张电春

作者简介:

张电春,初中语文教师,高级教师,区学科带头人。上海师范大学语言文学教育专业本科,华东师范大学教育硕士。曾多次获得区课堂教学及论文评比一、二等奖,主持并参与多项区级课题。

教育格言:

对孩子而言,陪伴、帮助和等待远比评判更有价值。

[摘要] 复旦初级中学在2018年度"绿色指标"测评中,"教学方式"指标得分不够理想,主要表现在"老师鼓励我们使用不同的学习方法""老师给我们提出不同的学习建议""老师鼓励我们猜想并通过各种方法验证猜想""老师引导我们就某个问题进行讨论"四个分项指标上,需要解决的主要问题是教师如何更好地给学生布置不同任务;教师如何更好地鼓励学生用不同的学习方法完成学习任务;教师如何及时给学生提出建设性评价和建议。为此,学校探索合作学习的校本化策略,运用合作学习中的叽叽喳喳法、轮流坐庄法和切块拼接法,通过组建队伍、体验式学习、班级文化建设、分主题实践、校区市三级展示、课堂重构和推广六步法来有序推进合作学习。在一定程度上转变了教师的教学观和角色观,明确了合作学习的规范阶段、优化阶段、流畅阶段三步走课堂实施策略。最后四个分项指标都有了较高的提升。

[关键词] 教学方式;合作学习

(一)背景介绍

2018年,为了发挥科学教育评价的正确导向作用,丰富学生学业质量评价的内涵,引导区县、学校开展全面质量观指导下的教学与评价活动,目的在于减轻学生课业负担,促进学生全面发展。上海市面向初中三年级学生开展一次"绿色指标"测试,对学生学业水平指数、学生学习动力指数、学生学业负担指数、师生关系指数、教师教学方式指数、校长课程领导力指数、学生社会经济背景对学业成绩的影响指数、学生品德行为指数、身心健康指数等内容进行测试。

本案例仅对学校"教师教学方式"中的"因材施教"情况进行分析。

(二)数据呈现

2018年上海市"绿色指标"测评,从因材施教、互动教学、鼓励学生探究与发展三个维度对"教师教学方式"进行了调研,每个维度又以"总是""常常""经常""偶尔""从不"四个层级进行区分。图1、图2、图3就"总是"层级分析长宁区及复旦初级中学得分情况。

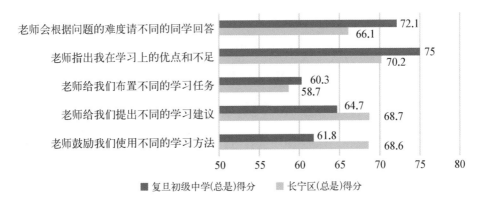

图 1　因材施教

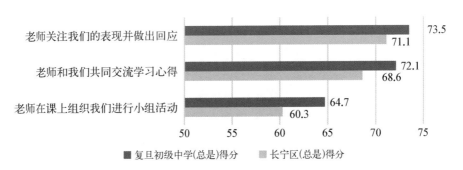

图 2　互动教学

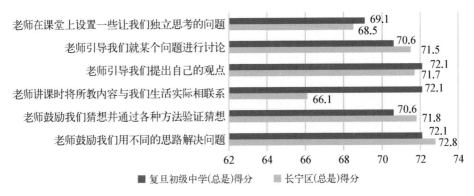

图 3　鼓励学生探究与发展

（三）原因分析

从以上数据可以看出，在因材施教维度，复旦初级中学教师能够关注学生的优缺点，并能设计不同难度的题目，适当布置分层作业。在互动教学维度，复旦初级中学在三个分目标上都超过了长宁区平均分，可见复旦初级中学课堂教学中注重师生互动。在鼓励学生探究与发展维度，复旦初级中学教师善于把教学与生活实际相联系。

从存在问题看，"老师鼓励我们使用不同的学习方法""老师给我们提出不同的学习建议""老师鼓励我们猜想并通过各种方法验证猜想""老师引导我们就某个问题进行讨论"四个指标得分都比区平均分低，并且"老师给我们布置不同的学习任务"的得分更低。因此针对"教师教学方式"指数，我校需要解决的问题主要是：

（1）教师如何更好地给学生布置不同任务？

（2）教师如何更好地鼓励学生用不同学习方法完成学习任务？

（3）教师如何及时给学生提出建设性评价和建议？

（四）改进策略

复旦初级中学聘请了合作学习研究领域的顶尖专家郑杰校长来校指导合作学习教学，并成立了复旦初中合作学习研习社，全校有一半以上的教师积极报名参加研习社并聆听了郑杰校长几次精彩的讲座、研读了郑杰校长编著的讲义《合作学习是个技术活》。学校还在郑杰校长带领和指导下，走出去，请进来，与上海及外省市志同道合的兄弟学校进行广泛切磋和交流，并且在预备年级合作学习试点班开了几堂校级、区级乃至全国级的合作学习观摩课。将合作学习定为校本研修课程，组织全体教师了解并学习合作学习的有关知识、撰写学习心得。以上这些都为本项目的实施打下了比较坚实的群众基础和实践基础，在全校奠定了良好的合作学习研究氛围。

在良好的互动教学基础上，复旦初级中学决定用合作学习提升"教师教学方式"指数，促进教师专业发展。

我们的目标是探索在全校推进合作学习的校本化实施策略，运用合作学习中的叽叽喳喳法、轮流坐庄法和切块拼接法探讨"教师教学方式"的路径或方法。

主要内容首先是合作学习的理论知识以及常规实施方法的研究；其次是运

用叽叽喳喳法鼓励学生用不同学习方法完成学习任务,运用轮流坐庄法和切块拼接法给学生布置不同的任务并及时进行评价;最后在理论知识、方法研究与实践研究的合作学习基础上,提升"教师教学方式"指数。

本研究所指的合作学习是为了完成既定学习目标所采用的,以具有正相互依赖关系的异质小组为单位,基于基本合作技能的组合,强调组内个人责任以及小组自评的自主学习方式。在这种合作学习方式中,教师的角色更接近于组织者、倾听者、引导者,适用于初中低年级,采用的方法大多取材于郑杰《为了合作的学习》《合作学习是个技术活》两本合作学习资料。

(五) 改进措施

1. 基本路径

在全校范围内,我们采用试点先行、逐步推开的方法进行合作学习的探索,最后形成合作学习六步实施法。具体流程如图 4 所示。

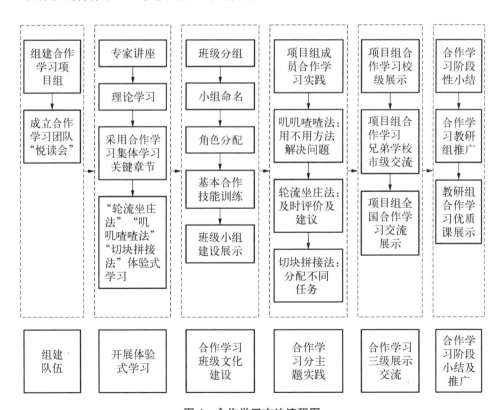

图 4　合作学习方法流程图

在实际操作中,针对学习方法、学习评价、学习任务,聚焦叽叽喳喳法、轮流坐庄法、切块拼接法三种最常见的合作学习方法,形成各自操作路线图。

叽叽喳喳法保证每个学生都能畅所欲言,可以完全放开地分享自己的解题思路和方法(图5)。

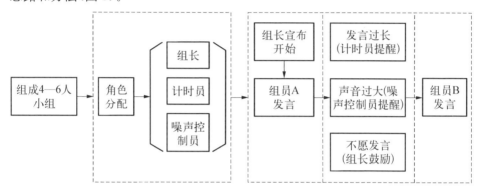

图5 叽叽喳喳法流程图

轮流坐庄法即坐庄者就某个问题邀请每一位发言人进行精彩发言。由坐庄者对每一位发言人进行点评并形成最后结论。然后由下一位发言者坐庄,再依次邀请他人发言、总结、评价、形成小组结论(图6)。

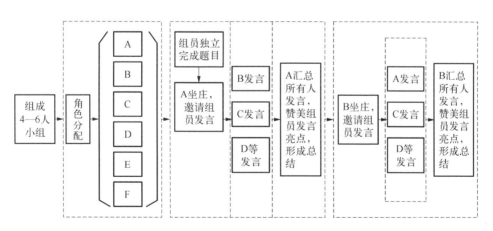

图6 轮流坐庄法流程图

切块拼接法即根据不同任务,把原小组成员重新分组,变成专家A组、专家B组、专家C组,等等。然后就相同问题进行讨论,形成专家A组、B组、C组等各组别的共同意见。最后再回到原来小组,向小组成员汇报自己专家组的意见(图7)。

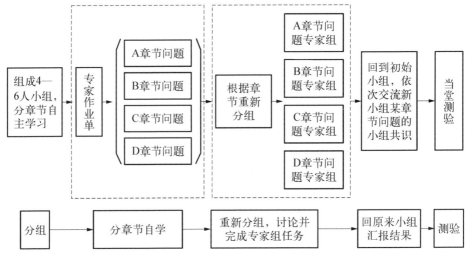

图 7　切块拼接法流程图

2. 使用的主要工具

在合作学习实施过程中,我们使用的主要工具有"合作学习备课笔记模板""合作学习课堂观察量表""合作学习评课表"等工具,还有 35 种合作学习方法和策略。在使用工具的初级阶段,更多的是侧重在合作学习策略及方法的应用上,同时也会根据实际情况进行适当调整。

(1) 合作学习备课笔记模板的使用。在"合作学习备课笔记模板"的教学目标上增加了"合作性目标""合作策略""合作技能"等内容并通过合作学习来达成,强调合作学习方法的应用;在教学步骤方面主要依据合作学习的实施,分为呈现目标、独立学习、小组合作、当堂检测和评价奖励五个步骤(表1)。

表 1　合作学习备课笔记模板

课题	班级	时间
一、教学目标 1. 学术性目标 2. 合作性目标		
二、学习材料		
三、合作策略 1. 2.		

续 表

四、合作技能 1. 2.
五、教学步骤 1. 呈现目标 2. 独立学习 3. 小组合作 4. 当堂检测（展示） 5. 评价奖励
六、教后记

如"'羊吃草'问题探究"的备课。教学重点是"找出羊吃草的最大范围，灵活运用公式，求出羊吃草最大范围的面积大小"。而在具体目标的描述上则是用"反应池"理解巩固圆的面积、扇形的面积等公式概念与基本计算；使用"发言卡"，通过聆听、赞美等合作技能以及猜测、观察、操作、对比、发现、尝试等数学方法，提前感知直角坐标系的图像表示，锻炼作图能力，灵活运用圆与扇形的面积公式，提高迁移、分析、合作和创新的数学能力，发展几何思维与空间观念等。这充分体现了合作学习的与众不同之处。

在具体的运用中，则以教学内容为依据，在某个知识点上进行合作学习环节的灵活使用。如在"探索新知"环节的"羊吃草"问题闯关阶段，运用"小组游戏竞赛法"和"发言卡"法。再以小组为单位设计一道关于"羊吃草"的问题，由下一组同学使用叽叽喳喳法和世界咖啡法完成。

（2）合作学习常用方法的操作步骤。

"小组游戏竞赛法"操作步骤：① 教学：由教师按教学计划讲授新课；② 小组学习：教师讲授新课之后，通常发给学生两份作业单和两份答案单，学生在小组内学习；③ 竞赛：游戏以3人一张的"竞赛桌"形式展开，每一张"竞赛桌"的学生都代表各自的合作小组；④ 小组认可：竞赛结束后，将所有组员的分数相加，所得总分除以参加游戏的小组人数，即为小组平均分数，成绩优异的小组获得认可或给予其他形式的奖励。

"发言卡法"操作步骤：① 给每个学生发放三张发言卡；② 小组成员在组内发言，每讲一次拿出一张卡片；③ 卡片用完后，不能再发言，只能提问，直到每个人都用完发言卡。

"叽叽喳喳法"操作步骤：① 4~6名学生围坐在一起；② 学生自由发言，有话则长，无话则短。

"世界咖啡法"操作步骤：① 4~6名学生为一组，围着铺满小纸条的桌子坐下；② 每桌选定一名谈话主持人，负责告知讨论主题；③ 以主持人为中心展开自由讨论，记录印象深刻的关键词；④ 当讨论进行到一定阶段，每桌除谈话主持人外，其他人都转移到另一张桌子；⑤ 转移的人和留下的人，各自介绍自己刚才所在一桌讨论的话题，然后同先前一样继续讨论，并继续在纸上记录关键词；⑥ 所有人回到原位，介绍自己在移动过程中的谈话内容并继续讨论；⑦ 汇总时，由谈话主持人从小纸条上记录的关键词中找出共同点，并贴在墙上让全体小组成员评估和总结。

3. 具体实践过程六步法

（1）项目启动，组建队伍。向全校发出自愿报名表，教师自主申请，成立合作学习研究项目先锋教师研究团队，人员尽可能覆盖学校的所有学科；召开项目启动仪式，确定项目开展的整体思路，明确团队教师的先锋职责和项目的研究任务（图8）。

> **《为了合作的学习》悦读会招募**
>
> 我校开展合作学习快两年了，期间举办过多次讲座、培训、教学展示及对外交流活动，那些美好的画面深深地印在每位参与者的脑海中：郑杰校长的侃侃而谈、济南教师与我校教师同台献技、小樊老师在武汉一展风采、小林老师和小罗老师在回民中学的精彩亮相……，点点滴滴，一路走来，竟也装扮了一路风景。在教改天地，我们相信有付出就会有收获。
>
> 对合作学习了解得越多，越是发现我们自己做得不够好，疑问也变得越来越多，那种对合作学习进行深入了解的愿望油然而生，相信您也有类似的感受。为了解答我们共同的疑惑，欢迎您加入【悦读会】，我们将以《为了合作的学习》为琴谱，共同演奏最美妙的乐章。
>
> 既然如此，您还等什么

图8 《为了合作的学习》悦读会招募书

（2）以"悦读会"形式开展体验式学习。设计有效的教师专项课程培训，通过资料阅读（以郑杰校长的讲义为主）、视频观看、专家讲座、体验式培训、专题研讨、校本研修及撰写心得等活动促使教师全面深刻地理解课堂实施合作学习的意义、方法、策略。针对开展合作学习的任课教师及班主任,定期开展培训工作,争取能邀请到专家对教师进行合作学习的体验式培训(图9、图10)。同时,教师可根据自己对讲义的理解,大胆尝试在所教班级运用讲义中的简单方法,组织学生开展一定范围的合作学习。学科教师也可以在班主任协助下,将讲义前几章内容中涉及的合作技能渗透到课堂中。

图 9　合作学习专家讲座

图 10　"悦读会"体验式学习

合作学习中用得最多的就是切块拼接法,基本操作时分三大部分。第一部分是自主学习。首先根据不同的题目或任务,把原始小组分成完成某具体任务的专家 A、专家 B、专家 C、专家 D 等角色;其次各任务专家独立完成自己任务。第二部分是小组讨论。其中第一步是各相同任务、相同角色的专家组成专家组,集体讨论,达成对自己所担任任务的共识;第二步是各任务专家分别回到原始小组,按照各自角色汇报自己专家组的共识。第三部分是当堂检测。由教师进行闭卷测试,每个人独立完成,以检测学习效果。

（3）班级合作学习文化建设。班主任及任课教师在前期学习培训的基础上,根据对所在班级学生学习情况的了解,按异质分组的原则,将班级学生分成合作学习小组并进行小组文化建设。利用班会课、主题教育课等形式,做好舆论导向工作,继续对学生进行合作技能的教育和培训,营造良好的班级合作学习氛围(图11)。

图11　合作学习文化建设

(4) 合作学习分主题实践。本研究所界定的合作学习,包括常见的 35 种方法。最终我们选择叽叽喳喳法、轮流坐庄法、切块拼接法来解决教师教学方式的提升问题。叽叽喳喳法能让每一个组员畅所欲言,轮流坐庄法能让组员学会倾听与评价,切块拼接法则让每一个组员都能在组内承担任务,都有机会担任任务负责人,体会一下专家的成就感。

合作学习的分主题实践是与其他合作学习的方法实践同步推进的。我们尝试很多方法,只是在解决"教师教学方式"的三个问题时,强调了这三种方法。同时研讨这三种方法解决相应问题的优势所在以及操作步骤。

(5) 校、市及全国的三级合作学习交流。遴选项目组的优秀青年教师在学校开设展示课,并与上海市的兄弟学校开设交流课、与其他省市的同行交流学习。最后选派青年教师参加全国的合作学习交流展示活动(图 12 至图 15)。

图 12　教师合作学习参加市级展示活动

图 13　杭州同行来校交流合作学习内容

图 14　教师参加全国合作学习交流活动

图 15　教师参加济南合作学习全国交流活动后汇报学习心得

（6）课堂重构及合作学习的推广。通过课堂学习实践活动，不断探索适应学生合作学习的方法和策略，有效激发学生的学习动机，培养学生可持续发展的学习能力。结合长宁区"课堂工程"、学校"亮例行动"，在每个学科组开展合作学习展示交流活动，把合作学习推向纵深（图16）。

图 16　学科组开展合作学习展示交流活动

(六）改进效果

经过一段时间的探索，师生对合作学习有了一定的认识，教师教学方式有了较为明显的改观。

1. 转变教师教学观：让课堂多一种选择

合作学习是一种比较有效的以学生为主体的学习方式，经过一段时间的沉淀，教师对合作学习的方法、实施以及所擅长的地方都有了一定的认识。但因为合作学习并不适用于所有学科的所有内容，所以我们的策略是让课堂多一种选择，不一定整节课都是合作学习，不一定全班都在合作学习。

2. 转变教师的角色观：参与者、引导者、促进者、协调者

教师是参与者、引导者、促进者的角色。教师主要是"撑船者"，但不能代替学生"划桨"，否则学生永远是乘客、是被动的学习者。教师的主导性体现在针对教学内容适时选择重点问题或操作练习；也体现在学生合作学习时，充分尊重学生自主性前提下积极参与讨论，并启发、引导、鼓励学生，如发现未曾预料的问题可及时调整解决。教师同时又是巡视者和协调者，以确保正常的课堂秩序，及时提醒个别学生，协调小组间必要的信息联系。教师主导、巡视、协调者的角色密切了师生关系并提高了师生、生生交往密度，最大限度地调动了学生"划桨"的积极性和创造性。平等、自由、民主、和谐的新型师生关系能提供宽松、自由的学习环境，充分释放"撑船者"和"划桨人"的智慧，真正让学生由"不会学习"向"会学习"和"主动会学习"迈进。

3. 明确合作学习的课堂实施策略：规范、优化和流畅三步走

我们在合作学习的校本化实施中采取了六步骤的方法。事实证明，经过漫长的培训、学习和校内交流展示以后，再在全校推广，这样切合实际，效果比较明显。在具体的课堂推广阶段，我们进一步认识到，合作学习的课堂实施也是分阶段的，那就是规范阶段、优化阶段和流畅阶段，三个阶段缺一不可。

在规范阶段，教师的主要任务是学习和了解什么是合作学习，尽可能在所有学科教学中使用合作学习；到优化阶段，则要考虑适用性问题——什么样的教学目标和内容更适合使用合作学习方式，或者说，如果这堂课的目标、内容适合合作学习，该使用什么样的合作学习策略才是最优的；流畅阶段是指将合作学习高度融入课堂教学，师生都训练有素、游刃有余，而且还富有美感。

4. 切实优化课堂教学的方式:"教师教学方式"三个指数都有较高提升

2020年通过"番茄表单"对全体初三以及部分初二年级共189名同学做了针对学习方法、学习建议、学习任务的匿名调查问卷,数据表明成果还是比较明显的。

学习方法等三项内容都严格依据上海市"绿色指标"的各项分级指标设定,如学习方法,分为"老师鼓励我们使用不同的学习方法""老师给我们提出不同的学习建议""老师给我们布置不同的学习任务""老师指出我在学习上的优点和不足""老师会根据问题的难度请不同的同学回答"五个选择题和最后一个开放性问题"你对老师因材施教的建议是"。选择题每一项又分为"总是""常常""经常""有时""从不"五个答案。

从具体测评数据来看,本校2020年的相应指标有了明显的变化。

从数据比较而言,"老师给我们提出不同的学习建议"同比上升了12.94个百分点,"老师鼓励使用不同的学习方法"上升14.25个百分点,只有"老师给我们布置不同的学习任务"进步最慢,只有7.07个百分点(图17)。

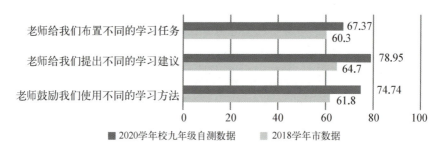

图 17 教学方式三项数据对比

就各项数值的具体情况而言,"学习任务"选项,64人选择"总是",占比67.37%;15人选择"常常",占比15.79%,两者相加为83.06%,比之前的73.5%,上升9.56个百分点。"学习建议"选项,75人选择"总是",占比78.95%;12人选择"常常",占比12.63%,两者相加为90.58%,而之前则为79.4%,上升最为明显。"学习方法"选项,71人选择"总是",占比74.74%;13人选择"常常",占比13.68%,两者相加为88.42%,而原来两项相加则为78.4%,提升明显。不论从哪个角度来说,合作学习在优化教师教学方式上面效果明显(图18、图19)。

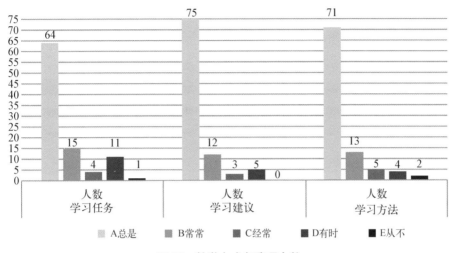

图 18　教学方式各选项人数

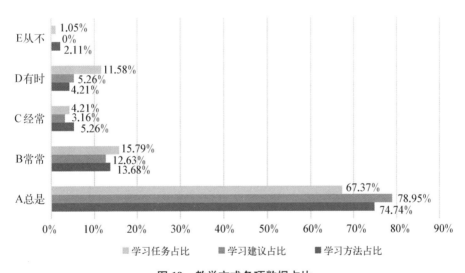

图 19　教学方式各项数据占比

(七) 问题与反思

当然合作学习也面临一些问题,如时间与学习内容的不匹配、如何尽快提升布置不同任务的针对性等一些操作之中的问题。因为要合作、分享、评价,所以学生们需要更多的时间来发挥主体作用。然而时间又极其有限,所以如何协调时间与内容的矛盾是每一位合作学习教师都要面临的挑战。

合作学习在很多方面都改善了教师教学方式，但是"老师给我们布置不同的学习任务"这一指标进步最慢，因此需要进一步思考如何更好地发挥合作学习中切块拼接法的作用、如何解决布置不同任务的环节在整个合作学习中的比重等问题。

三、基于学生情绪问题数据分析开展三级干预的教学改进研究

上海市西延安中学 杨红丽 吴 洁

作者简介：

杨红丽，上海市西延安中学心理教师，从事心理健康教育工作18年，致力于学生的心理辅导与研究工作。在市、区级科研论文评选中多次荣获一等奖，并在心理学专业杂志上发表多篇文章；在市、区级心理活动课大赛中多次荣获一、二等奖；曾获得上海市心理健康教育先进个人、先进青年等荣誉称号。

吴洁，上海市西延安中学心理教师，毕业于华东师范大学，硕士学历，在心理课、课题研究与咨询案例评选中多次获奖。曾荣获长宁区教育系统第三届教坛新秀、长宁区特殊教育傅兰雅十大年度人物、上海市心理健康教育先进青年等称号。

教育格言：

教育非他，乃心灵的转向。

[摘要] 青少年正处在身心发育的重要时期,理想和现实的矛盾常会导致负面情绪的产生,主要表现为抑郁情绪和焦虑情绪,影响了青少年的心理、社会交往以及学业成就等各方面的健康发展。近几年研究发现,青少年焦虑、抑郁情绪检出率有上升趋势。本研究基于学生情绪问题数据分析,对学生开展三级干预的教学改进研究,帮助学生提高情绪调节能力,避免情绪问题导致的危机事件发生。

[关键词] 情绪问题;三级干预;教学改进

(一) 背景介绍

2020年新冠肺炎疫情背景下,学生中出现心理问题的人数急剧增加,各地危机事件频发,这让我们不得不更加关注学生的心理健康问题。在调查过程中发现,情绪问题是最为普遍,也是风险性最高的心理问题,这里的情绪问题主要是指焦虑、抑郁情绪。

针对这一现状,2020年9月,上海市西延安中学心理辅导室对学校六、七年级学生开展"SCL-90症状自评量表"的心理普查,了解六、七年级学生的心理健康状况。2021年3月,又在六、七年级中开展父母教养方式的问卷调查,并结合六、七年级学生焦虑、抑郁情绪的相关性进行研究。

(二) 数据呈现

1. 六、七年级学生的情绪问题现状

从表1可以看出,在六、七年级学生中不存在焦虑、抑郁情绪的人数为482人,占比为85.01%,说明六、七年级学生的心理健康总体状况良好,这与学校各层面重视学生的心理健康教育工作有着密切的关系。但是我们发现,在六、七年级学生中既存在焦虑又存在抑郁情绪的人数为42人,占比7.41%;只存在焦虑的人数20人,占比3.53%;只存在抑郁情绪的人数是25人,占比4.41%;存在着焦虑或抑郁情绪的总人数为87人,占比为15.34%。六年级学生中既存在焦虑又存在抑郁情绪的人数为20人,占比7.14%;存在焦虑的人数为8人,占比10%;存在抑郁情绪的人数为11人,占比3.93%;存在焦虑或抑郁情绪的总人数为39人,占比为13.93%。七年级学生中既存在焦虑又存在抑郁情绪的人数为22,占比7.67%;只存在焦虑的人数为12人,占比4.18%;只存在抑郁情绪的人数为14人,占比4.88%;存在焦虑或抑郁情绪的总人数为48人,占比为16.72%。以上这些数据说明本校六、七年级学生中存在焦虑与抑郁情绪的人数不在少数,占比为15%左右。

表1 六、七年级学生焦虑、抑郁情绪状况

类别 年级	无焦虑、无抑郁			焦虑			抑郁			焦虑且抑郁		
	六	七	总	六	七	总	六	七	总	六	七	总
人数(人)	241	241	482	8	12	20	11	14	25	20	22	42
比例(%)	86.07	83.97	85.01	2.86	4.18	3.53	3.93	4.88	4.41	7.14	7.67	7.41

2. 父母教养方式与学生抑郁、焦虑情绪相关

从表2数据可以看出,学生的抑郁、焦虑情绪与父亲的"情感温暖、理解"、母亲的"情感温暖、理解"教养方式呈极其显著的负相关,说明当父母越能够在情感上温暖孩子、理解孩子,孩子抑郁、焦虑情绪的发生率就越低。学生的抑郁、焦虑情绪与和父亲的"惩罚、严厉""过分干涉""拒绝、否认""过度保护"、母亲的"过分干涉和过度保护""拒绝、否认""惩罚、严厉"教养方式呈极其显著的正相关,说明当父母对待孩子总是严厉的、惩罚的、拒绝的、否认的以及过分的干涉和保护时,孩子的抑郁及焦虑情绪的发生率就越高。学生的抑郁情绪与父亲的"偏爱被试"教养方式呈显著的正相关,但焦虑情绪与父亲的"偏爱被试"教养方式不存在显著相关,说明当父亲偏爱孩子时,孩子会有抑郁情绪,但不会产生焦虑情绪。学生的抑郁、焦虑情绪与母亲的"偏爱被试"教养方式呈显著的正相关,说明当母亲偏爱孩子时,孩子会产生抑郁情绪和焦虑情绪。

表2 父母教养方式与学生抑郁、焦虑情绪的相关系数

		抑郁	焦虑
父亲	情感温暖、理解	−.206**	−.182**
	惩罚、严厉	.198**	.183**
	过分干涉	.184**	.168**

续 表

		抑 郁	焦 虑
父亲	偏爱被试	.092*	0.079
	拒绝、否认	.208**	.196**
	过度保护	.173**	.173**
母亲	情感温暖、理解	−.181**	−.143**
	过分干涉和过度保护	.167**	.159**
	拒绝、否认	.201**	.180**
	惩罚、严厉	.203**	.186**
	偏爱被试	.100*	.098*

注：*显著相关　**极其显著相关

（三）原因分析

1. 六、七年级学生产生情绪问题的原因分析

（1）学业压力。伴随着生活质量的提高和社会经济的发展，初中学生需要学习的课程也越来越多，除了校内学习外，还要参加各种校外补习班、兴趣班，几乎没有多少休息时间，同时还要面临父母对于成绩的期盼，造成很重的心理负担，这种负担长时间的压在心里，很容易就进入焦虑、抑郁状态，还可能导致孩子出现厌学心理。

（2）家长对孩子的严格要求。有较大一部分家长对孩子采取一种严格的教育方式，希望以这种方式让孩子好好学习，孩子不敢在学习上懈怠。其实这种方式会让孩子长期处于一种压抑的氛围之中，让孩子不敢也不想与父母沟通去倾诉自己内心的想法，这会导致孩子逐渐变得沉默寡言，不爱与人交流，将自己封闭起来。

（3）家庭氛围不和谐。很多家庭中父母关系不和睦，经常在孩子面前争吵，甚至大打出手，有时还会波及孩子，很容易给孩子带来心理创伤。

（4）网络因素。现在的孩子接触网络世界比较多，青少年心智还不够成熟，很容易迷失在网络世界中不能自拔，但是网络世界和现实是有着很

大差距的,这种落差会导致孩子产生一些悲观厌世、情绪低落等消极情绪。

2. 父母教养方式与学生情绪问题相关性的原因分析

(1) 情感温暖,理解的教养方式能减少学生焦虑、抑郁情绪的产生。家庭是孩子最为重要的成长环境,父母是孩子的第一任老师,如果父母能够给予孩子更多的情感温暖,给予更多的理解和尊重,有利于孩子获得积极的情感体验与自信,拥有积极乐观的心态。在父母的温暖与理解中,他们会感受到自己是有能力的、是可爱的、是有价值的,从而在遇到学业压力、烦恼与困扰时,能够积极面对,愿意与父母沟通交流并会想办法解决,而不是陷入焦虑、抑郁情绪无法自拔。

(2) 惩罚、严厉、拒绝、否认、过度干涉、保护、偏爱被试等教养方式会增加学生的焦虑、抑郁情绪的产生。惩罚、严厉的教养方式会让孩子感到压抑,孩子不敢表达自己的真实想法,生活在父母的重压之下,父母的高期待会让他们产生焦虑感与烦躁感;拒绝、否认的教养方式会让孩子自我否定,感受不到自我价值,时常因觉得自己无能而容易出现抑郁情绪;父母过度干涉、保护,会让孩子失去自主性并依赖于父母安排的一切,被父母推着走,渐渐地就会对任何事情都失去兴趣与动力,表现出无精打采、无所谓的状态,长此以往也会产生抑郁情绪。而偏爱被试,一方面会让孩子感受到父母对自己无保留的爱,另一方面也会让孩子感到来自父母的期待,心理学上有一句话是"每个孩子来到这个世界都是来报恩的",当他想要报答父母又发现自己很难做到最好时,就会产生焦虑与抑郁情绪。

(四) 改进策略

1. 对有情绪问题学生的群体干预策略

根据情绪状况测评结果,对有不同情绪问题的学生进行群体干预,对全体学生开展情绪调节的心理课与心理讲座,对有轻度或中度情绪问题的学生开展以情绪主题的小团队辅导以及家庭教育指导。

2. 对有严重情绪问题学生的个别干预策略

挑选出存在抑郁、焦虑等严重情绪问题的学生开展个别辅导、家庭治疗以及医、教结合等干预与治疗,探索一些有效的联合干预方法。

（五）改进措施

1. 对学生采取的群体干预策略

（1）在六、七年级开展以班级为单位的情绪专题的心理课。

六年级：认识情绪——我的情绪小怪兽
情绪觉察是我们每个人都需要拥有的一项能力，情绪觉察是指把人们无意识的情绪翻到意识层面来——知道什么样的情景下，自己的身心起了怎样的变化，自己是如何判断的，预防可能发生的非理性的行为反应。只有当个体能够很好地觉察情绪时，才能真正认识、面对自己的情绪。基于这样的目的，这节课的重点放在促进学生的情绪觉察能力培养上。通过绘本了解五种基本情绪产生时的具体表现和意义，并且结合自身觉察产生各种情绪时的表现，能够识别自己的情绪。
六年级：处理情绪——我是情绪的小主人
在日常生活中，我们会发现，学生往往会在生气、发脾气之后备感后悔，但是在情绪发生的一刹那，自己却根本意识不到。之所以会这样，是因为学生缺少"正确处理负面情绪"的能力。本节课带领学生认识情绪以及知道如何处理消极情绪，通过情境分析、烦恼卡片等活动学会合理处理自己的消极情绪。
六年级：生气——当生气来临时
当学生体验到生气这种情绪时，往往有两种表达方式：向内—压抑、向外—爆发。经常压抑生气会使不满情绪转化成一种内心的狂躁，甚至变得更敏感易怒。那些压抑的怒火会回转头来对自身进行攻击。长此以往，身体就会遭殃，如皮肤变差、胃口不好、溃疡等等；然而任由生气强烈地爆发，可能会做出一些冲动性行为，造成更加糟糕的结果，事后会非常后悔。同样也会对身体健康产生影响，生气时大量血液涌向大脑，脑血管压力增大，此时血液中含有毒素最多，会进一步加速脑部的衰老。本节课让学生们对于"生气"有一个理性的认识，学会合理表达，既不伤害自己，也不伤害他人；学会控制"生气"的爆发力量，掌握一些正确的应对方法。
七年级：处理情绪——我的情绪"防疫包"
2020年的新冠肺炎疫情，让同学们面临了很多的挑战，如宅在家里、网课学习、人际互动的缺乏、学习上的困难、与父母相处的各种矛盾，等等。回到校园，又要面临新的适应问题。因此，本节课首先让学生回忆疫情期间到开学这段时间的情绪变化，学生对自我的情绪有所觉察。接着通过制作情绪"防疫包"，找到调节情绪的多种方法。最后引导学生能够认识到想法不同导致情绪不同，改变想法就能改变情绪。
七年级：焦虑——焦虑使用手册
2020年新冠肺炎疫情之后，学生们回到学校，面对网课学习期间落下的各种知识点，面对相对紧张的学习氛围，面对成绩下降带来的心理压力，很多同学的焦虑和紧张感不断增加。因此，让他们接纳自己的焦虑情绪、觉察焦虑对自己的影响并学会一些调整焦虑的方法是十分必要的。本节课通过绘画的方式，让学生看到焦虑的存在，同时思考焦虑对自己产生的正向、负向影响，并且学会一些方法与技巧，将自己的焦虑调整到一个合适的水平上。

续　表

七年级：抑郁情绪——走过梅雨季
中学生抑郁倾向及抑郁症发生率呈上升趋势，但中学生对抑郁问题的理解和接受程度却是有限的，主要表现是：对于抑郁症和抑郁倾向之间的界限不是很了解，对抑郁倾向的觉察能力略有欠缺；一旦察觉，一般都已经成为中、重度的抑郁症；在应对抑郁情绪时，独立承担也是许多学生常用的方式。因此，我们认为，对抑郁情绪、抑郁症相关知识的宣传和教育，需要进行专题的心理辅导。本节课让学生们知道抑郁情绪的表现、抑郁症的基本症状并认同抑郁症需要寻求医生的专业帮助；知道参加社会活动、进行认知调整对调节抑郁情绪有帮助并练习认知调整的方法；初步具备帮助自己和他人走出抑郁情绪的意愿和能力。

（2）在六、七、八年级开展以情绪为主题的心理健康主题班会。

主题：拥抱情绪，促"心"成长 时间：2021 年 5 月 11 日
在班会课开展以"拥抱情绪，促'心'成长"为主题的心理健康教育主题团队会，帮助学生认识情绪、接纳情绪和管理情绪。

（3）对九年级学生开展以情绪为主题的心理讲座。

主题：谈谈考试这点事 时间：2021 年 5 月 18 日
顾老师从考试 50% 考知识、50% 考心理的角度入手，分析干扰考试的因素及焦虑的表现。如果焦虑过度，可以采用运动、放松、求助、与父母好好沟通等方式加以调节。然后通过一些两可图以及一些小游戏，让学生认识到可以通过转化自己的想法和转变视角，用积极的心态去面对考试。最后用"天生我才必有用，每个人都有自己的专长"，为学生加油鼓劲。

（4）对有轻度或中度情绪问题的学生开展以情绪问题的小团队辅导。每学期从检出的存在轻度或中度情绪问题的学生中挑选出 20 人左右开展小团队辅导，安排 6～8 次的团辅活动。

主题：绘画团队心理辅导	
时间：2020 年 11—12 月　人数：16 人　次数：6 次	
第一次	《头脑特工队》片段欣赏与讨论
第二次	认识情绪

续 表

主题：绘画团队心理辅导 时间：2020 年 11—12 月　人数：16 人　次数：6 次	
第三次	演绎情绪
第四次	涂鸦情绪
第五次	处理情绪
第六次	总结与分享
主题：情绪卡团队心理辅导 时间：2020 年 11—12 月　人数：15 人　次数：6 次	
第一次	情绪卡的使用介绍
第二次	认识情绪
第三次	了解自己的情绪变化
第四次	了解家庭成员的情绪
第五次	情绪会转弯——负向转正向
第六次	一起来帮忙——情绪 ABC

2. 对学生家长采取的群体干预策略

（1）对不同年级学生家长开展有针对性的心理讲座。学校通过邀请心理辅导老师与校外家庭教育专家对学生家长开展心理讲座，帮助学生家长改善自己的教育方式与家庭环境，避免孩子情绪问题的产生与发展。

主题：怎样做好初三学生的家长 时间：2020 年 9 月 4 日　对象：九年级学生家长
通过家庭教育讲座，告诉初三学生家长家庭教育的方法：一是稳定情绪，做一个理智的倾听者；二是准确定位，做一个明智的点拨者；三是合理让步，做一个睿智的督促者。
主题：关注孩子情绪，关注心理健康 时间：2020 年 9 月 11 日　对象：六、七、八年级家长
付丽旻老师就眼下青少年普遍存在的一些较典型的心理现象进行深入浅出的剖析，并指导学生家长如何有效地安抚孩子的情绪以及帮助孩子学会正确的情绪表达和悦纳他人。时值开学初，付老师还特地提示家长一定要做好引导倾诉、生活细节调整、助人自助和情绪管理等工作。

续 表

主题：家长如何处理孩子情绪
时间：2021年5月18日　对象：九年级学生家长

金老师先从真实的学生案例出发,告诉家长问题行为是信号,症状的背后是关系问题,它在提醒我们需要调整改变了。如果此时家长急于去解决问题,反而可能会导致问题的升级,关系也会此消彼长。因此家长需要由监管者变成"资源库",不求不应,有求必应。除此之外,家长还可以从以下方面来做：使用积极的资源话语框架,做自己能控制的、放下自己不能控制的,增加身心互动练习、轻松上阵,现状自我检修、重新出发,盘点题目入册,逐一攻克,积极内在对话、自我激励。金老师从以上六个方面为家长们进行了详细的讲解与合理化建议。

（2）对存在轻度或中度情绪问题的学生家长开展工作坊活动。学校心理辅导室对部分存在轻度或中度情绪问题的学生家长开展工作坊活动,通过团队讨论、交流,发挥团队的共同智慧,寻找解决孩子情绪问题的方法。

主题：关注孩子情绪,促进亲子沟通
时间：2022年4月29日　对象：八年级部分家长

杨红丽老师带着学生家长进行了"相似圈"的活动,家长们通过发现共同之处,拉近彼此之间的心灵距离。接着杨老师介绍了处于青春期学生的情绪特点,并通过"秘密任务"活动,让家长匿名写下自己孩子情绪所导致的亲子沟通问题,以小组形式一起探讨如何解决青春期孩子情绪问题的方法。

3. 对严重情绪问题学生与家长的个别干预策略

对存在严重焦虑、抑郁情绪问题的学生开展个别辅导、家庭治疗以及医、教结合的干预与治疗,2020年9月至2022年4月,共接待情绪问题学生与家长共18人。在征得学生本人和家长同意的前提下,从有严重焦虑、抑郁情绪问题的学生中挑选出5名开展长期的个别干预辅导与家庭教育指导,并撰写如下个案报告：

（1）杨红丽：《一例重度抑郁学生的心理危机干预个案》。

（2）吴洁：《一例考试焦虑问题的学生案例》。

（3）杨红丽：《一例有抑郁情绪困扰的学生案例》。

（4）杨红丽：《一例沉迷手机的学生案例》。

（5）杨红丽：《一例有暴力行为倾向学生的辅导案例》。

（六）改进效果

在近一年的教学改进研究中,我们采取了三级干预策略,对学生及家长开展群体干预与个别干预策略,取得了比较好的效果。学生的心理健康状态整体比较平稳,对存在严重情绪问题学生的干预及时到位,避免了严重心理危机事件的发生,其中一部分学生在医、教结合的共同干预下,情绪得到好转,已复学。在2021年4—5月开展的西延安中学的以"拥抱情绪,促'心'成长"为主题的"第六届西延安中学心理活动月"活动中,荣获长宁区优秀组织奖,徐依玲、傅亦悦同学以"拥抱情绪,促'心'成长"为主题的心理活动海报评选中均荣获长宁区一等奖,傅亦悦同学在上海市心理活动月优秀心理活动海报评选中荣获上海市三等奖。

四、基于数据分析下的初中高年级英语阅读教学中积极阅读策略的应用

上海市天山第二中学　张　雪

作者简介：

张雪,上海市长宁区天山第二中学英语教研组组长,长宁区初中英语教学研究中心组成员。从教12年来,善于激发学生的学习兴趣,注重提升学生的思维品质。曾获长宁区2017年度"课堂工程"研讨活动一等奖、教育系统第三届"教育教学能手"、仙霞社区"优秀园丁奖"等荣誉称号。先后参与全国课题"英语师范生阅读教学技能提升——以上海地区中学英语阅读教学为例"研究并提供优质课件。2019—2021年,作为"双名工程"种子工程培养对象成员,主持开展"英语学科核心素养背景下初中高学段英语阅读教学中积极阅读策略的应用"项目研究。

教育格言：

用心教学,把爱播洒在每一个孩子的心田,让学生在阳光中快乐成长。

[摘要] 为了继承和发扬天山第二中学"博趣"教育成果,优化和完善"博趣"课程实践。学校英语组开展"通过'圈画式'积极阅读策略提升初中英语阅读能力的实验研究"项目研究,通过利用 Text Marking(圈画式笔记策略)这一载体,开展"积极阅读策略"(Active Reading Strategy)实验研究,从而提升学生的英语阅读能力。本研究意在探究英语积极阅读策略的培养与初三学生阅读能力和考试分数的关系。通过此项研究希望能够帮助初中学生尤其是初中高年级学生更加高效地运用阅读策略,以提高阅读能力和考试分数。同时对初中英语教学提出建议,希望能对英语教学有所帮助。教育的最终目的是教会学生如何去做学习。因此,教师应该帮助学生培养良好阅读的习惯并选择合适的阅读材料,激发学生的阅读兴趣。

[关键词] 初中英语;阅读水平;积极阅读策略

(一) 背景介绍

1. 研究假设

初中英语阅读教学中积极阅读策略的应用如何对初中高年级学生的阅读能力产生影响,缺少系统的经验层面上的科学研究。为了弥补这一欠缺,天山第二中学英语教研组以积极阅读策略为导向,利用期中、期末测试卷以及相关工具等,检测积极阅读策略对初中高年级学生阅读能力的影响。实验提出两个研究假设:

假设一:对初中生进行积极阅读策略训练能够提高初中生的英语阅读理解能力。

假设二:对初中生进行积极阅读策略训练能够提高初中生的英语阅读策略使用意识。

2. 研究对象

本实验选取天山第二中学初中三年级的四个班级,每班学生人数均为20人。其中两个班(同一名教师授课)作为实验组,而另两个班(同一名教师授课)作为对照组。该年级中有两个特色班、两个平行班,分别分到实验组和对照组,其考试成绩和层次相当。由于基础相差不大,为试验的相对准确提供了良好的基础。研究采用实验组、对照组单因素实验模式,以"积极阅读策略下的阅读能力"为自变量。年级实行集体备课制,统一教学内容、统一进度、统一测试。实验组减少讲授时间,增加课内阅读时间;减少课内练习题量,增加课外阅读量;减少机械训练,增加训练阅读思维机会。对照组所用的教学方法称为传统教学法。

3. 实验过程

在实验之前,分别对学生开展问卷调查和自评,以此了解学生的阅读现状、发现学生在英语阅读过程中存在的问题。接着,根据学生的反馈,对学生实施阅读策略的训练与培养。最后对学生进行测试,测试的成绩借助 SPSS 统计软件进行数据分析,并得出对比实验的结果。

(二) 数据呈现

本次实验参加总人数为 80 人,实验班、对照班学生各 40 人。两次前后检测分别在一个学年的两个学期的期中、期末进行,均分别结合初三全区统一一模(九年级第一学期期末测试)和二模(九年级第二学期期中测试)考试时间完成并当场收回。收回与前测进行对比、整理并将数据与两次统一考试成绩录入 SPSS24.0 软件,以进一步进行数据的整理与分析,对学业成绩、积极阅读策略后的阅读理解能力(阅读板块小题总得分)等分别进行 t 检验。

实验选择初三四个班级分别作为实验组与对照组。实验前,用独立样本检验的办法检测两个组的英语成绩的差异、阅读理解能力的差异(表1)。研究前实验组学生分数均值与对照组的一模全卷、小题总分得分均值相差较少,Sig. 为双尾 t 检验的显著性概率,表格中的数据 t 值分别为 0.571,0.569,0.546,0.543 显示大于 0.05,说明实验组与对照组不存在显著差异(表2)。以上数据说明,实验组与对照组第一次调查水平相当,两组学生在实验前学业成绩、阅读理解能力方面的差异没有统计学上的显著意义。

表1 组统计

类 别	班 级	个案数	平均值	标准差	标准误差平均值
全卷	实验组	39	105.895	13.808 8	3.168 0
	对照组	40	102.925	18.214 6	4.072 9
小题总分	实验组	39	32.500	8.511 4	1.952 7
	对照组	40	30.475	11.858 2	2.651 6

表 2　独立样本检验

类别		莱文方差等同性检验		平均值等同性 t 检验						
		F	显著性	t	自由度	显著性（双尾）	平均值差值	标准误差差值	差值95%置信区间	
									下限	上限
全卷	假定等方差	2.834	0.101	0.571	37	0.571	2.969 7	5.196 7	−7.559 8	13.499 3
	不假定等方差			0.576	35.304	0.569	2.969 7	5.159 9	−7.502 2	13.441 6
小题总分	假定等方差	3.707	0.062	0.610	37	0.546	2.025 0	3.320 8	−4.703 7	8.753 7
	不假定等方差			0.615	34.489	0.543	2.025 0	3.293 0	−4.663 7	8.713 7

(三) 原因分析

1. 背景分析

教育部颁发的《基础教育课程改革纲要(试行)》及《义务教育阶段英语新课程标准》(2011)明确提出素质教育,重视复合式人才的培养,要求人的终身学习。在当代社会中,英语是进行国际交往的主要手段。人们想要终身学习就要不断汲取新的信息,而我们所拥有的知识大部分来自阅读,因此高效的阅读能力、合适的阅读策略为人们的终身学习提供便利的条件。在现实生活中,阅读在英语考试中所占比重极大,对英语成绩影响明显,但纵观英语考试,阅读理解是英语考试中失分最多项之一,尽管我们在教育教学中对阅读理解投入很多精力,但收效甚微。

在实际的英语教学过程中,由于受到根深蒂固的传统教学模式的束缚,大多数英语阅读课仍旧以词、句和语法的讲解为主,英语教师常把大量的时间、精力用于知识点的传授和掌握上。教师一言堂,忽视了对学生语言实际运用能力的培养,很少有意识地培训学生的阅读策略,尤其是以阅读笔记和圈画技巧为核心的专门的阅读能力训练不够充分。结果是学生做了大量的阅读理解题,教师也投入了大量的时间和精力,但实际的阅读效果却并不如人意。有的学生遇到内容稍复杂或篇幅较长的文章抑或放弃、抑或囫囵吞枣;有的学生即使每个单词都认识,但也不能理解文章大意;有的学生读了后面就忘了前面的阅读内容;还有的学生无论何种文体都采用同样的阅读速度和方法。大多数学生阅读速度很慢,阅读理解能力较弱。

2. 学生问卷分析

学生的阅读策略现状调查问卷是在对学生进行阅读策略训练之前发放的,目的是为了了解学生的阅读方式、习惯和策略使用情况。此外,调查问卷中的阅读策略涉及认知策略、元认知策略、情感策略和社交策略四个维度的相关内容。

据统计,"阅读的兴趣度"一项,69%的学生表示对阅读兴趣一般或不太感兴趣;49%的学生表示很少制订或不制订阅读计划;42%的学生表示对于阅读篇幅较长、单词数多的文章比较恐惧。

在阅读课前,38%的学生表示很少提前或从不提前进行预习;在阅读课后,仅25%的学生表示会主动复习文章。66%的学生表示词汇量会对阅读产生较大影响;29%的学生表示老师在阅读课堂上解释词句和翻译文章为主,由此导致39%的学生在阅读文章时养成将每一句话都翻译成中文的不良习惯。在阅读方式和技巧的指导方面,55%的学生表示老师很少或从不进行阅读技巧的指导;仅24%的学生表示在遇到生词时会查字典;51%的学生表示会画出关键的词句帮助理解文章;59%的学生经常积极地作笔记,但笔记仅限于一些语言知识点而不是阅读笔记;超过60%的学生在阅读时注意力较为集中且常反复在文章中找答案,这是一种良好的习惯;仅33%的学生会主动阅读课本外的材料,但阅读量过小;能够坚持每天都进行阅读的学生仅占1%。在阅读内容方面,45%的学生最喜欢阅读书信、广告类文章,28%的学生喜欢故事、记叙文类文章。

以上学生问卷统计数据初步说明:第一,学生对英语阅读的兴趣不浓;第二,学生的阅读量过小;第三,在阅读策略的使用中,元认知策略和认知策略使用较多,但是加强这些策略的使用将更利于阅读能力的提高;情感策略和社交策略的使用较少,缺乏与他人的交流,不利于阅读的提高。

(四)改进策略——"圈画式"笔记策略

笔者经过教师实践研究和个人实践探究,归纳出宜于教学实践中实施、适合初中学生运用的具体策略。

Text Marking("圈画式"笔记策略)是值得学习的"积极阅读策略"(Active Reading Strategy)之一,目的是让学生在阅读中积极思考(Think Critically),梳理文章逻辑,理解文章含义;实际阅读中,"圈画式"笔记策略体现在以下三个步骤:第一步,阅读文本;第二步,给段落做数字标记;第三步,给重点概念、词汇画圈,在与阅读目标有关的词句下做画线标记。

值得关注的是,从调查问卷来看,学生并不缺乏画线、圈点、做记号等方面的笔记策略,重要的在于帮助学生建立起这些符号之间的关联,抑或是每个符号应具有特定的含义。也就是要帮助学生建立一个个性化的符号系统而不是简单的符号罗列,使学生在做记录时能从自己的符号系统中迅速选择合适的符号调节自己的笔记策略。比如教师在相似文体的阅读教学中运用给过渡词画圈的方法,学生的符号系统中就有专门的过渡词符号。经过几次练习,学生会从符号系统中选择相应的符号作快速记录。当然是否一定要用以上画圈的方式来代表过渡词等,笔者以为每个学生都有其个性化的选择和创造。在辅导的过程中,教师不仅呈现符号的运用,更是将个人构建个性化符号系统的过程呈现给学生,有利于学生掌握做笔记策略。

在培养阅读策略意识后,强化学生抓住每一次阅读机会巩固使用阅读策略。一是在课内外阅读教学和考试中,教师鼓励学生使用阅读策略并对策略的使用进行分析,鼓励学生依照自己的阅读策略相互交流、合作讨论并加以总结。二是在学生习惯使用分析阅读策略后,按照学生的个体性差异,启发学生形成自己独特的阅读策略。三是在强化和巩固策略使用过程中,教师积极为学生创设主动愉悦的课堂分析气氛,使学生能够各抒己见、取长补短。自我反思是能力形成的必要条件,学生在经过策略意识的培养与强化巩固训练后,会对策略有个基本认识,教师再通过谈话法或讨论法启发学生明了自己的学习类型,结合已有的知识经验及合作交流的成果,鼓励学生进行反思,逐步将阅读策略内化成自己的能力,熟练掌握后能够自主运用。

(五) 改进措施

1. 实施过程

(1) 制订计划。在本研究的笔记策略辅导实验过程中,笔者先根据调查问卷中发现的学生笔记策略运用问题,制订辅导计划(表3)。

表3 笔记策略辅导计划

时　　间	专　　题
第一周	把握英语"圈画"笔记内容
第三周	怎样利用好书本空白之处
第五周	巧用圈点批注法
第七周	构建个性化符号系统
第十一周	找找老师的提示
第十三周	没记下来,我该怎么办?

笔者以为首要解决的是学生对英语"圈画"笔记内容的困惑,即记什么的困惑。教师按由简单到复杂的顺序来安排辅导。"构建个性化符号系统""找找老师的提示"和"没记下来,我该怎么办?"这几个笔记策略更关注学生笔记策略中元认知策略的调动,因此放在后一阶段进行辅导。辅导计划除每个策略辅导安排课时外,还安排两周左右的时间在日常教学中加以实践运用,以帮助学生巩固。

(2) 激发动机。学习策略辅导的效果会受到学习者因素的影响。学习者因素包括学习动机、学习方式、学习者的态度等。学习动机是元认知能力的一部分,它在学习中影响着自我管理和调节,因此是最为重要的一项因素。在笔记策略辅导中应首先注重激发学生学习笔记策略运用的动机。笔者在实施辅导前,请同学们交流自己的笔记策略及其对学习的帮助,肯定学生已有的笔记策略,增强学习笔记策略运用的信心,动机水平就会更高。

(3) 课堂辅导。明确学习动机后,进入课堂辅导阶段。课堂辅导阶段要注意几点:一是采用适合的辅导方式,笔记策略辅导的不同方式,影响学生策略的改进和运用。二是以学生为主体的体验式学习比以教师讲授为主的接受式学习对学生的影响更大。笔者在实施辅导时采用体验式学习方式,采用集体辅导和单独辅导相结合的方法。由于个体之间存在着发展水平、能力和动机的差异,因此在集中辅导的基础上,还要对缺乏笔记策略运用的学生进行个别辅导,激发他们笔记策略运用的动机,尤其要帮助他们提高元认知水平,培养较强的自我监控能力。

(4) 及时评价。评价是辅导环节中的一个重要环节。及时评价学生的笔记策略运用情况,给予及时有效的反馈,能促进学生对笔记策略的运用。评价的形式可多样。教师可以在检查学生笔记时做些点评,也可以是学生自评。调查问卷的结果显示：学生认为笔记记录的是比较个性化的想法，笔记是比较私有的物品。所以笔者以为选择自评这一评价方式比较合适。教师应该明确评价的具体指标，提前告知学生将要学习的笔记策略，经过一周实践，再让学生参照指标进行自评，这样可以帮助学生监控某种策略的运用状况。

2. 积极阅读策略的应用措施

(1) 激发兴趣，引导学生积极参与。引导学生积极参与阅读教学活动，教师开始上课就要采取多种形式的教学，以初三学生如何提高自己的记忆方法为切入口，创设生动活泼的教学情境，引发学生思考，开启学生的思维，诱发学生参与学习活动的动机。

(2) 自主探究，引导学生主动参与。课例的亮点之一是最后的小组活动讨论环节：我最喜欢的/使用过的记忆方式。教师通过板书的梳理引导学生多思多想，多方面、多角度地发现问题、提出问题，并力争问题提得深、精、新，让学生在自主探究中培养发散思维、逻辑思维，在自我领悟、自我解决的过程中总结提高记忆的方法。学生很喜欢这个分享环节，讨论结束后仍意犹未尽。

(3) 积极阅读策略应用，引导学生全面参与。

一是"圈画式"阅读策略。通过阅读文本，针对段落做数字标记，对重点概念、词汇画圈，在与阅读目标有关的词句下做画线标记，旨在让学生在阅读中积极思考，梳理文章脉络，理解文章含义，训练学生的批判性思维，培养学生自主学习的能力，增加学生阅读的自信心，提升课堂的思维品质。增强学生运用阅读策略的意识，帮助学生掌握有效的阅读方法；培养学生阅读能力，养成良好的阅读习惯，增强学生的阅读信心，掌握阅读理解评价策略。为初级中学英语课教师提供可以学习借鉴的有效阅读策略分类指导，帮助英语课教师组织有效的阅读活动，促进阅读教学质量提升。教学实践中，学生在经过"圈画式"阅读策略工具的运用示范、强化巩固训练后，对策略有基本认识，结合举一反三的训练，能逐步将阅读策略内化成自己的能力并熟练掌握且运用自如。

二是以"任务驱动"培养学生的阅读策略。给文章分段的任务旨在引导学生整体把握文本的结构，填写思维导图的任务主要培养学生快速寻找文本知识点信息，辨别何种习惯有助于记忆的任务引导学生唤醒思维分析文本提供的信息，归纳提高注意力的任务引导学生聚焦对象提炼文本信息。在学生自主发现问题、提出问题和解决问题的基础上，教师要再次创设问题情境，不断激起学生的求知欲望，达到全面参与的目的。

（4）支架合理,动态启发思维。在学生训练和产出过程中,教师需提供合理的支架,帮助有困难的学生整理思路完成任务,为能力较强的学生留有自由发挥的空间,调动他们的学习积极性。教师在授课的过程中,要关注学生思维的动态发展情况,不断启发学生的思维。首先教师要给予学生充足的阅读时间"沉浸"文本,用"心"阅读,让学生的思维能力在静心阅读中得到培养和提高。如在整个小组讨论环节,由于之前"输入"活动充实(板书的呈现,思维导图任务单的完成,"圈画式"阅读策略有效的开展,等等),使得最后的"输出"环节中,学生思维活跃,积极参与讨论,气氛也轻松愉悦。尤其是最后的小组展示,极大地调动学生的积极性,刺激了他们的探究兴趣,获得成功的体验。

（5）阅读素养的培养,训练学生综合语言运用能力。

一是养成良好阅读习惯。初中正是学生学习习惯逐渐形成的时期,阅读习惯也是如此。所以教师在日常教学中要引导学生养成快速阅读的习惯,处理好粗读和细读的关系,引导学生在阅读中思考,在阅读中分析和学习。只有学生真正养成了良好的阅读习惯,学生的阅读能力和综合素养才会得到真正的发展和提高,才能够积极主动地投入到阅读活动中去,并形成终身阅读、快乐阅读的良好习惯。

二是提供恰当的阅读材料。对于初中学生来说,阅读材料的合理选择是非常重要的。所以,教师在日常教学活动中就要为学生推荐合适的阅读本文,并既要保证推荐文章能够激发学生阅读兴趣,又可以让学生学到有用的知识,在发展学生阅读能力、拓宽学生视野的同时提高学生的英语综合素养。笔者在英语教学中,会定期为学生举办读物推荐和交流会,引导学生们分享自己最喜欢的英文读物及阅读感受并写下读后感。在这样的模式下,学生的阅读能力与写作能力都可以得到提高,可谓是一举两得。

三是创建英语阅读体验环境。阅读体验贯穿于整个阅读过程。通过阅读,学生可以把自己的情感、体会与作者进行心灵上的沟通。只有沉浸到阅读材料中,才能深度体会其中深层次的意境。为了加强学生对阅读内容的理解,需要创建英语阅读体验环境。可以采用情景表演等方式,让学生发挥自己的想象,并根据自己的理解,把阅读材料内容以非常形象直观的方式展现出来。这样不仅能够锻炼学生的思维能力、口语表达能力、语言综合运用能力,还可以交流心得、自我评估与互相评价,达到深入理解阅读材料的目的。同时,通过微视频、情景表演等方式,还可以提高阅读兴趣、分享阅读体验,使阅读变得轻松愉悦,不再是枯燥而乏味的表面信息获取。因此笔者计划每天在课堂上留出5～10分钟时间让学生分享他们的阅读体验和进行讨论,"双减"后可利用课后服务时间开展分组讨论、角色扮演或分享自己制作的微视频等活动。

(六) 改进效果

1. 实验组与对照组前后测得分对比

由表4、表5可知,试验后实验组的二模全卷、小题总分(阅读板块小题总得分)的得分均值明显高于实验前的一模得分,表格中的t检验显著性数据(t=0.000/0.000)小于0.05,说明试验后实验组的得分均值与实验前存在显著差异。这说明在实验之后,实验组学生的阅读理解的得分发生了变化,相较实验前的得分,实验后,实验组学生的得分有了很大提高。

表4 配对样本统计

	班 级		平均值	个案数	标准差	标准误差平均值
实验组	配对1	二模小题总分	39.026	39	7.2848	1.6713
		一模小题总分	32.500	39	8.5114	1.9527
	配对2	二模全卷	115.105	39	11.1699	2.5625
		一模全卷	105.895	39	13.8088	3.1680

表5 配对样本检验

班 级			配对差值					t	自由度	显著性(双尾)
			平均值	标准差	标准误差平均值	差值95%置信区间				
						下限	上限			
实验组	配对1	二模小题总分——一模小题总分	6.5263	6.0311	1.3836	3.6194	9.4332	4.717	18	0.000
	配对2	二模全卷——一模全卷	9.2105	7.5688	1.7364	5.5625	12.8586	5.304	18	0.000

由表6、表7可知,试验后对照组的二模全卷、小题总分(阅读板块小题总得分)得分均值与实验前得分没有明显不同,表格中的t检验显著性数据(t=0.620/0.056)大于0.05,说明实验后对照组的得分均值与实验前不存在显著差异。这说明在实验之后,对照组学生的阅读理解的得分没有发生明显变化,相较实验前的得分,实验后,对照组学生的得分没有明显改变。

表6 配对样本统计

班 级			平均值	个案数	标准差	标准误差平均值
对照组	配对1	二模小题总分	29.850	20	10.684 6	2.389 1
		一模小题总分	30.475	20	11.858 2	2.651 6
	配对1	二模全卷	98.475	20	20.470 4	4.577 3
		一模全卷	102.925	20	18.214 6	4.072 9

表7 配对样本检验

班 级			配对差值					t	自由度	显著性(双尾)
			平均值	标准差	标准误差平均值	差值95%置信区间				
						下限	上限			
对照组	配对1	二模小题总分—一模小题总分	−0.625 0	5.550 9	1.241 2	−3.222 9	1.972 9	−0.504	19	0.620
	配对2	二模全卷—一模全卷	−4.450 0	9.791 1	2.189 4	−9.032 4	0.132 4	−2.033	19	0.056

2. 研究后实验组与对照组得分对比

由表8、表9可知,实验后,实验组的二模全卷、小题总分(阅读板块小题总得分)得分均值明显高于对照组的学生的分数均值,表格中的t检验显著性数据(t=0.003/0.004)小于0.05,说明实验组与对照组后测的得分存在显著差异。实验前实验组与对照组的得分相当,实验后实验组比对照组的均值高,说明实验组经过实验后得分有了很大提高。

表 8　组统计

类别	班级	个案数	平均值	标准差	标准误差平均值
二模全卷	实验组	39	115.105	11.169 9	2.562 5
	对照组	40	98.475	20.470 4	4.577 3
二模小题总分	实验组	39	59.026	7.284 8	1.671 3
	对照组	40	49.850	10.684 6	2.389 1

表 9　独立样本检验

类别		莱文方差等同性检验		平均值等同性 t 检验						
		F	显著性	t	自由度	显著性（双尾）	平均值差值	标准误差差值	差值95%置信区间	
									下限	上限
二模全卷	假定等方差	6.084	0.018	3.125	37	0.003	16.630 3	5.321 1	5.848 7	27.411 8
	不假定等方差			3.170	29.697	0.004	16.630 3	5.245 8	5.912 3	27.348 2
二模小题总分	假定等方差	3.065	0.088	3.117	37	0.004	9.176 3	2.943 8	3.211 5	15.141 1
	不假定等方差			3.147	33.641	0.003	9.176 3	2.915 7	3.248 6	15.104 0

本研究的主要结论是初中学生经过有目的、有意识的英语积极阅读策略的训练，能够更好地使用策略来理解文本，提高其阅读的兴趣和能力。通过对学生进行跟踪实验并对比实验前后的成绩变化和策略使用率得知，积极阅读策略的训练与培养具有重要意义。积极阅读策略的运用确实能够改善学生的阅读方式，提高阅读效率和质量。通过此项研究，希望能够帮助初中学生尤其是学习成绩中等及差等生更加高效地运用阅读策略，以提高阅读能力和考试分数，同时对更好地开展英语教学有所帮助。

(七) 问题与反思

教师应该掌握所有的知识策略,尤其是阅读策略。很多老师尽管已经意识到积极阅读策略的重要性并在阅读教学过程中使用阅读策略,但因为对积极阅读策略有效教学知之甚少,他们在教学中仍然使用传统教学方式。因此,教师的阅读策略培养与学习也是必要的。学校与教育主管部门应提供机会提高教师的学术技能,这样教师们就可以知道什么时候、什么地方、怎样去教授学生阅读策略。

教育的最终目的是教会学生如何学习。换句话说,最终目的是培养学生的自主学习能力,这不仅要求教师花时间注重培养学生的阅读能力,还要在阅读教学过程中培养学生的自主学习能力。而培养学生自主学习能力的关键在于对学生的策略训练。在日常教学中,教师首先应该让学生有使用策略的意识,并向学生介绍使用策略的好处,让他们知道使用积极阅读策略可以使自己的阅读或学习更高效、更快速,并且这种策略特别适合学习成绩中、低层次的学生。教师应及时了解学生使用策略的情况并做好调查问卷与访谈,教师应该有能力对收集到的数据进行分析并制订基于分析的教学计划和教学模式。另外,教师应该培养学生的阅读习惯。大部分初中学生通常更喜欢做英语语法的多项选择题而不愿意做阅读理解题,因此,教师应该帮助学生培养阅读习惯并选择合适的阅读材料以激发学生的阅读兴趣。

参考文献:

[1] 叶丽新.读写测评:理论与工具[M].上海:上海教育出版社,2020.

[2] 顾永琦,胡光伟,张军,白蕊.英语教学中的学习策略培训:阅读与写作[M].北京:外语教学与研究出版社,2011.

[3] 黄远振.英语阅读教学与思维发展[M].南宁:广西教育出版社,2019.

[4] 上海市教育委员会教学研究室.上海市中小学英语课程标准(征求意见稿)[M].上海:上海教育出版社,2004.

[5] 张薇.高中生英语课堂笔记学习策略运用现状的调查与分析[D].华东师范大学硕士学位论文,2012.06.

[6] 邵桂琴.高中英语阅读教学中积极阅读策略的应用[J].学苑教育,2011(11).

[7] Marcia Miller & Martin Lee. Information Passage for Text Marking and Close Reading 2-6 [M]. Scholastic, 2015.

五、基于数据分析的初中化学精细化教学实践

上海市复旦初级中学　周书静

作者简介：

周书静，中学化学高级教师，华东师范大学化学系教育硕士，任上海市复旦初级中学综合理科教研组组长。上海市长宁区第八轮学科带头人，长宁区化学学科中心组成员，获区园丁奖。曾担任《上海市初中化学学科教学基本要求（试验本）》复核工作。一直为学校课题组主要成员，独立申请个人区级课题"通过精细设计优化初中化学课堂教学的实践研究"并顺利完成课题结项。发表多篇论文并获奖。

教育格言：

学习是快乐的事，把学习变成快乐的事。

[摘要] 全球化和信息化时代大数据技术的出现,为教育研究带来了数据获取、存储、分析和决策等方面的支持,通过数据的变化,可以看到为了提高学生成绩和综合能力而实施的精细化教学实践的效果;通过文献调查、问卷调查、前测后测试卷调查,可以分析不同层次学生的化学测试成绩的变化,证实所采取的教学改进对于学困生和学中生的成绩提高有很大的促进作用。本结论可用于指导不同层次学生的教学,更好地落实因材施教策略。

[关键词] 数据分析;精细化教学;初中化学

(一) 背景介绍

常规而言,学生在学习一门新的学科前,往往会去"前辈"那里讨教,作为初三新开学科的化学任课老师,经常能听到学生谈论吸取的经验:"上课认真听讲,及时消化老师所讲的内容,积极思考,课后独立完成作业,将每一节课的重点知识特别是化学方程式背下来,就能学好化学了!"但很少有学生提问"在课堂上怎么听课?怎么去把握老师所讲的重点知识?"没有深入的思考,也不会因为一些学法而与其他同学有积极的探讨和深入的讨论,因而也导致他们没有对所学的知识进行举一反三的能力。

而随着社会的发展教育的任务也有了很大的改变。教育的任务不仅仅是知识的传播、创造,更应注重素质的提升,培养有创造性、有个性、能适应全球化信息时代的人才;教育要创新知识,把知识高效地转化为生产力①。

作为教师,再一次看到学生进入初三后的期中测试成绩时,产生了对化学教学进行改变的想法,如何帮助学生在掌握知识的同时提升学习能力呢?

学生是学习的主体,教育的最终目的是促进学生的全面发展与终身发展。全球化和信息化时代,实现这一目标更具有可行性。近年来,大数据技术的出现为教育研究带来了数据获取、存储、分析和决策等方面的支持,这为当下学生学业信息的及时收集提供了便利,也为教师适时且准确地了解学生发展状况、对自身教学行为进行调整提供了数据支撑。教师在学生成绩等动态变化数据的指导下,适时地调整教学的重、难点,且可着重关注某些学生的发展,会对教学效果产

---

① 王云生:《基础教育阶段学科核心素养及其确定——以化学学科核心素养为例》,《福建基础教育研究》2016年第2期。

生一定的积极影响①。

(二) 数据呈现

大数据时代,教育面临新的机遇和挑战,而教育与大数据同行,促使教育教学走向科学化、精确化、智能化和个性化。

表1所呈现的测试成绩为笔者所教三个班在期中测试时的成绩,测试内容为初中化学教材中第一、第二章的教学内容,测试时间为2019年11月12日,刚好是学习"溶液"前的知识内容。试卷由学校自主命题、专家修改,科学性得到认可,题目难度中等。从这次测试成绩来看,三个班的化学成绩各不相同,基本上处于三个水平:九(3)班全体学生的学习能力相对较强一些;九(1)班中等;九(2)班两极分化比较厉害,优秀率较九(1)班高,不合格的人数偏多且有较低分数的学生存在。

表1 九(1)班、九(2)班、九(3)班学生化学成绩的基本情况(前测1)

指标\班级	九(1)班	九(2)班	九(3)班	年级
人数	23	25	30	159
平均分	46.17	43.79	50.57	48.75
合格率(%)	82.6	76	90	84.9
优秀率(%)	21.7	24	53.3	43.8
标准差	8.721	9.463	8.143	

(三) 原因分析

作为自然科学的分支,化学学科的独特之处在于认知者在接触这一科学知识时,需要有既丰富又抽象的理性思维。初中化学的学习时间虽然只有一年,但却涉及大量的知识点,虽然构成了认知过程的和谐统一,但比较大的知识跨度对学习者认知能力的要求也比较高,因而造成部分学生的认知困难。通过一年的学习,化学学科还是中考科目,且占有较大的比例。

---

① 陈明选、徐晓群等:《基于教育测评数据分析的教学设计优化与应用研究》,《中国电化教育》2018年第5期。

学好化学学科,关键在于理解。初中化学为学生引入了许多新的概念和术语,对初涉化学课的学生来说,是陌生而新奇的,同时也是抽象而难以理解与应用的。由于一学年的教学时间短暂,造成了教师在平时的教学中,往往侧重灌输知识、侧重知识点的静态呈现而忽略了知识点的演化过程、忽视了学生探索各种因果之间联系所需要的过程、忽视了对学生理解过程的引导,造成学生在化学知识启蒙阶段就存在认知缺陷①。高分的应试教育又使得一些教师常常过分追求教学中结论的落实,甚至在学习新课时,直接教学生解中考题,至于理不理解无所谓,只要会解题就行! 由于没有养成基本的化学素养,在遇到需要解决实际问题或复杂问题时,就找不到依据和方法。

因此,如何根据学生的思维能力和认知水平,设计合理的教学环节和内容,就成为优化化学教学、实现有效教学的关键。

(四) 改进策略

初三化学教学应试色彩往往很浓厚,教师为了让学生中考多拿几分,不惜牺牲自己午休时间、课间时间和放学后的时间,紧盯着学生进行学习辅导,通过占有学生更多的时间进行更多的习题训练来提高成绩,对此,其实教师和学生都非常疲惫,尤其是学习能力相对较差的学生,每一门学科的教师都在实施"紧盯战术",学生们简直不堪重负! 那么如何才能既减轻教师和学生的负担,又提高学生的学习兴趣与学习质量呢? 笔者考虑,教师要加强课堂教学设计,使学生的理解过程更加清晰,在有限的教学时间内,帮助学生提高学习效率。

现代教育研究表明,作为教材内容的学科知识,一般是已经发展成为一个系统化、结构化的理性的、严密的逻辑体系。要让学生学习这些抽象的、概括的学科知识,通常有两种组织原则——逻辑顺序、心理顺序。在考虑如何组织课程内容时,无论是主张依据知识的内在逻辑,还是主张依据学生的心理特征,很少有人简单地将两种原则截然对立起来而只取其中之一②。

这就要求教师创造性地使用教材,做到既能仰望课程,又能脚踏课堂,使学生成为课堂的主人,在理解掌握知识的同时,学会如何学习。基于这种想法,笔者在初中化学教学中对学生进行精细化教学实践,从整体上对教学内容组织设

---

① 付丽宏:《浅谈初中化学教学》,《金色年华(下)》2010 年第 11 期。
② 刘电芝:《学习策略(一)》,《学科教育》1997 年第 1 期。

计,在辅导学生构建合理的知识结构方面进行一些初步的尝试,以期能够培养学生的理性智慧,力图从学科的角度,为提高学生的化学学习能力和学习质量探索出一种新的途径,兼顾学科的逻辑顺序与学生的心理顺序的统一,并通过问卷调查、文献研究、前测后测卷学生化学成绩的变化,分析精细化教学对学生的影响,并分析精细化教学对哪个层次的学生更为有效。

（五）改进措施

通过文献调查形成概念界定——精细化教学,再确定具体的调查对象、具体的教学内容并做好数据收集与调查结果分析工作(图1)。

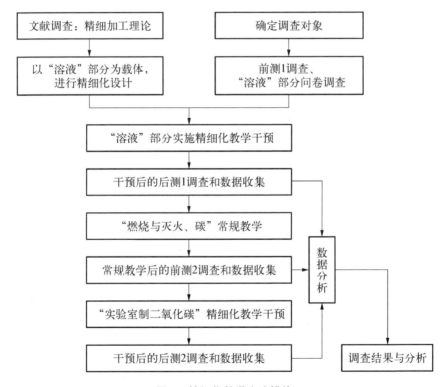

图1　精细化教学实践措施

（六）改进效果

1. 问卷调查结果分析

为了了解参加本研究的三个班级学生在实践前对基本概念的掌握情况,笔者以调查问卷的形式,调查他们对学习"溶液"内容所要掌握的知识的了解程度。共选取 78 名学生,其中九(1)班 23 人、九(2)班 25 人、九(3)班 30 人,发放问卷 78 份,回收有效问卷 78 份。

从调查问卷上每道题的每个选项的勾选人数统计来看(表2),三个班级的学生的答题情况相差不多且每个选项的人数分布相差无几。也就是说,作为被试的三个班的 78 名学生在学习"溶液"知识前,关于这部分内容的掌握的程度是非常接近的。

表 2 调查问卷统计结果

题号	选项及选择人数				
1	□悬浊液 1+2+6	□乳浊液 2+2+1	□溶液	□不知道 20+21+23	
2	□悬浊液	□乳浊液	□溶液 22+21+29	□不知道 1+4+1	
3	□悬浊液 2+1+4	□乳浊液 3+1+1	□溶液	□不知道 18+23+25	
4	□溶质 16+14+27	□固体物质 2+4+3	□水 5+10+2	□溶剂 13+8+28	□不知道 5+7+0
5	□知道 2+6+5	□不知道 18+15+21	□了解一点 3+4+4		
6	□易溶 23+25+30	□可溶 23+25+30	□难溶 23+25+30	□微溶 21+23+29	□不知道
7	□不知道 22+25+28	□知道 1+0+2			
8	□不知道 21+23+28	□知道 2+2+2			
9	□浓度 10+8+15	□密度 10+10+13	□质量 2+3+1	□体积 1+2+0	□不知道 0+2+1
10	□食盐与食盐水的比值 9+11+17		□食盐与水的比值 11+10+12		□水与食盐水的比值 3+4+1

说明:每个选项勾选的统计人数按照九(1)+九(2)+九(3)顺序呈现

在调查问卷中,第 1~3 题是关于三种分散体系的判断,其中第 1 题是关于泥水是否属于悬浊液的判断，第3题是关于油水是否属于乳浊液的判断。从统计数据可以发现，多数学生无法判断，均选择了"不知道"，部分学生能判断是浊液，但对于该分散体系具体是悬浊液还是乳浊液的进一步判断是不清楚的；第2题则是关于食盐水是否属于溶液的判断，绝大部分学生能做出正确的判断；第4题是调查学生对于溶液成分的认知；第6题是了解学生对于描述物质溶解性的词语的掌握程度，从勾选答案的人数统计可以发现，大部分学生对于这部分内容是有所了解的；从第5题勾选答案的人数统计可以看出，学生对于"物质的溶解性"这个专业名词并不了解。可见，对于易溶、可溶、微溶、难溶的了解来于生活经验。第7～10题的设计主要是想了解学生对于物质的溶解度、溶质的质量分数等的掌握情况，从勾选答案的人数统计同样可以看出，学生对于物质的溶解度、溶质的质量分数基本上不知道，甚至与物理课概念混淆。

2. 前测后测卷调查结果分析

根据精细加工理论指导下精细化教学的设计，对研究对象实施精细化教学的干预，并通过干预前后的前测和后测的调查结果进行分析和讨论。

学生的差异性是客观存在的，在学习知识时，他们的理解和记忆是截然不同的，而理解的获得主要是让新知识和先前习得的知识建立联系，通过精细加工理论的指导，课堂教学实现精细化，再总结分析不同层次学生的训练效果，使精细教学设计的实施更有针对性，可用于指导不同层次的学生，更好地落实因材施教。

（1）精细化教学对班级整体学生影响的分析。图2反映了三个班级四次测

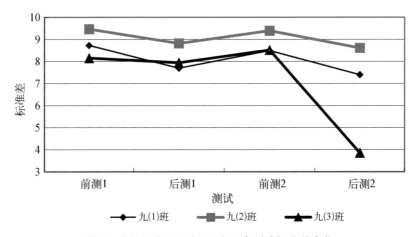

图2 九(1)、九(2)、九(3)班四次测试标准差变化

试标准差变化。其中,两次干预后的后测与干预前的前测相比,标准差均有不同程度的下降,这也是班级全体学生在考试中低分率减少的一个明显表现。在知识难度明显加大的情况下,并没有出现学习能力较差的学生分数大幅度下降的情况,而笔者所在学校的其他班级中,却出现了十几分的超低分,这也从一个角度说明精细化教学有助于学习能力较差学生成绩的提高。

这个结果也证实了精细化教学能够促进学生的学习,可以起到提高学生学习成绩的作用,可以使学生正在学习的有关知识结构化、系统化,并通过一次次精细加工将知识逐步地由整体细化到具体,可以不断地补充更详细的知识并将新旧知识进行比较,从而增强对知识的理解,最终形成稳定而清晰的认知结构。

使用 SPSS 软件(19.0 版本)对九(2)班四次测试成绩进行配对样本 t 检验,检验精细化教学干预前后的测试成绩是否具有显著差异,所得数据如表3所示。

表3 九(2)班精细化教学干预前后的差异性检查

类别		成对差分			t	df
		均值	标准差	均值标准误		
对1	前测1—后测1	2.440	1.8947	0.3789	−7.063	24
对2	前测2—后测2	5.720	2.0925	0.4184	−10.587	24

对1是对"溶液"部分精细化教学干预前后的测试,对2是对"实验室制二氧化碳"进行精细化教学干预前后的测试,经过配对样本检测发现,精细化教学干预前后九(2)班的化学成绩具有显著差异,说明精细化教学对于提高学生的化学学习成绩是有效的。

(2) 精细化教学对不同层次学生的影响分析。为进一步调查精细化教学在初中化学教学中的影响,对不同层次学生的化学成绩分别进行比较,以分析精细化教学更适用哪个层次的学生。以下以九(2)班为例进行分析。根据精细化教学干预前的前测1,按照分数将学生进行分类:36分以下的为学困生,54分以上的为学优生,分数在36分至53分的为学中生,对比精细化教学干预前后的分数变化。由于考试内容不同,仅以分数的变化无法作出正确的评价,所以根据每个学生每次测试成绩与年级平均分的变化折线图来进行分析（为了使折线图的可比性更强，纵坐标的选择始终保持一致）(图3)。

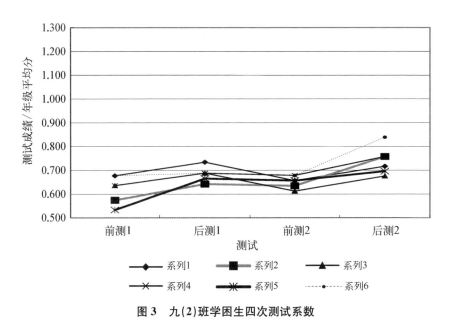

图3 九(2)班学困生四次测试系数

分析折线图的变化趋势，学困生的测试成绩在前测1到后测1、前测2到后测2的精细化教学实施期间，呈现大幅上升趋势，说明精细化教学对他们的学习是有明显促进的。在第一次精细化教学实施后，在学困生的成绩有了明显进步后，在后测1到前测2的传统教学实施期间，部分学生的成绩基本上能与第一次精细化教学实施后的大进步后的成绩持平，只有少数出现了退步，说明在精细化教学实施一段时间后，学生的思维方式也发生了变化，这种思维方式也影响着他们对化学学科的学习，从而直接影响学习效果；成绩的进步，成就感的获得，也让学困生的自信心出现变化，并且直接影响他们的学习效果。精细化教学能对学困生的化学学习有明显的促进，究其原因，主要是学困生的理解与记忆跟其他同学不太一样：理解的获得比较困难，但是一旦理解，就能获得相对长时间的保持；而记忆的获得与理解相反，在不理解的时候死记硬背，比较容易获得，但是也很容易忘记。精细化教学，实际上是帮助学困生理解所学知识，并在理解基础上保持记忆，使最终的学习效果也能有明显的进步。

从图4可以发现，在两次实施精细化教学后，学中生的化学成绩相对于精细化教学干预前的成绩都是有大进步的。学中生的学习能力相对于学困生来讲，应该是更强一些的，也就是说，他们对于理解的获得比学困生要容易，那么，精细化教学是怎样促进他们学习的直接效果呢？精细化加工理论强调，在学生学习具体知识点之前，先要设置本节课内容的前置摘要，然后逐级对摘要进行细化，细化到具体的知识点，课堂小结和单元小结的精细化处理，形成的是系统而完整的知识体系，这意味着精细化教学是以知识的整体结构为重的，就如同在让学生进入一座现代化大楼之前，先让学生了解大楼的整体布局，知道自己应该去的位置，清楚地知道该如何去。把知识从整体到局部，然后再到整体的形式展现在学生面前，学生更容易知道所学知识点在系统中的地位和作用，以点成面，以面带点，有利于学生的学习，更有利于学中生的学习。精细化教学帮助学生以理解的方式或者是在理解过程中主动地进行有意义的学习，努力使学生体会到学习的乐趣，一边学习，一边对知识进行梳理，从而形成更加清晰的认知结构。

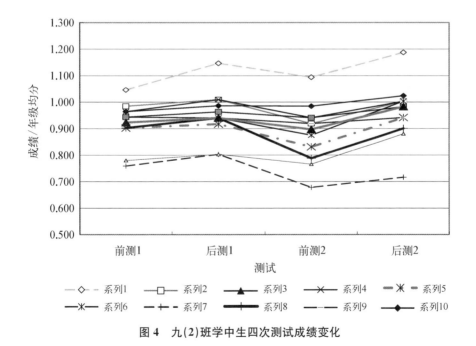

图 4　九（2）班学中生四次测试成绩变化

从图 5 的变化趋势来看，在精细化教学实施前后，学优生的成绩变化不大，甚至有折线下降的情况。表 4 为九（2）班学优生四次测试成绩的具体分数。

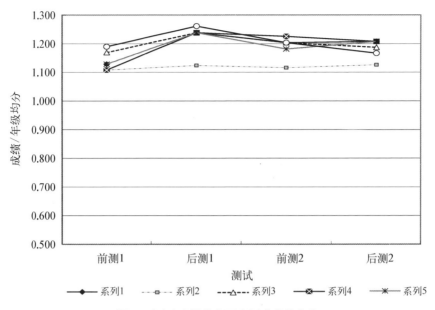

图 5　九(2)班学优生四次测试成绩变化

表 4　九(2)班学优生四次测试成绩

学　号	前测 1	后测 1	前测 2	后测 2
1	55	54	55	59
3	54	49	51	55
6	57	54	55	58
9	54	54	56	59
17	55	54	54	59
18	58	55	55	57

总分为 60 分的测试卷,学优生接近满分的成绩使他们很难再有突破。经过课后对这几名学生的访谈发现,试卷上的有些失分是一些小马虎造成的,并不是没掌握相关知识的原因。这也表明,学优生在学习上没有出现学困生与学中生在学习过程中所遇到的障碍,他们本就是在主动地进行学习,有很强的学习能力,有良好的适合自己的学习方法,能够在学习知识之后将相关知识进行串联并形成完整的知识系统。精细化教学的一系列细化方法是帮助学生在旧知识的基

础上建立新知识,并且让知识点之间产生关联,跨越障碍,学优生不存在这些所谓的障碍,所以精细化教学对学优生化学成绩的提高没有明显的作用。

(七) 问题与反思

笔者所任教的三个班级,尽管学生的化学课学习水平并不相当,但却在精细化加工理论指导下的精细化教学实施后,成绩变化呈现出共同的特征:对于学困生的学习有非常大的帮助,对学中生的学习也有比较大的帮助,而对学优生的学习没有明显的帮助。但教师在教学过程中的一步步细化,比较好地呈现出数据库知识的层次性与相互关联性,应该也能使学优生本身所具有的主动而有意义的学习不断得到优化,从而会对学习效果的提升有促进作用。

六、以数据驱动教学成效,以学习发生的灵活性重新定义作业

——Learn only 学习本在线教学评估系统案例分析

上海市复旦初级中学　李小林

作者简介:

李小林,初中二级教师,现任上海市复旦初级中学数学八年级备课组组长。本科毕业于同济大学环境科学与工程学院,研究生就读于同济大学教育管理专业。曾获长宁区教育系统第三届"教坛新秀",长宁区班主任基本功大赛论文单项二等奖、综合三等奖,长宁区社会主义核心价值观主体教育课三等奖。参加2019年度国家社会科学基金重大项目人工智能教育实验联盟课题"应用 Learn only 学习本在线教学评估系统提升个性化测评与辅导效果"。

教育格言:

执着杏坛,乐于奉献,不负学生,不负自己。

[摘要]　当下,初中数学的日常教学已不满足于以课堂上教师讲授,课后学生自主完成作业,教师延时性批改以检测教学成果为主的教学模式,越来越多的数字化教学以及数据化教学评价正在逐步优化、改变我们的传统教学模式。本案例以数据分析为基准和评价,采用 Learn only 学习本在线教学评估系统,通过案例研究与实践,提升个性化测评与辅导效果,尽可能优化出更适应学生的教学方法。数字化教学和数据化教学评价的加入有助于教学信息的"快速交互"和"成果整理",即可改变现行低效的信息传递和数据统计,减少很多教学中重复机械式操练,从而有助于教学研究和优化,切实提高教学的有效性。再加上新冠肺炎疫情发生以来开展的在线教学技术应用,让广大师生以及家长真切体会到在线教育的巨大作用和在线教学的无限应用前景,以及"双减"背景下从纸质书籍及作业转变成"轻课本"和"轻作业本",Learn only 学习本的使用可以在很大程度上减轻学生的课业负担。因此,把传统教学方式的优势和数字化环境下教学的优势结合起来,使两者优势互补是教育发展的趋势,也是教育教学的重大变革。

[关键词]　初中数学;案例研究;数据分析

(一) 背景介绍

1. 信息技术手段融入学科教学的现实诉求

教育信息化最早出现在西方发达国家,自 20 世纪 90 年代起,便逐渐在全球遍地开花。随着国家信息化水平已成为衡量综合国力的标志之一,许多国家相继提出了教育信息化的发展战略。教育信息化是推动教育改革的基础,具有前瞻性、战略性和全局性。

2017 年 7 月 8 日国务院印发并实施《新一代人工智能发展规划》,明确指出利用智能技术加快推动人才培养模式,教学方法改革,构建包含智能学习、交互式学习的新型教育体系。《义务教育数学课程标准》在阐述课程基本理念中明确提出,现代信息技术的发展对数学教育的价值、目标、内容以及学与教的方式产生了重大的影响,数学课程的设计与实施应重视运用现代信息技术,特别要充分考虑计算器、计算机对数学学习内容和方式的影响,大力开发并向学生提供更为丰富的学习资源,把现代信息技术作为学生学习数学和解决问题的强有力工具,致力于改变学生的学习方式,使学生乐意并有更多的精力投入到现实的、探索性的数学学习活动中去。

随着"互联网+教育"的教学模式逐渐被社会认可,在信息技术与课程教学的深度融合背景下,融合智慧教育理念、新型教学方法和教学管理的智慧课堂应运而生。

2. Learn only 平台实施的可行性分析

数字化教学和数据化教学评价有助于教学信息的"快速交互"和"成果整理",可以减少很多教学中重复机械式的操练,从而有助于教学研究和优化,切实提高教学的有效性。

Learn only 学习本在线教学评估系统集教学常态评估系统云平台、教师移动端、学生移动端及家长移动端工具四大应用工具为一体,为教学打造一个良好的绿色健康学习环境。该系统在解决在线考试、在线作业两大核心问题的基础上,以试题为载体,全程记录师生互动过程,并由此形成学生全过程的动态评测数据,生成学生个性化的成长记录,为学生的个性化学习提供系统方案。同时,围绕教学五环节形成完整应用框架,构建教学的"大数据",为师生的成长与评价提供更为科学的依据。其理论意义如下:

(1) 结合传统课堂与可视化在线数字媒体,可以拓宽教学渠道;

(2) 有利于完善和发展 Learn only 系统在线互动式教学理论,构建理论框架的设计;

(3) 促进数学课堂教学策略改革的有效进行,有助于实现在线互动教学模式的有效实践。

3. 实施策略

(1) 以学科为单位进行试点。在初二年级数学学科一个试点班中实施。要求:① 具备客观性和延续性,效果具有说服力;② 不改变传统教学内容,由课堂教学转变为线上互动式教学。

(2) 确定试点周期。试点周期为2个学年。要求:教师、学生经过2周左右的适应与实践,对设备的使用达到较为熟练的程度,一学年下来积累多方数据,可做一次综合教学评估,能更直观地看出效果,第二学年可进行方案调整。

4. 特色与创新

(1) 优化作业管理,有效落实"双减"政策。将纸质书籍及作业转变成"轻课本"和"轻作业本",学习本的使用可以在很大程度上减轻学生的课业负担。教师可以筛选大容量题库,精选习题,供学生弹性选择,以学习发生的灵活性去定义作业,有效解决作业的低效问题。

(2) 可视化数据统计,多维度了解学生知识点掌握情况。数据驱动教学是大数据时代教师教学新的关注点,Learn only 系统的实现既响应关于信息技与教育教学深度融合的核心理念,同时也能帮助加快推进教育信息化基础设施,教师可以随时调取任意状态(已/未提交)学生作答界面、还原学生作答轨迹、了解学生的解题思路,也能通过数据采集(学生的答题情况、用时、分数、完成度等)了解班级及个人学情,及时发现并锁定教学中产生的问题。

(3)解放人工批阅,实现自动化布置、批改作业。教师可以同时在线给学生布置分层作业,实现任意出题,题目可选自百万题库、托管式自建校本教辅、手抄题目、拍照题目等等,满足全类题型,同时,多种出题方式也不将教师仅仅局限于和学生面对面进行作业布置与提交,实现了资源的合理开发与时间优化。教师也可以随时随地进入作业界面进行批改,在作业反馈中设置语音留言直接指出问题核心对学生进行点拨(图1)。

图 1　布置、批改作业界面

以"分数指数幂的运算"一课为例,借助 Learn only 学习本,改变以往的授课和作业模式,在课前、课中、课后进行师生互动教学,旨在传授知识的同时,激发学生学习的兴趣,实时监测学生知识掌握的情况,达到更高层次的教学目标(图2)。

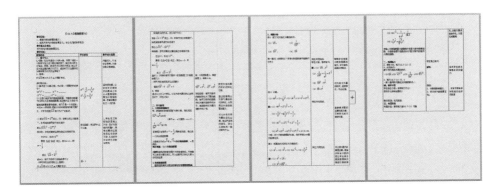

图 2　"分数指数幂的运用"师生互动教学

（二）数据呈现

本案例使用 Learn only 学习本分别在课前、课中、课后对学生进行了三次学习情况检测，目的是为了指导学生在课堂学习前带着任务和问题完成预习工作，同时也能方便了解学生在课堂讲解前和讲解后对于知识点掌握的提升情况，以及课后对知识点进行二次巩固时的掌握程度，判断课堂教学是否达到预期的教学目标，以便有针对性地了解课堂教学的有效性，及时调整习题讲解或下一堂课知识点讲授的侧重点，通过跟踪教学，培养学生自主探究的学习习惯。

1. 课时案例展示

本案例中，笔者在课前有针对性地挑选了 10 道练习题，学生通过翻阅课本或是学习本上的电子课本尝试答题并在课前提交，系统自动批阅后，得出每题错误分析的数据，并将每位学生的对错情况及时反馈，学生在通过一节课的学习后，对自己的错题进行分析和订正，直至正确为止（图 3）。

图 3　课前导学界面

在课堂学习中，根据教学内容和进度同步布置了 5 道练习题，并要求学生在规定时间内完成，系统自动批阅后，即刻反馈对错情况（图 4）。

图 4　课堂练习

午自习时间，布置常规的"每日四题"，在课堂教学内容及练习的基础上加深了题目的难度，让学生做到二次巩固，以此检测学生新课后一段时间内对知识的掌握及以遗忘程度（图 5）。

待系统将学生的三次检测结果全部反馈后，布置学生订正错题，学生对自己

图 5　每日四题

的错题进行错误分析,并根据分析后的结果在学习本的题库中找一些类似知识点的题目进行收集、整理和练习,再找出自己尚未掌握的知识点请教老师自由答疑。

2. 教学设计的目的

"分数指数幂"这节课是一节代数计算为主的习题课,是在学生已经学过了整数指数幂和 n 次方根的基础上,从具体的实例出发,联系分数指数幂的指数从正整数到整数、再到有理数的发展过程和推导过程,让学生能体验数域拓展的一般规律和内在逻辑联系。而本节课之前的开根运算作业,反映出学生对根式运算还不够熟练,根式和幂之间的转换运算还不够灵活,并且从六年级所学的整数指数幂的运算联系到本节课分数指数幂的理解容易存在障碍,几个不同的运算法则容易混淆。

因此对课前、课中、课后练习的选择,笔者会尽量包含进多种混合运算,让学生在不同的练习中加深对运算法则的运用,灵活变换数的不同形式,有效解决代数计算问题。在课前我布置了一些运算法则的记忆和迁移,学生翻书厘清概念,辨析几种不同的易错类型,并在课堂上寻得及时的解疑答惑。

在教学过程中由于从问题出发并采取了分数指数幂和整数指数幂的类比,学生在原有认知的基础上进行探究,其学习是主动的、积极的,知识的形成也是自然的,同时在学习和探究过程中,从解决问题到方法使用,让学生体会从特殊到一般的数学思想,培养了学生缜密的数学逻辑思维能力,引导和帮助学生在练习—订正—练习—订正的过程中高效学习,及时认识到自己的不足并尽快弥补,真正体会到在问题中解决问题、在交流中学习并使之成为一种学习习惯。

3. 教学设计

(1) 课前知识整理。学生可自由安排预习时间,只要按规定在新课前完成预习任务即可,其中第 1、2、3、8、10 题在课本上能找到相对应的概念,手写一遍可加深印象,第 4 至第 7、第 9 题需要学生在对根式运算概念理解的基础上做进一步的判断和归纳,错误率会比较高。根据系统分析得出的正确率,教师能很快找到学生在新课前对根式运算这一块知识的认识存在比较大的误区,可以及时调整上课节奏,在难点部分多花点时间让学生尽可能克服困难,找到正确的解题思路和方法,打好基础(图6)。

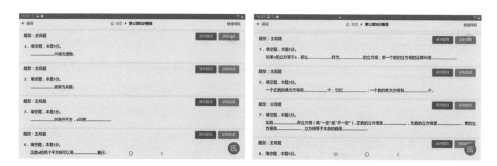

图 6　课前知识整理

(2) 课堂练习。课堂练习设计的主要目的就是能及时统计学生做习题的正确率,用实时统计数据来调动他们学习的积极性,让一些上课易走神的学生不敢松懈,紧跟课堂节奏,同时也能提醒教师哪个知识点没有讲通、讲透,及时检验讲评的教学效果。教学环节设计的第一个问题是如何用幂的形式表示$\sqrt{2}$,学生根据预习已经习得的知识,很快就能将方根与幂的概念联系起来并进行转换。本节课第一个学习重点任务就是将方根与幂进行转换,因此,在请一组学生完成了接龙口答的练习后,教师便设计了两个课堂即时反馈练习,将方根表示成幂的形式以及将幂表示成方根的形式,这两个练习的正确率都超过了80%,可见学生对第一个重点任务的掌握已经达到了预期的效果,因此教学任务继续进行(图7)。

图 7　课堂练习第 1～2 题

接下来的任务是进行单个幂的运算,在学生理解并掌握了如何用分数指数幂表示一个数的基础上,运算便是水到渠成的事情,因此,教师展示了各类型的底数和次数所构成的幂如何运算,然后便直接让学生完成两个课堂即时反馈练习,即单个幂的运算。数据统计显示,第 4 题的(2)(3)(4)三题错误率比较高,因此就这三题,教师又请三位学生分别做了解读和思考,带大家重温了分数指数幂的概念(图 8)。

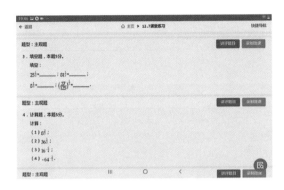

图 8　课堂练习第 3~4 题

最后一个教学任务是掌握分数指数幂的混合运算,教师先在黑板上板书了一道例题的规范书写和格式要求,又请一位学生归纳总结了分数指数幂的运算顺序及相关法则,接下来便请两位学生在黑板上做了两道不同的例题的演示,此时大家都已胸有成竹,想要自己试一试计算,于是最后一道课堂即时反馈练习题便是有关分数指数幂的混合运算,共 5 小问,10 分钟的答题时间,全班学生基本都能完成答题并上传(图 9)。

图 9　课堂练习第 5 题

批阅的反馈结果显示,第(1)(5)小题的错误率较高,因此请两位答错题的学生分别读了他们的解题步骤,全班其他学生仔细聆听后,帮助他们纠正错误,并完成订正。

（3）课堂小结。通过一节课的练习—订正—讲解—练习，学生进一步巩固并掌握了分数指数幂的概念及其运算。从案例实际操作和解题的正确性的结果来看，学生对本知识点的掌握，与课前相比还是有所提升的，学生结合预习任务，在自我发现问题的基础上，结合教师的讲解，找到解决问题的方法，更有针对性地进行练习。

（4）课后巩固练习。大部分学生在课后练习中还是会犯一些计算错误，有些是计算结果没有写成最简根式，有些是运算法则运用有误，教师仔细看他们的做题步骤，在错误位置上做标记，大部分学生看后能领会到自己的问题所在，从而有效订正(图10)。有些学生可能发现不了自己的问题，教师也能及时发现并

图 10 作业批改

主动去了解情况,做针对性的课后辅导,为其答疑解惑。争取让所有学生都能在最短的时间内掌握当天的学习内容。另外,学生还能在课余时间在学习本的题库中找到同类型的习题加以练习,定期使用错题本进行错题整理和重做,这一环节是对课堂体系的一个完善,同时也加深了学生的自我认识,很大程度上培养了学生学习的主动性。

(三) 原因反思

根据课前、课中、课后的三次练习反馈结果,教师能从大多数学生的错误点以及相关数据中发现问题并及时调整,对教学内容有针对性地展开课后辅导工作(图11)。在本案例的实施过程中,由于是一种新技术的应用,为了完善教学设计并达到教学目的,教师要做大量的课前准备工作,要仔细筛选习题,尽可能选出最典型、最具有代表性的练习题让学生掌握知识。

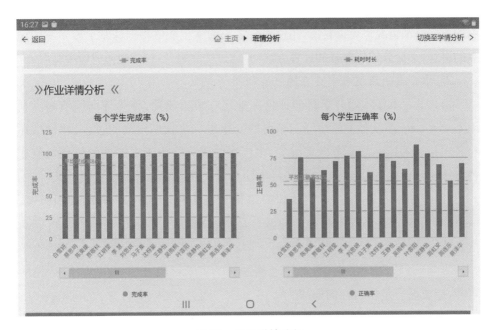

图 11　作业详情分析

1. 学习本成为好帮手的原因

(1) 利用学习本学习可以换一种方式提高学生的兴趣,最大限度地调动学生学习的主动性和积极性。结合本课既定的教学目标,教师可以有针对性地选择课前、课中、课后练习题,达到"精准教学"的目标。在选练习题过程中,也要注重知识的层次性和由易到难的层层递进,以学生应掌握的知识为基本立足点,抓住典型例题,适当变式,不能因一味追求题目的难度和灵活变形而忽略了最基础、最本质的知识点掌握和解题技能。另外,教师要选择用合适的方法鼓励学生及时完成练习,完成订正工作,并督促学生在课后利用好题库、图书馆等资源和功能,夯实数学学习的基础,多做课外练习及错题整理,不要让学习本的使用变成一种累赘或负担,而是能真正帮助到每一位学生。

(2) 基于学习本提供的数据分析可以直观反映学生作业的完成、订正情况及效果。学生的学习数据来源于课前、课中和课后,通过对这些数据的比对和研究,教师可以及时有效地改进自己的教学方法,开展更加适合学生、符合学情的精准化教学。在"分数指数幂"一课的教学实践中,通过课前练习完成情况的数据反馈,超过一半的学生不会"预习",不能自主把握基本知识点及其运用,不会体悟分数指数幂的运算技巧。据此,教师可以及时调整课堂教学,把重点放在如何理解分数指数幂的运算上,再配合相关练习,让学生及时巩固知识点的应用。从课中练习的数据反馈情况也可以看出,超过三分之二的学生能够根据课堂上教师对知识点的讲解,学会分数指数幂的计算方法,并通过独立思考,较好地完成课后练习。

2. 学习本使用过程中存在的一些问题

(1) 学习本技术融合学科的评价标准还在摸索阶段,评价导向不清晰。利用 Learn only 系统检测学生学习情况的变化是一个长期浸润的过程,评价指标与各项指标的标准需要考虑多维度、多层次的因素。由于本案例的研究对象非各年级全体学生,因此评价导向的科学性与合理性还有待进一步实践考证。

(2) 教师对于信息技术的认识简单化与浅表化,无法真正调动其积极性。Learn only 系统与数学学科教学的融合是本课题实施的基础,有些教师可能对信息技术的价值认识较为肤浅,没有正确认识使用学习本开展教学对于学生学习的影响,会导致不恰当的使用而忽略了对学生学习能力、创造性思维、人格的培养,造成融合定位目标的偏移。

(3) 设备对网络环境要求较高,学习本的使用完全依赖无线网络。学生线上学习、线上练习的完成都需要依赖较稳定的网络环境,因此对无线网络的建设也有较高要求。

(4) 数据呈现较为碎片化,资源利用率较低。Learn only 平台开放了许多功能,如"图书馆""资料库""错题本"等,学生作业分析也有多条数据和指标呈现,学生和教师需要经过一定的技术培训,否则就容易让数据呈现碎片化分布。

(四) 改进策略及措施

1. 实现信息技术与学科教育教学的深度融合

在 Learn only 平台开展信息化教学的目的是利用信息平台和技术解决教育现实问题,化解数学教学中的难题。因此,针对目前在推动融合工作中存在的痛点问题,应强化信息技术应用于学科教育教学,实现信息技术与学科教育教学的深度融合,重构与创新课程建设,充分理解教育信息化的价值,切实找准信息技术与课堂教学深度融合的路径;构建完善的信息化教学环境保障体系,牢固数字化教学平台;坚持人本思想,始终坚持信息技术服务于学科教学,服务于学生学习的目标,正确认识并充分发挥信息技术的作用。

2. 调整教学方式,不断总结经验

教学方式的转变,需要不断总结经验,要树立以学生为中心的教学理念,根据课程性质和学生特点,结合 Learn only 学习本的使用,探索实践多种形式的教学方式,加强课程学习的引导,完善学生学习过程的考核,充分调动学生学习的主动性和积极性,培养学生自主学习的能力。因为 Learn only 学习本使用的开展时间不长,样本班级不多,因此无法进行准确有效的横向与纵向比较。但通过学习本的使用,教师和学生都能更加直观地了解学习情况与知识掌握程度,因此教师可以通过调整教学进度和方式,学生通过查漏补缺,不断夯实基础知识,使学习成果稳步提升。

(五) 改进效果

Learn only 学习本的项目研究自使用以来,根据学习本提供的大数据分析,已设置学习材料十余个,已完成百余次作业发布、千余次作业反馈与订正批改,任课教师在专业团队的技术支持下建立了与校本资料同步、与同备课组老师相统一的电子题库与电子版教辅资料,每位学生在一个阶段的使用后也都建立了个性化"错题本"与"图书馆"等电子化学习区域。通过在线练习与批改反馈的环节设计、教学方法的合理搭配运用、课后活动的有效开展,学生线上线下的学习积极性均得到了一定程度的提高,主动性变强,课后练习题正确率显著提高,教学效果较好。与单一的传统学习资料相比较,教师能更快速有效地关注到学生的学习情况,从而及时调整教学安排,选择更为合适的教学方法进行教学。

Learn only 学习本在线教学评估系统的学生个性化测评与辅导项目,主要达到的教学改进效果有:

1. 探讨个性化辅导的实现路径,满足学生个性化学习需求

学习本对学生预习情况、课堂练习、日常作业、测试和考试都会进行数据收集、储存、处理、分析,教师能以此为据进行针对性分析,选择性地进行课堂讲评,提供个性化的指导,根据学生错误率较集中的知识点再推送精准化辅导和练习,满足学生个性化学习需求(图12)。

图 12　作业情况分析

2. 探索精准教学的实施方法,让问题导学和分层教学实施更方便

通过对教育测评数据的分析应用,Learn only 系统可以实现自动化记录并对结果进行可视化呈现,从学生的成绩、知识点掌握程度以及错题分布情况等方面进行横向与纵向比较,让问题导学和分层教学实施更方便,也便于教师及时改善教学设计、调整自己的教学进度(图13)。

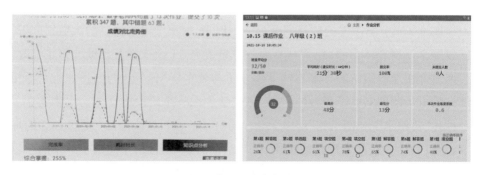

图 13　学生成绩走势分析

3. 激发学生的学习动机,提高学生学科思维的应用意识

学生在课堂学习前带着任务和问题完成预习工作,在课堂上完成练习,课后可以通过"图书馆""题库"等功能进行二次巩固,培养其自主探究的学习习惯。

4. 形成 Learn only 系统支持下初中数学教学活动的策略,通过案例积累延伸到其他课型

以初二年级数学学科为案例积累对象,结合 Learn only 系统开设不同课型的教学研究课,其中包含概念课或命题课、复习课、习题课等。图 14 为不同课型背景下实施教学的具体操作流程。

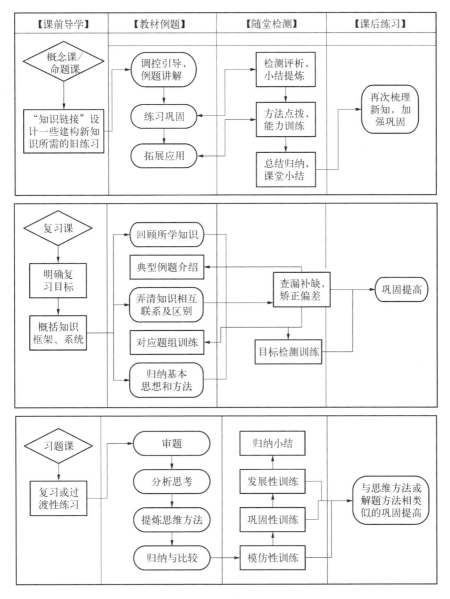

图 14　不同课型背景下实施教学的操作流程

5. 家长随时了解学生的学习状态和学习情况

Learn only 系统的数据分析及保存,可以记录学生的成长轨迹,家长可以更加精准地了解学生的作业情况。家、校合力才能更好地陪伴、引导学生成长。

"不期修古,不法常可,论世之事,因为之备。"无论教育模式的改革还是教师自身的提升或改变,在笔者看来,研究当世的实际情况,依据此来制定措施,兼具长期的眼光和全面的思考,才可能有稳健的突破、创新和发展。

参考文献:

[1] 闫寒冰.师范生教育技术:信息化教学设计[M].上海:华东师范大学出版社,2014.

[2] 祝智庭,闫寒冰.技术改变教学:中小学教师信息技术应用能力培训课程导学[M].西安:陕西师范大学出版总社,2015.

[3] 胡小勇.信息化环境中区域教研协作的社会网络分析[J].电化教育研究,2011(7).

[4] "双减巨震":在线教育还是不是门产业?("双减"政策下的在线教培机构的正确出路在哪里?)《21世纪经济报道》深度观察系列电子书,2021(9).

[5] 李志河.信息化时代的教学创新:环境、资源与模式[M].北京:中国社会科学出版社,2020.

[6] 史习明.教学形态信息化创新应用探索与实践[M].杭州:浙江大学出版社,2018.

[7] 李运林.中国现代信息技术教育发展的理论与实践:从电化教育到信息化教育[M].广州:广东人民出版社,2016.

[8] 刘宝存,黄秦辉.国外在线教学评价研究的前沿和热点:基于2000—2020年WoS期刊载文的可视化分析[J].西北工业大学学报(社会科学版),2020(4).

[9] 吕晓雨.小学课堂奖励机制的负效应及有效应对策略的文献综述[J].教育界,2021(24).

七、营造温馨娄山校园,激发师生成长活力
——基于"三个指数"的学校改进行动

上海市娄山中学 周 未 周若菡

作者简介:

周未,上海市娄山中学副校长,数学高级教师。曾获上海市园丁奖,被评为长宁区第八轮"优秀学科带头人"。

周若菡,上海市娄山中学教学副教导,语文高级教师。授课《穷人》一课获 2019 年度"一师一优课,一课一名师"部级优课。

教育格言:

润物无声,风化于成。

[摘要] 在推进教育综合改革的大潮中,长宁区始终注重发挥教育评价的积极作用,建立了区域学生综合素质评价体系,将学生身心健康指数、学习生活幸福指数、学业成就发展指数等"三个指数"作为衡量学生在校生活、了解教师教育教学水平、反映学校办学水准的重要指标。本文基于上海市娄山中学2017年在长宁区"三个指数"测评中的数据,分析学校存在的优势与不足,并制定"营造温馨娄山校园,激发师生成长活力"的改进策略,通过专业引领、规范落实、文化塑造三方面的具体改进措施,取得了可观的效果,并在2019年的长宁区"三个指数"测评数据中得到验证。本改进行动为数据驱动教育改进——提高学校办学水平、促进区域教育发展提供了可供借鉴的案例。

[关键词] 三个指数;综合评价;温馨校园;成长活力;办学质量

(一) 背景介绍

在推进教育综合改革的大潮中,长宁区始终注重发挥教育评价的积极作用,建立了区域学生综合素质评价体系,将学生身心健康指数、学习生活幸福指数、学业成就发展指数等(以下简称"三个指数")作为衡量学生在校生活、了解教师教育教学水平、反映学校办学水准的重要指标。2017年上半年,长宁区教育局对全区20所初中进行"三个指数"测评,对八年级学生进行了语文、数学和英语三门学科测试和问卷调查。

(二) 数据呈现

分析本次测试的数据发现,娄山中学在"三个指数"的13个二级指标中,除学习成绩明显高于区平均值外,其他指标均处于区平均水平,有些还明显低于区平均值。

1. 学习成本、学习品质和学习成绩

学业成就发展指数分3个二级指标,分别是学习成本、学习品质和学习成绩。学习成本下列"作业时间""补课辅导时间"和"辅导书数量"3个重点指标,娄山中学的这些指标在全区20所初中里位居后列。其中最主要的问题在"补课辅导时间"上,这个指标远远低于区兄弟学校。通过学生访谈了解到,学生将学校的分层教学理解为补课辅导(图1)。"作业时间"和"辅导书数量"则处在全区平均水平。学习品质包括"爱好特长""创新意识""好奇求知欲""实践能力""学习态度""学习习惯""学习兴趣"7个下位指标,娄山中学略低于区平均值。学习成绩娄山中学位于区中等偏上水平(图2)。

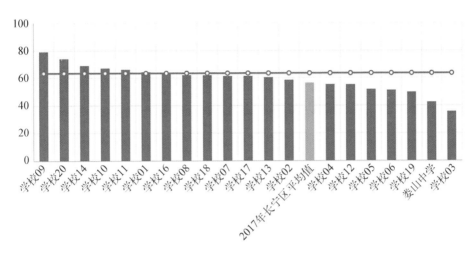

图1 2017年度"补课辅导时间"三级指标

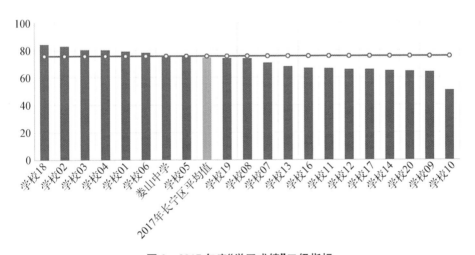

图2 2017年度"学习成绩"二级指标

2. 身心健康指数

学生身心健康指数应该包括身体健康和心理健康2个二级指标,这次测评身体素质没有纳入,仅仅是心理健康,包括"成就动机""安全感""时间控制倾向""情绪管理""责任感""意志力""自信心"7个指标,娄山中学的每项指标都在区平均值以下(图3)。

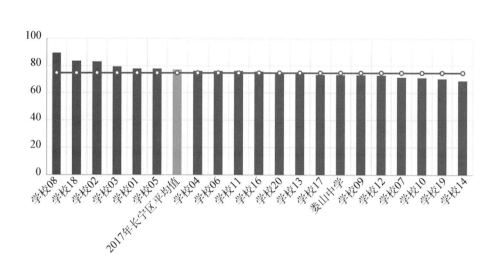

图 3　2017 年度学生身心健康指数

3. 学习生活幸福指数

学生学习生活幸福指数包括校园环境、关系感受、课业感受 3 个方面。校园环境包括"课外活动""校园服务""学习生活环境"3 个指标,娄山中学处于全区后列。关系感受包括"师生关系"和"同伴关系"2 个指标,娄山中学排名非常靠后。课业感受包括"成就感受""课业安排""课业难度""课业质量""学习压力"5 个指标,娄山中学处于区中等偏下水平(图 4)。

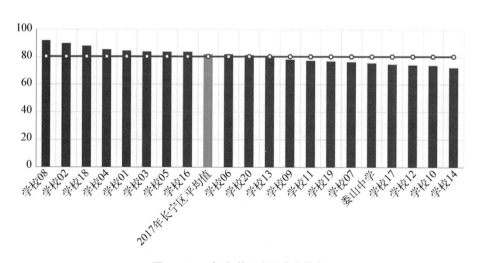

图 4　2017 年度学习生活幸福指数

（三）原因分析

分析具体数据后发现，在本次测评中，娄山中学只有在以试卷形式进行采集的测评中水平较高以外，其他以学生主观感受为主采集的数据指标都不够理想。这一方面反映出娄山中学在课程实施上的经验与优势，另一方面也暴露出校园文化创建与师生关系上存在的问题。

娄山中学的《"重基础、广拓展、多探究"的学校课程编制策略》一文作为长宁区唯一一所学校代表作品，收录在上海市教育委员会教学研究室组编的《学校课程计划编制实践指南》一书中。其中，"重基础"指向基于学生基础学力培养的基础型课程，"广拓展"指向基于学生多元能力培养的拓展型课程，"多探究"指向基于学生自主发展力培养的探究型课程。娄山中学的课程实施方案主要突出课程的人本性和学生的主体性，注重课程的多样化、个性化和可选择性，最终实现"品行端正、身心健康、基础扎实、自主发展"的学生培养目标。

娄山中学的教师虽然勤勤恳恳、兢兢业业，但是容易囿于原有的教学经验，缺少求新求变的精神。特别是办学规模扩大以后，师资总体能力有所下降，主要表现在以下三个方面：一是没有完完全全更新固有观念，二是没有真真正正遵循科学规律，三是没有扎扎实实推进教学改革。在教育教学中主要表现为与学生的情感沟通还不够、增强课堂教学的吸引力还不够、放手让学生自主学习还不够。

反映在教师思想上，还是缺乏对学生生活的真正关心、对学生需求的真正帮助、对学生发展的真正理解。具体存在的最主要问题还是师生关系，包括发生在课堂里的师生关系和发生在课堂外的师生关系。

（四）改进策略

这个测试结果与娄山中学在区域内的声誉明显不符，要引起学校的高度重视，需要及时制订改进行动计划。

要通过"三个指数"的测评结果去发现问题、解决问题，使之符合学校发展目标和学校声誉，这是我们的重要任务。当前最大的问题在于娄山中学校园文化建设和师生关系。一方面，学习生活幸福指数中"关系感受"这一指标，娄山中学处于全区倒数位置，直接反映学校师生关系存在问题；另一方面，除了"学习成绩"指标以外，其他指标都是以学生主观感受为主，特别像"学习成本""课业感受"等，因此师生关系显得尤为重要。

所以,学校计划把"营造温馨娄山校园,激发师生成长活力"作为本次改进行动计划的重要策略,进一步改善师生关系,加强对学生学习生活的关心、对学生课堂学习的关心、对学生身心发展的关心。

(五) 改进措施

基于以上策略,娄山中学主要从专业引领、规范落实、文化塑造三个方面开展重点整改。

1. 专业引领

以"活力课堂"建设为引领,以提高学生自主学习、自主管理,激发学生潜能为导向,遵循"以学定教、先学后教、多学少教"的原则,注重实施平等教学、拓展教学、情境教学、问题教学等方法,全面提升教师专业能力。

(1) 更新观念,激浊扬清。开展娄山教师发展讲坛,邀请市区领导、专家、优秀教师,帮助全校教师更新观念、推进教学改革。讲坛每月开展一次,有选择、有侧重地要求部分教师撰写反思体会。

(2) 面上推进,加强教研组专题研讨。对标"活力课堂",以教研组为单位,研讨活动有讲座报告、听课评课、交流互动、专题专议,专题研讨每月一次,分管行政参与。

(3) 点上深入,开展备课组重点研修。以备课组成员遇到的重点、难点、疑点问题为切入点进行深入的重点研修,有主讲、有目标、有内容。重点研修每月一次,教导处参与。

(4) 课后反思,总结提升。每堂课后,根据教学改革的要求,对照本学科"活力课堂"的标准,记录课后反思,每月汇总一篇。

(5) 提升效度,开展作业研究。基于学生核心素养培养目标,设计开放性作业;基于课程标准,设计校本作业;基于学生学习能力差异情况,布置分层作业。每学期由教研组汇总,教导处核查。

2. 规范落实

(1) 制度保障,制定实施了《娄山中学教工违反教学常规处理条例》。对违反教学规范的行为,如违规拖课、占用学生休息时间、额外布置作业等现象,定为一至三级教学事故,并明确了教学常规检查和处理办法。

(2) 典型引路,加强师德宣传教育。每年评选娄山中学十大"最……"老师,由学生投票评选出他们心目中的好老师。

（3）开通校园网学生问卷平台。调查每一位教师的教学常规，包括课前准备、课堂教学、拖课现象、作业情况，等等，对出现问题的教师，经查实后，与绩效奖励、年终考核直接挂钩。

（4）以情感人，加强师生情感交流。规定班主任要加强温馨教室建设，做到环境温馨、活动温馨、关系温馨，积极开展班团队活动，加强与学生谈心，德育处每月检查。规定任课教师多与学生进行情感交流，每堂课前提前进教室、课后多与学生沟通，每人与一名特殊学生结对。

3. 文化塑造

（1）以"诚信护照"特色活动进行理想教育、自律教育，培养学生正确的学习动机。每月给各年级、各班诚信积分最高的学生颁发"诚信点赞章"和"诚信达人章"，每学期评比出"娄山诚信之星"，每学年评比出"明礼诚信"达人，并在全校范围内进行表彰。

（2）广泛征求学生意见，以学生喜闻乐见的方式开展各类校园"节庆活动"。每年定期开展艺术节、体育节、文化节、淘宝节等活动，将节日氛围时刻渲染在校园的各个角落。如将校园大型艺术节与学生最喜爱的"六一"儿童节有机结合，让少先队年度表彰大会、校园风尚少年评比和大型文艺汇演结合，让学生享受欢乐的校园生活。

（3）深化开展学校最新德育品牌"微课堂、大视野"讲堂活动，拓展教师资源，从热心家长扩展为家长、学生分学段（六、七年级，八、九年级）担任主讲人，让家长—教师、学生—教师在带给学生们新鲜感的同时，加深家、校理解，锻炼学生能力，使学生更有归属感和荣誉感。

（4）鼓励学生参加"校园十大美景"摄影大赛、"文明休息，我们在行动"漫画创作大赛等系列活动。启发学生发现校园之美，创造文明环境。用双眼寻找美，用相机记录美，用心灵感受美，体会在美丽校园中学习、生活的幸福之处；同时，通过发动师生为彼此的摄影、漫画作品点赞、投票，进一步融洽师生关系。

（六）改进效果

2019年上半年，长宁区教育局再次对全区所有初级中学进行了"三个指数"测评。该次测试结果显示，经过这一阶段的积极改进，娄山中学"三个指数"都有了显著的提升。其中学生身心健康指数和学习生活幸福指数都位列区域前茅。

这说明学校上一阶段针对"三个指数"制订的改进行动计划是卓有成效的。

其中,学生身心健康指数下列"成就动机""安全感""时间控制倾向""情绪管理""责任感""意志力""自信心"7个指标,娄山中学每项指标都位于区域前茅(图5)。学生学习生活幸福指数包含3个方面:校园环境、关系感受、课业感受,下列"课外活动""校园服务""师生关系""同伴关系""亲子关系""成就感受""课业安排""课业难度""课业质量""学习压力"10个指标,在这些指标中,除"学习压力"之外,娄山中学均位列区域前茅(图6)。

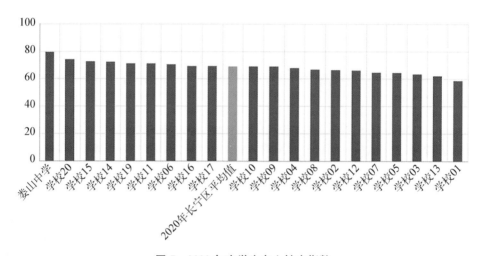

图5 2020年度学生身心健康指数

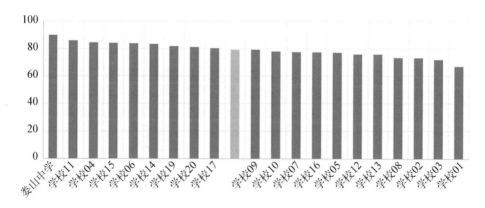

图6 2020年度学习生活幸福指数

可见,在数据的驱动下,我们及时发现了在学生发展、学校管理等方面的问题,经过探索与改进,促进了学校教育教学质量的提升。今后,我们仍将秉持"为了每个学生的幸福成长和终身发展奠基"的办学理念和科学的教育质量观、教学观、评价观,遵循科学的教育教学规律、学生发展规律、社会发展规律,从教师观念、学校管理、专业指导、学生活动等方面进一步加强措施改进,从标、本两个方面同时入手,营造温馨娄山校园,激发师生成长活力,进一步提升学生核心素养,促进学生全面发展。

在这个过程中,可以说,上海市长宁区"三个指数"教育质量综合评价项目为开展基于数据的教育管理、教学模式提供了巨大支撑,引导包括娄山中学在内的基层学校基于数据结果提升办学质量,充分发挥教育质量综合评价的引导、诊断、改进、激励功能,推动中小学校教育质量综合评价改革,促进教育评价的科学性、教育决策与教育管理的专业性方面起了重要作用。

构建长宁活力教育,我们在路上!

八、用好数据,服务教改,提升成效
——西延安中学对2020年"三个指数"测评报告的分析和使用

上海市西延安中学　伍　敏　郑　莹

作者简介:

伍敏,上海市西延安中学校长,中学高级教师,曾获"长教杯"教学和论文一等奖、长宁区园丁奖、长宁区青年岗位能手、上海市民盟先进个人等。

郑莹,上海市西延安中学科研室副主任,中学高级教师,曾获"长教杯"教学和论文一等奖。

教育格言:

伍敏:有教无类。

郑莹:顺其自然。

[摘要] 长宁区"三个指数"测评是面向全区 8 年级学生,在学业成就发展、身心健康、学习生活幸福三个方面进行的测评。"三个指数"分别指的是学业成就发展指数、学生身心健康指数、学习生活幸福指数。2020 年,西延安中学在"三个指数"测评中,获得了较好的"学业成就发展指数",但"学生身心健康指数""学习生活幸福指数"不尽如人意。为查找问题、形成措施、改进办学,学校对测评结果进行了科学分析。经过数据读取,发现学校在"学习成本""学习品质""校园环境""情绪管理"等二级指数上,与区域平均水平有较大的差距。经过分析,发现上述四个二级指数之间,存在着相互联系、彼此影响的关系。而家长因素,又是一个不在"三个指数"测评范围内的隐形的重要因素。在发现上述问题后,学校形成整改措施,并积极实施,取得了较好的成果。

[关键词] 三个指数;学习成本;学习品质;校园环境;情绪管理

(一) 背景介绍

2020 年底,学校在拿到《长宁区 2020 年"三个指数"测评报告》后,立即组织科研力量,对测评报告,进行校本研读和分析,从中提取数据,提炼要点,形成对策,指导教学改革,取得了较好的成效。

(二) 数据呈现

1. 认真研读,提取关键数据

通过研读,我们提取到一些关键数据。

一级指数:学校的"学业成就发展指数""学生身心健康指数"在区平均值以上,"学习生活幸福指数"在区平均值以下(图 1)。

	测评结果	区平均值	区域排名
学业成就发展指数	69.2	68	5
学习成绩	79.5	75.4	4
学习品质	75.6	75.5	9
学习成本	42.6	46	18
学生身心健康指数	69.2	69	9
学习生活幸福指数	77.3	79.2	13

图 1 "一级指数"数据分析

二级指数：个别指数需要格外关注。"学习成本"排名第 18，"情绪管理""自信心""抗逆力水平"分别排名第 14、第 13、第 11、第 9，"校园环境""关系感受""课业感受"分别排名为第 15、第 11、第 10(图 2)。

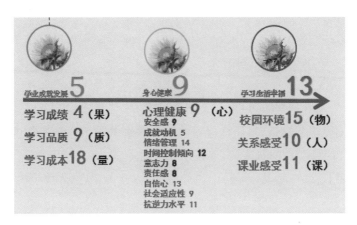

图 2　"二级指数"数据分析

学校所属类型："学业成就发展"指数，学校属于 D 类，即"指数较好，品质一般，学习成绩好，成本高"；"身心健康"指数，学校属于 B 类，即"指数较好"；"学习生活幸福"指数，学校属于 C 类，即"学生生活幸福感一般"。

2. 数据对比，发现主要问题

问题 1：相比 2019 年，2020 年的"三个指数"整体下滑（图 3 至图 5）。具体来说，"三个指数"分别下滑 1、7、5 个位次。二级指数中，"学习成本"下滑幅度最大，达到 15 个位次；"学习品质""身心健康"各下滑 7 个位次；"学习生活幸福指数"下滑 6 个位次。

图 3　学习成本指数　　图 4　身心健康指数　　图 5　学习生活幸福指数
**　　　下滑情况　　　　　　　下滑情况　　　　　　　下滑情况**

问题 2：所有的二级指数中，一半数量的指数，低于区平均值。如，学习成本、校园环境、情绪管理、自信心等。反映在学校所属类型描述，表现为"成本高""一般"等。

(三) 原因反思

1. 关键原因:"学习品质"一般

学习品质是学习发生的底层逻辑,是影响和决定学习成效的关键因素。学习品质包括学习兴趣、创新意识、好奇心求知欲、爱好特长、实践能力、学习习惯、学习态度等。

西延安中学的"学习品质"排名虽然在区平均值以上。但是经过分析,我们认为,它是影响学校2020年"三个指数"的关键原因。第一,学生端。由于学生的学习兴趣、学习习惯、学习态度等"学习品质"一般,所以,为了取得第4的"学习成绩",学生必须要花费大量的时间。这一点,我们从"学习成本"区域第18,得到了印证。第二,教师、家长端。2020年、2019年学校的"学习成绩"均为第4,位次保持不变,但是"学习成本"排名却由第3上升为第18,这表明"学习成绩"位次的维持,更多的推动力来自外部。也就是说,老师和家长的付出较多。其中,从教师的角度看,正是因为教师付出了极大的心血,所以学生感受到了压力,这从学生"学习生活幸福"指数低于区平均值、"校园环境"排名第15可以得到印证。当然,疫情防控期间在家学习,家长对于学生学业、心理的影响如何,由于"三个指数"并未对此有所涉及,所以,只能从相关数据进行分析。正是因为教师付出了极大的心血,所以学生从另一方面感受到了极大的压力,这从"学习生活幸福"指数低于区平均值,其中"校园环境"排名第15可以得到印证。

当然,关于疫情防控期间在家学习,家长对于学生学业、心理的影响如何,由于"三个指数"并未对此有所涉及,我们只能从图6的数据进行分析。在图6中,"学习成绩"排名第1的学校,"学习成本"比西延安中学高,在校"生活幸福"指数不如西延安中学。但是他们的"学习品质""身心健康"比西延安中学好。这意味着,该校学生在家里,得到了家长更好的引导和关怀。由此联想到这样一个事实,西延安中学地处长宁区最西部,是一所公建配套学校,周边以动迁房、老公房居民居多。总体来说,家长的经济能力和社会能量不如长宁区东部和中部。疫情防控居家学习之下,这部分家长有可能将自身的压力转移到孩子身上。第三,外部环境端。为什么"学习品质"西延安中学会下降7个位次?我们把它放在2020年疫情防控这个大背景中来考量,能够再次得到印证。疫情防控期间,学生在家学习,极大地考验学习的自觉性、主动性。这也是导致学生"学习品质"下滑的部分原因。

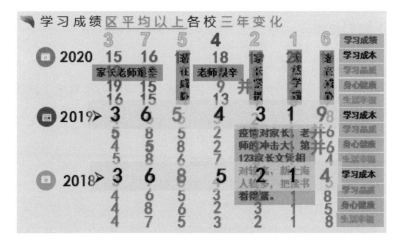

图 6 学习成绩指数排名分析

综上分析,清晰可见成绩、品质、成本三者之间彼此关联、互相影响。

2. 重要原因:"情绪管理"需努力

情绪直接影响学习的全过程,情绪管理水平,决定着学习态度、积极性、兴趣等水平或状态。为什么认为"情绪管理"是重要原因?第一,西延安中学。西延安中学的"情绪管理"在全区排名第 14,在全部二级指数中,位次属于最靠后的二级指数之一(最靠后的两个是"学习成本""校园环境")。第二,长宁区。长宁区范围内,"学习成绩"连续 3 年(2018—2020)排名前三的学校中,有两所学校学生的"身心健康"指数均比较稳定,而且指数排名区域前列。在长宁区"学习成绩"排名前四的学校中,西延安中学学生的"学习生活幸福"位次较靠后,由此可部分推测,疫情防控期间,西延安中学教师为获得这个成绩,付出了很多的心血。这也是后续整改中,学校需要考虑和调整的方面。

(四)改进措施

1. 关于"学习成本"的整改措施

(1)加强常规管理。一是要提高课堂效率。课堂是学习活动密集发生的场所。降低成本,提高效率,从课堂开始。为此,学校将着重从听推门课、集体备课、分层教学等方面提高课堂教学效能。校长亲自带头听推门课,采取"飞行"听课形式,随机决定。以单元教学设计为依托开展集体备课,提升教师对内容、重难点、课时等的全局把握,更科学高效地提前预设、提升效率。二是调整作业量。

教学处"一支笔"管控作业量。各年级作业量由年级组总量控制,各教研组、备课组分块控制。减少干扰学生休息时间的作业,挑选有利于促进学生思维和能力发展的作业,精简重复度高的作业。教学处定期调查作业量情况,不定期抽查作业量情况,并及时督促教师调整。三是做好家长的情绪疏导和亲子培养的沟通教育。针对学生家长的亲子教育和学习指导能力较薄弱的现实,学校对家长进行有针对性的教育和疏导,缓解其压力。利用班级日志"家长的话",开展正确的成才观教育,引导家长适度降低对孩子的课外辅导量。对个别焦虑程度高的家长,开展个性化的亲子辅导。

(2)个性化教学与辅导。经过数据分析发现,语文、数学、英语三门学科,学生的学业成绩存在一定差异(图7)。因此,要在学生自愿的基础上,结合每位学生不同的学习基础和能力,开展个性化的教学和辅导,保障每一位学生都能获得进步的适切的方法,实现教育公正。

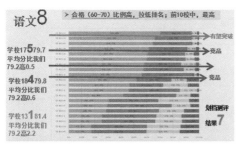
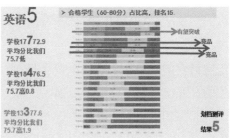
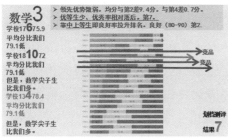

图7 语数英三门学科成绩排名分析

一是训练专题化。要针对不同学习层次的学生,提供个性化教学。个性化教学注重专题的筛选和形式的聚焦。如针对后进生,主要是基础知识与基本技能训练,而针对学有余力的学生,则更多的是提供综合性内容,以拓展他们的视野。

二是辅导抓错题。错题是每个学生最宝贵的学习资源。减少学习成本,一个重要的方面就是降低甚至消灭学生对于已学知识的错误认知,带着正确的知识储备进入下一个学习环节。这一环节,主要由备课组教师来关注作业订正的质量和效率。

三是家长来助力。学校通过家长学校和家长会等渠道,指导家长成为学生学习成长的正向推动力。而这个正向推动力,起点就是对于自己孩子的正确认识和恰当引导。家长要根据自己孩子的学习情况,制定适切性高、针对性强的家庭教育,而不是以别人家的孩子作为参照。

2. 关于"学习品质"的整改措施

(1) 基于个性化教学,做减法。学校立足促进教育公平,为每一位学生提供适切的教学。对学习有余力的学生,提供他们需要的知识学习和能力辅导,尽量满足他们求知欲和好胜心。对于需要反复夯实基础的学生,学校加大基础知识的辅导,让他们获得学习成就感,保护和激发他们的学习兴趣。

(2) 基于项目化学习,做加法。初中学生综合评价改革,对于学生的学习好奇心、兴趣点、求知欲、知识面、素养能力等各个方面,提出了更高、更全面的要求。学校结合"项目化学习"开设活动,学科、跨学科学习活动。

(3) 基于合作,做乘法。学习品质,黏合进学习的各方面和各环节,是一种正向倍乘的因子。学校从家校合作、德育教学协作、学科间协作等入手,培养学生的良好学习态度和学习习惯。

3. 关于"学习生活幸福"的整改措施

(1) 优化"校园环境"。硬件建设方面,做好总部操场和教学楼的改造申请工作,力争让学生在舒适的校园环境中,舒心地学习。在软件建设方面,学校通过开展丰富多彩的体育、艺术等活动,让学生在学习之余,放松心情,舒缓情绪。

(2) 改善"关系感受"。学校致力于建设融洽的师生关系。通过党团员和学生结对帮扶、班级日志的逐日师生对话、14岁集体生日的真切祝福等,让学生感受到教师浓浓的关爱。学校致力于建设友爱的生生关系。通过"解忧杂货铺""西延安电视台"等,让学生获得同伴互助,感受到同学间的友谊。

(3) 改善"课业感受"。精心准备课堂内容集体备课,精讲精练。结合不同层次学生的最近发展,动态把握教学的难易程度。改善教师教学方式,鼓励采用学生喜爱、亲和、有效的教学方式。

4. 加强心理建设

(1) 精细心理课堂教学。进一步加强心理课程基础建设,课堂教学重点关注情绪调节、意志品质磨炼、社会适应性增强、抗逆力水平提升、自信心增进等方面。

（2）加强心理课题研究。推动积极心理学方面的课题研究或项目，构建心理健康教育的序列化内容。开展学生意志力培养的研讨。

（3）优化学生心理咨询。加强学校的心理工作，优化心理咨询室工作机制，为学生提供安全、私密、温暖的倾诉空间。优化心理课程，为学生提供优质心理课程学习。关注学生的个人心理建设，对问题学生一人一档。加强问题学生和问题家庭的心理辅导，让阳光雨露洒向每一个需要关怀的学生和家庭。

（五）改进效果

经过一个学期的整改，学校办学成效得到了较大的提升。一是学生获得成长。毕业班的学生，带着对母校的感恩，升入自己向往的高一级学校。在校学生，学习兴趣浓厚，学习动力足。二是教师提升职业自信。教师们在和畅的工作氛围中，努力工作，积极服务学生，教职员工凝聚力得到增强。三是学校收获更多办学经验。如何在减少作业量、增加睡眠的前提下，保持学校的办学品质，西延安中学经过不断摸索，积累了一定的经验。社会对学校的美誉度也不断提升，周边社区、学生家长对学校的反馈较好。

九、冥茫八极游心兵,坐令无象作有声
——初一学生记叙文写作优化策略探索

上海市复旦初级中学　陆毓灵

作者简介:

陆毓灵,2015年毕业于上海师范大学汉语言文学(师范)专业,2020年于华东师范大学获得学科教学(语文)规培硕士学位。任教初中语文科目。长江路教育集团"共享优质资源　共创高效课堂"征文一等奖。

教育格言:

庭前垂柳,珍重待春风。

[摘要] 初一学生的考场记叙文作文暴露出在时间控制、选材立意、详略处理、细节刻画等方面的问题。在几次记叙文习作练习中,师生通过列提纲明思路、共性问题归纳、个性问题批注、优质作文片段和思路分享、典型问题作文诊断、习作修改再评价的方式,有侧重地梳理常见问题,明确优质学生作品的亮点。在同伴学习中,学生渐渐优化记叙文写作。

[关键词] 写作;记叙文;过程指导

(一) 研究背景

2021年4月20日,复旦初级中学初一学生参加2020学年第二学期的语文期中考试。这次考试,初一语文试题由校内教师跨年级命题,四个班级的学生参加本次考试。通过对这次考试的数据分析,笔者关注到自己执教的初一(1)班学生的考场记叙文作文暴露的一些问题。

(二) 数据呈现

现将考题摘录如下:

写作(40分)

24. 请以"那个值得记住的日子"为题,写一篇记叙文。

要求:(1) 不少于600字。(2) 不得透露个人相关信息。(3) 不得抄袭。

该题的平均分、得分率如表1所示。

表1 初一(1)班语文期中考试写作题得分情况

年 级	平 均 分	得分率(%)
初一年级	29.11	72.78
初一(1)班	28.94	72.36

通过初一(1)班与初一年级作文得分数据的对比,可以发现初一(1)班学生的平均分与得分率都比年级平均分与得分率低。

(三) 原因分析

1. 学生作文中暴露的问题

通过详读、批注学生的作文,笔者发现学生作文存在以下主要问题:

(1) 未写完。因未掌握答题时间，有部分学生来不及写完，因而出现 14 分超低分。

(2) 审题有误。本考题的关键词落在名词——那个"日子"上。有学生将重点放在写前期准备时、过了几天、晚上、那个周末的一段时间，也有学生写常常、每天清晨、渐渐地、有一天等常态生活，内容涵盖了过长的时间段，而非题目要求的。应该将主要内容落实在一天的时间范围内，写一天里的某个或多个时间点、时间段。

(3) 选材局限与失真。有 4 名学生频繁使用同一个素材，导致题材与主题之间关联不大，显得牵强。如有学生多次使用外婆爬山、老师教"我"学素描、一个面馆店主给"我"多加肉丸的素材，关联"感恩""令我敬佩的人""难忘"等以往的作文主题，生硬套用已有素材，没有对素材进行合理的剪裁规划，无法使之贴合文章主题。有 3 名学生根据阅读经验，杜撰好人好事，不符合生活常态。如有学生写道："每当有小孩、老人时，面馆店主都多加食物、补充菜品、返还餐费。"还有位学生写道："一位滴滴司机二十多岁，他有一双七旬老人般布满皱纹、饱经风霜的手。他每天在下班后，连夜载客赚钱。"读到这里，笔者猜测这位滴滴司机经济并不宽裕。后文又写道："滴滴司机每天清晨坚持在菜场外等待多时，免费送买菜的老人回家。"司机的精力分配、经济状况，读来让人心生疑惑。

(4) 立意不合理。学生应该根据题目中关键修饰语"值得记住"回答"为什么那个日子如此特别，值得记住？"的问题，使主题鲜明。有的学生立意不合理。如有学生写自己考试失利，发奋努力，引用古语"过而能改，善莫大焉"，强调自己改过自新。可是考试发挥失常，一定是"过"吗？他在前文并没有交代自己不认真听课、不认真做作业、荒疏怠惰等体现"过"的内容。

(5) 详略不当。有学生略写切合主题的内容，详写前期铺垫、插叙内容，详略不当。如有学生写外婆为自己织毛衣，外婆为我熬夜织毛衣、在沙发上昏昏欲睡的"那个日子"，应该详写，可是他却在正文花四段篇幅，交代外婆照顾自己长大、外婆病重住院时"我"探望她的内容。

(6) 细节刻画缺失。部分学生细节刻画缺失。比如有学生写自己登台演奏乐器或跳舞的日子，却没有刻画自己的苦功、风采、心情的细节来呈现"值得记住"的原因。

2. 教师教学过程中存在的问题

对应学生作文中暴露的问题，笔者发现在教学过程中存在以下问题：

（1）教师教的原因：一是时间把握。教师考前未提醒学生把握好时间，平时布置的回家作文缺少限时要求。二是素材要求。对学生频繁使用一个素材的情况，教师虽然在批改作文时批注给出修改素材、收集其他素材的建议，但并未对学生置换、拓展素材做硬性要求，也未对学生作文素材的改进作再评价。三是教师在进行作文训练时，过程化指导流于形式。在列提纲阶段，教师单向进行个别化纸笔批注，将几条写作建议作为现成答案给每个学生，要求他们照做，效果不如结合师生面对面地讲解、交流、个别面批，解决一些学生实际遇到的审题构思等方面的困难。有些学生虽然根据批注建议行文，但不知教师对自己的写作提纲如此建议的原因、审题的关键在哪里、思路展开的依据是什么。郑桂华教授认为语文教师的写作教学要帮助学生学会反思，其中一条途径是有意识地将学生的写作时空和教师的教学时空重合，教师要直接参与学生的写作过程，正面考察学生的写作状态，适当引导学生反思，帮助学生自主总结写作经验。这里的反思不是作文完成后的回顾，而是"镜式反映"，"一种将某事反映在学习者自我之中的经验或理解"，"经验被以个人身份的准绳加以评价"[①]。学生在列提纲阶段遇到问题，教师应该在写作伊始就进行互动交流式反馈，使学生主动反思自己审题构思等方面的问题。

（2）学生学的原因。一是素材积累。学生积累生活素材存在困难，有学生表示很难发现生活中值得记录的美好。城市生活、家庭空间，使得一些学生并未浸润于草木葳蕤的自然、感受生命的丰富；邻里关系没有太多温情可供书写；家人忙于事业，彼此交流较少；对校园生活、同学交往趣事也缺少关注。有些学生心性并非敏锐、感性，更觉无处挖掘独特的素材。二是习作修改。有学生对平时评分后的作文修改任务态度敷衍，草草完结、应付了事。三是构思酝酿。考场上，学生思考不充分就匆匆下笔，导致思路不清晰，素材套用，详略不当，细节刻画缺失。四是情感理解力。囿于有限的生活体验和阅读经验，有些学生情感理解力有待提升，立意老套，牵强附会，不能从生活细节中体悟情思。

（四）改进策略

针对以上原因，笔者从答题习惯培养，积累素材、明晰思路，从榜样影响角度制定改进的策略，明确如下优化记叙文写作的目标：

---

① 郑桂华：《写作教学研究》，广西教育出版社2018年版，第40—41页。

一是培养学生控制时间、充分读题审题的答题习惯。

二是引导学生用"广角镜头"和"微距镜头"关注生活，积累有意思的、温情美好的生活素材。

三是引导学生在行文前，明确思路，做好选材立意、详略安排。

四是从学生作品中归纳、规避问题，发现可以学习的闪光点。

五是培养学生在写作过程中的反思意识。

（五）改进措施

为了实现这些优化目标，笔者采取如下行动：

一是对本次测试中的作文情况进行反馈。

二是布置阶段测试、课堂练习、回家习作时，要求学生控制时间，充分读题审题。

三是平时安排小练笔，锻炼语言能力，积累素材。学生选材不当、素材不足，也许是因为他们的生活体验不够深刻，或者是他们无法将自己的生活体验和作文的标题关键词相勾连。图尔文将人的记忆分为情节记忆和语义记忆。情节记忆是指我们具有的有关以往经历过的某些特定事件方面的信息，它主要用于贮存人生中印象比较深刻的事情，包括生活情景、细节、人的心情。语义记忆是指语言运用所必需的记忆，它涉及有组织地贮存我们对整个世界以及语言及其用法方面的知识。语义记忆贮存了从经验中抽象出来的概念，使贮存心理映象的情节记忆变得可提取。施良方先生提到，如果教师向学生反复提问与情节记忆相关的问题，这意味着被问到的情节正在逐渐变成语义信息[①]。因而，平时教师布置小练笔，可以使学生将生活中印象深刻的事件、一些心情和映象——"情节记忆"转换为"语义记忆"。

而学生在考场上写作文时，需要回忆提取相关信息。实验者发现"提取线索在决定回忆方面是一个强有力的辅助工具"[②]。让学生为印象深刻的生活记忆赋予感受、意义方面的关键词，可以作为线索，帮助学生提取生活中原始的"情节记忆"。

教师要求学生完成 100 字或 150 字的小练笔。如"一件美好的事情"小练笔，旨在激发学生对美好事情的回味、对生活的热爱。学生大都能摘取、抒写自

---

① 施良方：《学习论》，人民教育出版社 2001 年版，第 263—264 页。
② 施良方：《学习论》，人民教育出版社 2001 年版，第 271—276 页。

己生活中的美好片段,记录自己练习篮球、与家人聚餐、看云等生活中的温情时刻、烂漫时光。教师鼓励并展示学生的佳作、刻画精美的文字片段,即使全篇只有一句话出彩,学生都可以得到即时的鼓励。这些小练笔写作经历,既是学生语言运用能力的锻炼,也能帮助学生使用关键词回忆、提取"情节记忆",学会从生活体验中概括经验、储备"语义记忆"。

教师鼓励学生用"广角镜头"发现生活中可入文的素材,内容涉及体育竞技、艺术研习、学习生活、家人相处片段、自己的闲暇爱好等,都可以剪裁、处理,作为写作内容,鼓励学生学习同学的优质作文,学习课文中的细节刻画手法,用"微距镜头"体察入微,如发现纸张的质感、衣服上的水珠、食物的温度等细节,用细节呈现人物的特点,推进事情的发展,凸显主题。

四是要求学生列提纲,析问题,明思路。平时写作文时,教师要求学生列写提纲并对学生递交的提纲进行批注,指出亮点和改善的建议。教师再整理学生写作提纲中呈现的共性问题,进行讲解、交流或面批,分析作文题目中的关键词,引导学生审题。如在"有一种声音牵动我的心灵"这篇作文的提纲撰写中,有学生准备写父母为自己做香辣土豆丝,牵动着"我"的心灵;有学生准备写对家人陪伴的渴望牵动着"我"的心灵。学生们读完两位同学的提纲,发现问题:题目中一个关键词为"声音",要求作文中写出一种具体可感的声音,而这两位同学单纯叙事,没有提到"一种声音",所以应该要有按关键词"声音"去搜索、处理素材的意识。题目中另一个关键句为"牵动我的心灵",要求学生在行文中回答"为什么这一种声音会牵动我的心灵?""声音"的选择、素材的选择要符合"牵动我的心灵"的要求。同学们依据这一点,检视、判断自己的选材、立意是否贴切。

五是请学生共同诊断多次练习中反复出现的典型问题。在写作练习中,有些典型问题,在前一篇习作中改正了,在后一篇习作中又再次出现。于是,教师选择学生的典型问题案例,或根据多个学生共性问题拟定一个典型案例,请学生说说阅读感受,学生很快就能发现问题。如在"芬芳润心田"这篇作文练习中,一个学生花了五段的篇幅写爷爷奶奶家在农村,居住环境简陋,厕所臭气熏天,常常都要挑粪浇菜,蚊、蝇纷舞;花了一个段落写爷爷奶奶喜爱自然、疼爱"我","我"感受到爷爷奶奶生命的芬芳。整篇文章"臭"味篇幅过多、"芬芳"部分过少,学生们发现这篇文章详略不当的问题,在以后的习作中会有规避的意识。

六是对平时作文中出现的普遍问题进行梳理,启发学生优化素材。在"有一种声音牵动我的心灵"作文练习中,发现很多学生写到家人的各种声音,包括"记得带伞""记得吃早饭""走慢一点"等嘱咐的声音,"没关系""下次加油"等鼓励的声音。但这些声音存在一个问题,学生往往只能以这个声音扣连一个生活场景(下雨带伞、吃早饭)或一类生活场景(考试、竞技),内容没有层次、变化,导致提纲呈现的文章内容单薄。

笔者设置了一个情境,请学生思考:"小A同学常常觉得自己的父亲不善言辞、不善表达。你猜,他父亲常常说的是哪一句话,会牵动小A同学的心灵呢?""你的父亲常常对你说的是句什么话?"学生纷纷说出父亲的口头禅,"快点写作业/洗澡""不要玩手机了",等等,笔者也呈现自己猜想父亲会说的话。然后请学生们选一选,我们贡献的所有父亲可能说的话中,哪一句最适用于本篇文章且可以连缀多个生活场景?学生思索后,笑着锁定"你当心一点",因为这一句可以连缀"当我进校门时、考试前、期中试卷发下来时、当我和同学外出郊游时、当我生病时、当我犯错时",等等各种生活场景,许多生活画面纷至沓来,使文章内容充实。

- 小A同学:我常常觉得父亲不善言辞、不善表达。

  父亲常常说的哪一句话,会牵动我的心灵呢?

  (有一种声音)

- 你的父亲常常对你说的是什么话?
- 认真听课。
- 听话。
- 注意身体。
- 你感觉怎样?
- 你觉得呢? 启发思维
- 你当心一点。
- 哪一句话,最容易写好?(适用不同场景,可重复出现)
- 当我进校门时、考试前、当期中试卷发下来时、当我和同学外出郊游时、当我生病时、当我犯错时……

随后笔者告诉学生,这句话其实是我的父母在彼此对话中常用的语句。清晨,父亲上班时,母亲会叮嘱父亲:"你当心一点。"父亲戴上帽子出门去,哼哼着"晓得了。你也是,当心一点!"这时这句话是什么含义? 自然是注意安全、出入平安。父亲暂时在异地上班、偶感风寒,母亲在电话里和他说说这天发生的事情,在挂电话前,一定会说上一句"你当心一点!……好!"这时这句话是什么含义? 自然是当心身体、按时吃药、努力加餐饭。"你当心一点"这句话非常质朴,却能吐露说者心中最真切的关怀。我们学生也可以留意类似的话语,捕捉某个生活细节。我们再想想,还有哪些话语、什么声音可以连缀我们丰沛的情感体验、充实的生活素材?

有学生想到充盈在自己生活中的自行车铃声,连缀小时候、稍大时、如今的相关生活画卷,然后对文章进行整理、修改,主要内容如下:

怎么写:有一种声音牵动我的心灵

"叮铃铃……"充斥在大街小巷的自行车铃声,牵动我的心灵。

小时候

上车前:

父亲在楼下等我,"叮铃铃……"的铃声,催促我快点上车。我站在台阶上,跨上座椅,父亲前脚一踏,这艘小船便扬帆起航了。

行车时:

父亲按动"叮铃铃……"的铃声,在细雨迷蒙、人头攒动的小巷里,为我们破开一条路。

我们的自行车,像一尾小鱼,遨游在小巷里。

后来

我不再坐在父亲的自行车后座上,自己骑车,有时和父亲一前一后骑行。父亲在后面守护着我,"叮铃铃……"的铃声,提醒我小心小巷里迎面而来的车辆。

如今

我虽然不大骑车了,"叮铃铃……"的声音却总是牵动我的心灵。

七是在讲评、交流后要求学生再次修改自己的作文。郑桂华教授认为"帮助学生学会反思"的一条途径是"打通学生写—教师批—师生再修改的写作过程链条",教师要"加强写作与评改的联系,修改要求应明确、具体,并将修改结果纳入评价,让学生习惯对写作行为进行反思"[①]。学生在课上参与分析问题作文,在了解典型问题、评价同学亮点后,需要再次修改自己的作文。教师根据学生的修改内容,对学生的作文分数进行再评价。

(六) 改进效果

经过半学期的习作训练,初一(1)班学生在 2020 学年第二学期初一语文教

---

① 郑桂华:《写作教学研究》,广西教育出版社 2018 年版,第 41 页。

学质量抽测期末考试时,相较期中考试,作文成绩有了一定的提升。在初一年级学生整体中,本次考试初一(1)班原本薄弱的作文板块转变为较有优势的项目。

该题的平均分、得分率如表2所示。

表2　初一(1)班语文期末考试写作题得分情况

年　　级	平　均　分	得分率(%)
初一年级	29.91	74.78
初一(1)班	30.64	76.60

问题的发现,带来改变的契机。学生写作文审题选材时,深思明辨;列提纲、明思路时,"冥茫八极游心兵",如点兵召将般将平日积累的生活素材缜密组合、谋篇布局;执笔时文思泉涌,"坐令无象作有声",一字一句,绘出心底的绚烂世界;热爱表达,心与手应,我自写我胸臆。

十、小学数学高年级学段通过"计算卡"提高计算能力

上海市长宁区安顺路小学　陈　旻

作者简介：

陈旻，上海市长宁区安顺小学数学教师，曾荣获2019年度上海市长宁区青年岗位能手，2018—2021年长宁区中小学、幼儿园"教坛新秀"称号，于2016年、2017年、2020年上海市长宁区优秀教育论文评选中三次获评一等奖。积极参加各级各类学习培训，潜心研究新课标，先后获得2016年长宁区教学评优小学组二等奖，2018年长宁区"课堂工程"小学组二等奖。为"小学数学青年教师单元教学设计能力培养策略的实践研究"项目组成员。

教育格言：

耕耘在绿草地，此生无怨无悔。

[摘要] 本文总结梳理通过一个月的实践活动，解决笔者所教的两个班级在四年级第二学期计算板块中所暴露出的问题。笔者在对学情的分析、教法的反思基础上，通过设计"计算卡"游戏，让学生在收集"计算卡"过程中，激发对计算题解题的兴趣，提升自我要求的意识；让学生在梳理数学计算类题型、解题夺卡的过程中，对整个学期计算板块中的知识进行巩固、内化，从而提升自己的计算能力。

[关键词] 四年级数学；计算卡片；提升计算能力；数据分析

（一）背景介绍

1. 数据分析的定义与作用

数据分析技术是指一系列数据筛选和清洗，采用"预测""聚类""相关性挖掘"等分析技术又可得到一系列相关的数据，通过对数据的过程性和综合性分析，更能考量真实世界背后的逻辑关系。

本文通过一个月的时间对笔者所授的两个班级的学生在计算板块的学业成果的数据进行统计，便于对教育现象做出准确描述，减少教学过程中"强硬灌输"的无用功。通过对学业成果、学习过程中的"大数据"的诊断性分析，教育者可以在数据的表象背后发现其本质规律，发现现象背后的问题，因材施教。

本次数据分析使用的是"深瞳优学"公司的"深瞳"系统以及晓黑板公司的"晓评价"软件。前者对学生单元练习卷进行数据分析，帮助教师了解、判断学生当下的学习能力。后者通过对学生日常作业完成情况、学生课堂回答次数等日常学习行为进行数据记录和分析。

2. 数据采集对象

本次数据分析采集对象是笔者所教的四年级两个班级共53名学生。两班人数分别为（5）班27人和（6）班26人。（5）班为实验班，（6）班为平行班，53人均参与了两次测试。通过对2021年5月24日进行的一次四年级第二学期数学三四单元练习的学业成果分析，改善之后的教学方式，并最终对比两个班级在2021年6月24日进行四年级第二学期数学期末测试中的学业成果进行验证。

(二) 数据呈现

图1数据显示,在四年级数学第二学期三四单元的练习中,(5)班(实验班)成绩在低位、中后位段学生人数稍领先于年级平均水平、高于(6)班(平行班),但中位、高位段学生人数落后于年级平均水平和(6)班。再观察(6)班(平行班)成绩在低位、中后、中上、高位段学生人数均领先于年级平均水平(图1)。

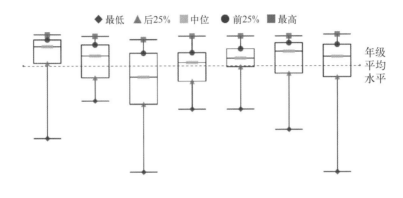

图1 单元练习中各班级整体情况分析

再分析"计算""概念""应用"三个板块(5)班(实验班)在年级中所处的位置,其中"概念"板块处于领先地位,但"计算"和"应用"两个板块则处于中等(表1);而(6)班(平行班)除"概念"板块处于中等外,其他两个板块均处于年级领先地位(表2)。由此可见,(6)班(平行班)学生在"计算"板块中的学业成绩优于(5)班(实验班)学生。

表1 (5)班(实验班)点数表

评价项目	平均点数	T点数	离散系数	得点率	超均率	年级平均	总点数	参与人数	水平评价
总计	82.91	50.75	0.15	82.91%	1.5%	81.68	100.0	27人	中等
计算	37.33	50.56	0.18	81.16%	1.4%	36.82	46.0	27人	中等
概念	18.37	52.38	0.18	83.5%	5.58%	17.4	22.0	27人	领先
应用	27.2	49.5	0.17	85.01%	−0.95%	27.47	32.0	27人	中等

表 2　(6)班(平行班)点数表

评价项目	平均点数	T点数	离散系数	得点率	超均率	年级平均	总点数	参与人数	水平评价
总计	84.69	51.85	0.16	84.69%	3.69%	81.68	100.0	26人	领先
计算	38.77	52.11	0.24	84.28%	5.3%	36.82	46.0	26人	领先
概念	17.73	50.81	0.22	80.59%	1.91%	17.4	22.0	26人	中等
应用	28.19	51.39	0.12	88.1%	2.65%	27.47	32.0	26人	领先

进一步结合两个班级学生的学业成绩表(表3)可以看出,(5)班(实验班)的计算板块有近30%的人数取得了合格或须努力,成绩明显高于(6)班(平行班)的人数。再反观表1、表2中计算板块的离散系数,(5)班(实验班)是0.18,(6)班(平行班)是0.24,说明平行班虽然也有得点率比较低的学生,但在得优学生的人数上明显高于实验班,所以在计算平均得点率上"高"得点数的学生成绩弥补了"低"得点数学生的成绩,所以其离散系数比实验班大,而实验班的学生在计算板块得点率都集中在良、合格上,所以离散系数也小。因此(5)班(实验班)在计算方面的提升并非是个别学困生的问题。

表 3　(5)班(实验班)与(6)班(平行班)计算板块学业成绩表

班　级	优		良		合		须努力	
	人数(人)	占比(%)	人数(人)	占比(%)	人数(人)	占比(%)	人数(人)	占比(%)
(5)班(实验班)	10	37.04	9	33.33	6	22.22	2	7.41
(6)班(平行班)	17	65.38	2	7.69	4	15.38	3	11.54

(三) 原因分析

1. 知识点分析

(5)班(实验班)在四年级第二学期三四单元练习卷总体知识点达成度(图2)中计算板块各分项的得点率中达成度较低的分别是"简单的单位换算及计算"

"减法运算性质使一些小数计算简便"。前者主要原因是之前所学知识的缺失和掌握程度不高,由此可见该班学生在学习过程中需时时复习巩固,教师在教学过程中需要及时复习与强化;而后者是本学期所学知识,学生对于灵活应用该知识的程度不够,在之后的教学过程中可以设计专项的复习与巩固。

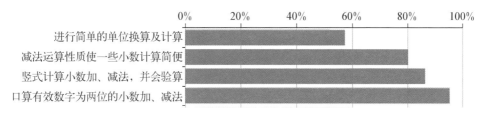

图2 (5)班(实验班)计算板块知识点达成度

2. 错题分析

一是没有正确掌握运算定律和运算性质,看到数能够凑整就想当然地改变运算顺序。

二是对于单位换算的掌握运用还有所欠缺,并且做完题之后没有检查的习惯。

三是计算能力欠佳,虽然知道如何计算,但因平时练习量不足,计算结果仍然有错。

3. 课堂分析

图3是笔者在单元练习前一周通过课堂评价、课后记录的方式对学生课堂反馈评价汇总,从图3中可以看到(6)班(平行班)学生书写规范、计算准确方面

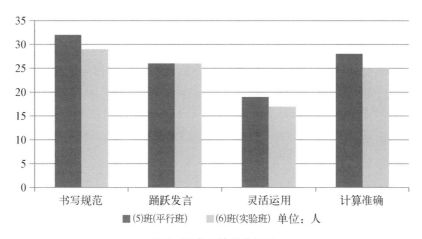

图3 课堂反馈评价汇总

是高于(5)班(实验班)的,可见(6)班(平行班)学生的学习态度要好于(5)班(实验班)。在踊跃发言和灵活运用方面上,两班并无明显的差距,可见在思维程度上学生之间并无明显的区别。

再比较两个班级平时作业完成质量(图4),可以看出作业完成质量与课堂反馈成正相关,并且得优人次的数量两班差距不大,可见在本次练习中,部分学优生的学习能力没有发挥出来;而学困生因为平时的学习成绩就处于落后状态,并非是个别的失常表现。

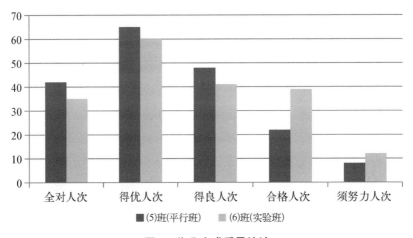

图4 作业完成质量统计

4. 教学反思

针对以上情况,笔者反思平时的教学中主要有以下几方面的问题:

一是教师没有积极调动学困生的学习积极性,学生学习态度不佳,没有足够的学习动力,养成了依赖别人的习惯,并对于自己的学习成绩处于无所谓的状态。

二是学生没有养成良好的做题审题习惯,教师在批改作业时没有将学习习惯与学业成果相挂钩,使得一些学生抱有只要答案是正确,书写、格式、记号无所谓的心态。

三是教师没有进行分层化指导和分层设计作业,帮助学生个别化发展。

四是对于重点、易错、易混淆题型,教师没有针对性的强化训练。

(四) 改进策略

一是部分学生的学习问题,不在于知识点上,而是学习心态和学习习惯上。

在教学过程中,需要充分考虑学生的学情,激发学生的学习积极性,在培养学生良好的学习习惯的基础上再逐步提升学生对知识点掌握的能力。

二是立足于每一节课、每一次作业设计,反思在课堂练习过程中是否有强化培养学生认真审题和动笔作记号、打草稿等学习习惯,在课后的作业和练习中是否有针对该习惯的批阅标准。

三是在平时的教学中,着重设计复习课,带领学生做一些"具有欺骗性质"的专项题目让学生辨析练习,引导学生梳理所学知识点并找到自己的薄弱环节。

(五) 改进措施

1. 激发动力,分层练习

主旨为学优生通过尝试挑战难题来突破自我,而普通学生通过梳理计算类知识点了解自我薄弱的题型进而有针对性地练习,学困生则是先找到缺失的前卫知识并在复习巩固的基础上再进行知识点的针对性练习。笔者通过对实验班三四单元练习的学业成果的分析,结合平时教学过程的观察,将计算板块具体分为计算学优生、普通生和学困生,并针对不同的学习需求进行分层计算练习,初期实验班27人中,仅2人设定为学优生,其中1人为各方面均明显高于同龄人,另1人则选择资质平平但异常努力的学生,以此树立学习榜样,同时也让其他学生看到自己成为学优生的希望或学优生完成质量下降也会落为普通生的可能。在普通生与学困生的分层上,初期全班均为学困生,通过设立完成作业质量、课堂反馈等标准,每周达到一定程度后上升一个层级,以此让学生获得成就感,进而鼓励挑战学优生。对于学困生,则一开始就以鼓励为主,希望他们能不断挑战自我,对升为普通生的条件也会相对降低一些,设计了一个可以上下流动的环节,既调动学生的积极性,也给每一位学生的成长留足弹性和空间。

2. 习惯反思,改进教学

学生学习时的问题往往不仅仅是知识点的缺失,还常常伴有学习习惯的缺失。所以在进行计算练习前还需要对学习习惯、学习积极性进行指导。笔者对于班中学习习惯方面的不足进行了汇总,希望学生了解自己的不足之处,更好地思考改变的意义与重要性。

一是字迹潦草,表现在对完成平时练习时的态度不端正。

二是审题不清,常会将题目中的数据或是在运算中的数值抄写错误,或是题目没有看清,想当然地套用公式。

三是没有检查习惯,检查方式单一。表现为作业或练习做完就结束,不再仔细检查一遍。

四是做题习惯不佳,没有通过圈、画、点等做题记号或是通过线段图、数状算图等数学模型来帮助思维的习惯,遇到无法理解的题目就空着或是随意写一个算式。

五是学习品质不高,遇到难题就想着等待老师的讲解或放弃,没有努力思考的意识。

对于以上五个问题,师生经过共同交流讨论,制定出练习题批改的要求和标准,并从以下三方面加以改进:

一是对于作业或练习字迹潦草的学生,如果有超过30%的字是看不清楚的,就需要将教师标注的书写潦草的题目再做一遍。虽然学生的字迹不会在短时间内有大幅度的变化,但此举主要是观察学生是否表现出端正的学习态度,在其字迹有所提升的同时与家长取得联系,共同鼓励关注学生。

二是如遇审题不清、抄错题、看错题的情况,教师从两方面着手,一方面是带领学生用笔指读题目,指读后先在题号下方画圈,表示指读过,然后圈画关注字、词、句,在批改的过程中这些做题记号也可作为批改的标准。另一方面是强化检查习惯,检查的题目再细分为口算逆推检查、竖式笔式检查、作图检查等。检查或是写在笔记本上,或是写在题目边上,也可作为批改的选项。

三是对于学困生,尽可能地进行教师单独辅导、学优生帮助,在校园中形成良好风尚。对于回家作业,与有能力、有时间辅导的家长取得联系,告知其学生当天的回家作业内容和要求。通过上述方式,让学困生感受到来自同学、老师、家长的关注,为学生学习效率的提升保驾护航。

3. 卡片设计,规则制定

(1) 游戏卡牌介绍。笔者将四年级第二学期主要的计算题型以及与之前所学知识相关联的题型进行分类汇总并制作成卡片。卡片分成两类,一类是知识卡(图5)。主要内容是对本学期某一板块知识点的梳理及知识点所提到的题型和例题。另一类是练习卡(图6)。正面一页是例题所属知识点、例题、解题过程,同时标出易错点和易混淆点;反面一页是同类型的题目。然后再按练习卡的难度分为:C级卡,前卫知识、学生本应在之前的学习过程中掌握的知识点(每张卡积2~4分);B级卡,简化计算难度的计算题,通过降低计算难度帮助学生先理清解题思路(每张卡积3~5分);A级卡,普通题型,一般是同类型题(每张卡积5~8分);S级卡,难度高于普通题型,或是将易混淆的同类题目混合在一起,或是易错的典型题(每张卡积10~15分);SS卡,需要复杂计算,或需长时间思考的难题(每张卡积15~20分)。

知识卡——四则运算	
加法交换律 　　　　$a+b=b+a$ $1365+3247+1735=1365+1735+3247$	乘法交换律 　　　　$a×b=b×a$ $125×3×8=125×8×3$
加法结合律 　　　$(a+b)+c=a+(b+c)$ $7814+3143+1857=7814+(3143+1857)$	乘法交换律 　　　$(a×b)×c=a×(b×c)$ $135×4×25=135×(4×25)$
注:常一起出现	注:常一起出现

图5　知识卡正反面

A-1 乘法分配律	乘法分配律 $(a+b)×c=a×b+a×c$
乘法分配律 公式:$(a+b)×c=a×b+a×c$ 例题:　$397×101$ 　　　$=397×(100+1)$ 　　　$=397×100+397×1$ 　　　$=39700+397$ 　　　$=40097$ 先通过加法或减法凑成整十、整百数,再与括号外的数分别相乘	相关题型:乘法分配律逆公式 　　　$a×b+a×c=(a+b)×c$ $397×101-397=397×(101-1)$ 练习题(6分) 　$59×135$　　$73×99$ 　$189×99$　　$380×11$ 　$72×601$　　$43×28$

图6　练习卡正反面

卡片由笔者打印制作,知识卡、例题卡贴在数学书上。每个学生都有一个铁圈用于将收集到的练习卡圈在一起。计算卡代替了原本每天看黑板抄写的计算练习题,但做题还是在计算本上。

(2) 游戏规则。一是设立管理员。教师在班级里设立发卡管理员两名,一位负责男生,一位负责女生,记录每个学生每天领取的卡片类型及得分情况。二是团队互助。将学优生、普通生、学困生分成学习小组,每个学优生负责一个学困生并配有普通生。如果学优生或普通生帮助学困生解决掉一张卡片上的问题,则学优生、普通生同样可以取得学困生卡片上的分数(每天5分上限);如果学优生或普通生能够帮助普通生解题,则每张卡片加1分(每天4分上限)。三是控制做题量。每天课后根据上课内容发放知识卡与练习卡。学优生每天可领取1~2张SS级卡,普通生每天可领取1~3张A级卡,学困生指定发放1~3张卡片。

(3) 游戏奖励。每周进行一次小评比,以学困生和普通生为主,主要奖励在学习过程中积极努力的同学。评选标准为学习态度、学习习惯、做题格式。"果实磊磊奖",奖励当周获得卡片最多的同学;"制慧之星奖",以学优生为主,奖励当周得分最高的同学;"特别奖",奖励帮助同学或是本周内某一个"点"表现特别优秀的同学。以上奖项都制作小奖分发给学生并有实物奖励。实物奖励的方式又细分为许愿奖和神秘奖,许愿奖是学生可在指定的金额内主自选择一个合理的奖品,神秘奖是教师为学生准备的奖品。学生通过抽签的方式获得许愿奖或神秘奖,既有获得未知奖品的惊喜又有畅想自主奖品的喜悦。获奖的学生,可分别担任下一周的数学课班级职务,在精神和物质上均给予鼓励。

4. 课堂教学方式的改变

教师在课堂上讲解完某一知识板块,当天便会下发相应的知识卡和例题卡。作业的布置由板书计算题改成发卡片。由于练习卡中的部分题目来自书本,所以课堂讲解过程对学生完成解题卡有明确的指导作用,学生也等于完成了卡上的部分内容,也便于学生通过答题得分,为学生获得更多的计算卡起到了促进作用。当学生有更多的卡片时,就会有自我满足感与成就感,获奖的希望越大,更有利于激发学生集卡做题。

在课堂上,教师将学困生、学优生、普通生分成小组进行教学,自然地将学生组合成小队,鼓励学生互帮互助。每节课后,也会评选最佳小队,最佳小队的每位队员均加1分。这样既增加了团队的凝聚力,又促进了学习的积极性。

每天中午教师先根据学生将卡片做在练习本上的答题情况进行记分,再对表现优秀或有进步的同学予以鼓励,时时关心学生的学习情况。

（六）改进效果

1. 实践活动

在活动初始，学生的积极性比较高，想获得更多的计算卡与加分，但对于做题的习惯重视度并没有提升。于是改变游戏规则，作业必须一次性批改全对并符合要求才能有资格再取得一张卡片。但为了避免有学生得不到卡片，初始的题目难度并不高，集中在 A 级卡（普通难度），后期逐步提升难度。自此学生的学习积极性和练习题完成质量有明显提升。而想获得高质量的题型，也只有在积累了一定数量的 A 级卡后才能兑换 S 级卡、一定数量的 S 级卡后才能兑换 SS 级卡。

对于学困生，采用教师个别化辅导和同学互助的方式，学困生基本在校内完成前卫题和简化后的计算题且完成质量较高，初期的学习习惯和学习状态有明显改善，但离开教师的指导后，学习情况会有反复。但部分学困生的家长在与教师交流共同制订学习计划后，学困生在课后学习的效率有一定改善。

通过每周评奖、每周反馈，许多学困生获得了学习方式的指导和学习动力的促进，自信心、自我要求有一定程度的提高，也感受到来自老师、家长的全方位的鼓励。在此基础上，笔者向学困生发放卡片成为对学困生的奖励，对其学习品质的提高产生了一定的正循环。

2. 成果反馈

从作业完面质量统计图（图 7）和课堂反馈评价汇总图（图 8）中可见，学生在

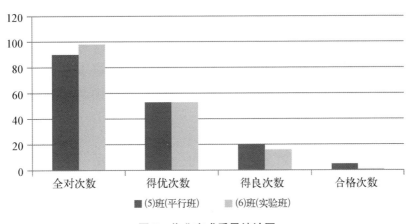

图 7　作业完成质量统计图

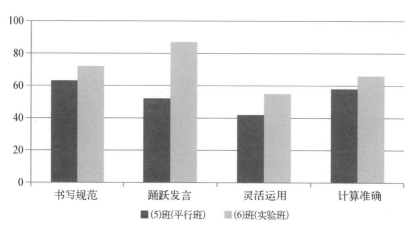

图 8　课堂反馈评价汇总图(单位：次)

参加学习卡片活动后,无论在参与度还是作业完成质量上都有明显的提升。

一个月的实践活动效果反映在期末测试的学业成果中(图 9)(5)班(实验班)低位、中后位学生人数领先于年级平均水平。相较三四单元的练习(图 1),可见中后位学生的学习进步较大。

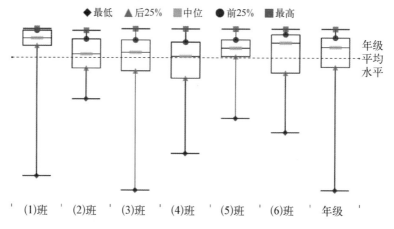

图 9　期末测试中各班级整体情况分析

再通过对比(5)班(实验班)和(6)班(平行班)的计算板块学业成绩表(表4),(5)班(实验班)的合格与须努力人数从原来(见表3)的近30%下降为14.81%,低于(6)班(平行班)人数。

最后观察两个班级的点数表(表5、表6),计算板块均超过年级平均点数,并高于其他对比的平行班,进步明显。

表 4　计算板块学业成绩表

班　级	优		良		合		须努力	
	人数(人)	占比(%)	人数(人)	占比(%)	人数(人)	占比(%)	人数(人)	占比(%)
(5)班(实验班)	23	85.19	0	0.0	4	14.81	0	0.0
(6)班(平行班)	19	73.08	3	11.54	3	11.54	1	3.85

表 5　(5)班(实验班)点数表

评价项目	平均点数	T点数	离散系数	得点率	超均率	年级平均	总点数	参与人数	水平评价
总计	86.07	51.46	0.16	86.07%	3.18%	83.42	100.0	27	领先
计算	36.44	51.43	0.13	91.11%	2.83%	35.44	40.0	27	领先

表 6　(6)班(平行班)点数表

评价项目	平均点数	T点数	离散系数	得点率	超均率	年级平均	总点数	参与人数	水平评价
总计	84.5	50.59	0.19	84.5%	1.3%	83.42	100.0	26	中等
计算	36.5	51.51	0.14	91.25%	2.98%	35.44	40.0	26	领先

3. 总结反思

本次实践活动对普通生、学困生的帮助较大,特别是对于学习成绩一直处于波动状态的学生有较为积极的影响。但同时也需要考虑到学生和家长对于单元练习和期末测试的重视程度并不相同,采样量和时间还需要在之后的实践中进一步完善。

参考文献:

[1] 严美莲.把错误当成"到达真理的一个必然环节"[J].福建教育,2005(8A).
[2] 陈萍萍.点燃"错误"之花,让课堂精彩生成[J].考试周刊,2016(31).

十一、以语文组建设促进阅读与习作教学
——基于《上海市中小学学业质量绿色指标》数据分析研究

上海市长宁区天山第一小学　庄佳叶

作者简介：

庄佳叶，上海市长宁区天山第一小学语文骨干教师，小学一级教师。上海市语文学科新秀工程第一轮毕业学员，长宁区教育系统"教学能手"，长宁区语文学科种子教师。多次在语文学科、跨学科比赛中获奖，曾获得"诗教中国"诗词讲解大赛上海赛区一等奖、上海市中小学中青年教师教学评选活动二等奖、长宁区"课堂工程"一等奖。撰写的跨学科案例在"长三角城市群"创新视角下的教育现代化论文评选中获奖，另有多篇教学案例和论文在市区级获奖。获得长宁区班主任基本功大赛一等奖，荣获"长宁区优秀班主任"称号。

教育格言：

爱是最好的教育。

[摘要] 以2019年天山第一小学四年级学生参加上海市中小学生学业质量绿色指标测评后,在语文学科,尤其是阅读及习作方面的数据作为参数,对数据进行分析并结合学校实际情况,通过"发挥学科教研组作用,加强单元整体教学与作业设计的研究、提升课后服务的质量、形成科学合理的教师考核制度"三个策略及相关途径,展示语文教研组建设对教学质量的促进作用并尝试呈现"学生阅读与习作能力的改善、教师教与学观念的切实转变、命题研究的规范合理、学生阅读与习作习惯得以培养"这四方面的成效。

[关键词] 绿色指标;数据分析;语文教研组;阅读与习作

(一) 背景介绍

2019年,天山第一小学共有98名四年级学生参加了上海市中小学生学业质量绿色指标学科测试和问卷调查,其中77名学生参加类型1(语文、数学)的学科测试,20名学生参加类型2(艺术)的学科测试,13位教师、1位校长、120位学生家长分别参加了教师问卷、校长问卷及家长问卷的调查。天山第一小学语文教研组认真研读了绿色指标测试的反馈报告,对数据进行分析,寻找原因,研究对策,旨在通过科学化的研究找准本校语文学科在本市、本区的位置,帮助教研组定位学科改进的方向,提升语文教学的品质。

(二) 数据呈现

1. 横向比较

天山第一小学学生在语文学科各能力维度各水平的人数比例中,"积累"和"习作"板块A水平的人数均高于全市及全区水平;"积累"和"阅读"板块中C水平的人数接近0,说明托底工作做得比较到位。但"阅读"板块中A水平的人数低于全市及全区水平;"习作"板块不仅A水平的人数高于全市及全区水平,C水平的人数也远高于全市及全区水平,呈现出个体间的较大差异(图1、图2)。

天山第一小学学生在阅读板块中"获得体验的阅读""获取信息的阅读"和"读准字音"的得分率较低,而"完成任务的阅读"得分率较高;在习作板块中"审题"与"内容"的得分率低于全市及全区平均水平,这与学生在语文学科中的高层次思维能力指数较低是相符的(图3)。

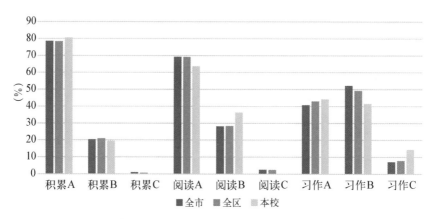

图 1　天山第一小学学生在语文学科测试中各能力维度各水平的人数比例

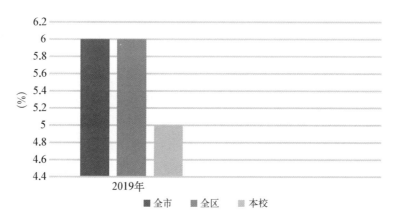

图 2　天山第一小学学生在语文学科测试中各内容维度的平均得分率

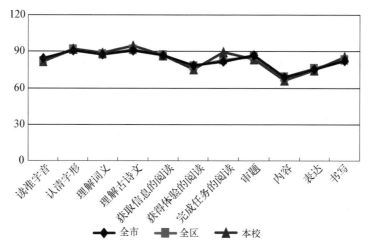

图 3　天山第一小学学生高层次思维能力指数

2. 纵向比较

天山第一小学学生语文学科 A 水平人数的比例从 2014 年的 90% 以上,下降到 2019 年的 70% 不到(图 4),B 水平人数从 2014 年的不到 5% 增加到 2019 年的 35%(图 5),表现出在顶端优质学生培养上的不足。

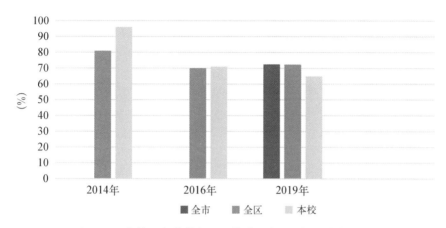

图 4　天山第一小学学生语文学科 A 水平(优秀)人数比例

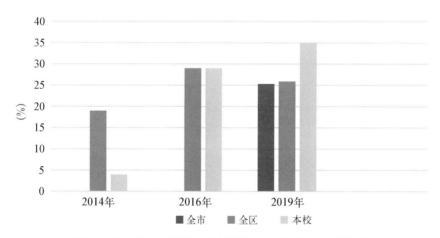

图 5　天山第一小学学生语文学科 B 水平(良好)人数占比

(三) 原因分析

1. 教师原因

(1) 教师的单元整体教学设计能力薄弱。学校日常语文教学工作在练习和评价设计方面,主要采取各年级教研组集体设计、教师个别化调整的模式,教师课堂授课专注在落实教研组的统一要求上,对于课标的客观要求落实度较高,个人单元整体设计的能力不足,个性化处理课堂教学模式的能力薄弱,班级各能力维度学生的学习需求未得到充分满足。

(2)教师在课堂上对学生思维能力的训练不足。学生的创造性思维能力、批评性思维能力没有在平时的课堂上得到充分的训练,语文教学过程中教与学的模式没有发生彻底的变化,教师创设有效互动、鼓励学生验证、质疑、批判以及评估的途径不足。在教师课程领导力指标中,对教师教学方式的有关问题调查显示,"因材施教""互动教学""鼓励学生探究与发展"这三个板块中均有多个指标低于全市及全区,尤其是"老师在课上让我们小组合作学习"及"老师鼓励我们用不同的思路解决问题"这两个数值明显低于全市及全区水平。这些数值与呈现的问题相吻合,应该引起我们的重视。

(3)教师在日常作业设计、练习命题中对标绿色指标的意识不强。平时练习中模式化的套路较多,而对于条件的变化和问题的变化以及学生个性化解决问题的能力考查较少,在评价的标准上也以统一标准居多,限制了学生思维的广度和深度。

2. 学生原因

(1)学生思维方式的固化。学校语文教学模式和评价模式较为单一,学生在学习过程中接受较多的是概念性知识,很少有程序性知识、元认知知识的学习。课堂中教与学方式仍没有转变,是学生思维能力无法进一步提升的最主要原因,而学校在推进综合评价的过程中,免不了较多地关注学业的成果。长久的统一评价模式,使学生的思维固化,寻求较为简洁、便利的应试技巧,而非联系生活实际去解决复杂问题。

(2)学生细心审题习惯尚未养成。对于题目的要求存在"囫囵吞枣"的阅读模式,容易主观臆断。由于平时课堂练习中部分学生思维比较活跃,课堂教学过程中静默时间较短,导致剩余部分的学生长期处于聆听式学习状态,呈现到纸笔测试中,独立审题能力弱的不足就暴露无遗,在写作板块中这一问题尤为突出:学生在"内容""表达""书写"板块中达到A水平的人数均高于全市和全区,但在"审题"板块中达到A水平的学生比例为72.7%,低于全市的81.3%和全区的78.7%。

(四)改进策略

1. 发挥学科教研组作用,加强单元整体教学与作业设计的研究

加强教研组建设,关注教师的理论学习和专业素养提升,通过教师发展部搭

设平台,为学校语文教师提供各类教学研讨和展示机会。

对语文学科的教学进行有效分析,开展"单元整体视域下的教学与作业设计"教研活动,关注同一单元中阅读课文与习作之间的联系。继续做好组内研究听课活动,以每周的学科教研活动为契机,总结提炼教学的得与失,积累有效的教学方法和策略,提升教师课堂教学的实践、反思、研究能力,提高教研活动的成效。

2. 提升课后服务的质量

利用课后"330"项目,个性化地找到学生学习习惯上的提升空间,重点指导阅读与习作的审题能力培养,每天高效率地针对学生学科学业的薄弱环节进行查漏补缺,对不同学情的学生做好培优和保底这两个教学任务。

3. 形成科学合理的教师考核制度

重视对教师的评价,形成相对成熟、科学的评估方式,更加准确和全面地反映教师教学工作的成果与成效。引入第三方评价,促进教师的教育教学、自我发展。

(五)改进措施

1. 以教研组为阵地,加强单元教学及作业设计研究

各年级语文教研组认真学习《上海市小学语文学科教学基本要求》,梳理出一至五年级学生基础知识的积累和运用、阅读和写作的内容与要求,纵向形成一至五年级各语文要素螺旋上升的结构图,明确各年级段教学重点。加强课堂教学的研究和实践,加强集体备课,准确地把握每一堂课的教学内容,这里的教学内容不是指课文,而是借助文本材料,把梳理出来的知识点融入每一堂课中,既有基础的夯实,又有能力的训练。

(1) 开展"单元视域下的教学设计"研究。在学校课程教学部的规划下,语文组以"单元教学"为主题开展校本课程研修,引导教师从关注单一的知识点教学转向关注单元知识能力结构化的问题,开展以年级为单位的单元整体教学课堂实践,关注整体单元内语文要素的勾连以及阅读方法在整个单元中的递进式练习。教学过程中追求学生的深度参与,课内教学与课外练习设计都关注学生"高层次思维"等能力的全面培养。通过研讨和评价,完成语文学科各年级段单元整体教学的建模。

(2) 加强"单元视域下的作业设计"研究。结合学科教研活动加强练习的命

题研究。借助第三方的力量,请专家深入教研组,通过作业评价,对教师进行专业的指导和引领。要注重练习设计的多样化,重视练习的变式和题组的比较辨析。设计一些与现实生活相联系或开放性的训练题,让学生懂得学习的价值,激发学习兴趣;使学生"对、巧、活"地解答各类题目,促进学生创新思维的发展。

练习的开放性应体现在多样化上:一是条件的开放;二是结论的开放;三是解答方法的开放。在练习中,教师要以上海市中小学生学业质量绿色指标为导向,根据教学内容多设计一些一题多解或从不同角度分析的问题,培养学生思维的广阔性和独创性。同时注重练习的变式、条件的变化、问题的变化,在教学时要凸显变与不变,抓住不变才能举一反三。建立易混淆的题组,辨析联系与区别,有利于学生对本质特点的掌握,促进高层次思维能力的发展。

(3) 加强区域联动,开展阅读命题设计研究。联通集团与校语文教研组,开展"立足语文要素,落实语用训练——以四年级语文课外阅读命题设计为例"的教研活动,学校四年级的六位语文教师立足四年级阅读训练基本要求,分别对同一篇阅读材料进行"背靠背"式的命题,并根据各班学生的完成情况进行反馈与反思,"以点带面"地带动全校语文教师乃至整个集团的教师静心思考命题的意义和方向。学期末以年级组为单位呈现本学期单元评价的双向细目表,评价标准、质量分析以目标为导向,帮助老师更加系统化地进行命题研究。

2. 丰富课堂教学的外延,提高习作兴趣

针对语文学科中本校学生高层次思维能力薄弱的特点,结合学校语文特色课程的开发,进一步整合课程资源,实现基础型课程与拓展型、探究型课程的整合,以学生经验为出发点,促进学科渗透与学科融合,培养学生核心素养能力。依托学校"小蚂蚁大智慧"校本德育课程,利用学校语文特色《小蚂蚁之声》校报、文学社等平台,激发学生阅读与写作的兴趣,将课堂表达训练与实际生活运用相结合,将学科素养与学校丰富的课程活动相结合,在真实的生活中获得情感体验,化解学生与日俱增的高阶思维能力的要求与紧张的课时之间形成的矛盾。

3. 基于数据分析,追踪教师个性化发展

在课程教学部指导下,由语文学科分管解读本校绿色指标反馈报告、分析数据,根据本学科检测情况,撰写学科反馈报告。并根据此次绿色指标的命题特点、学校测试情况撰写语文大组的反馈报告,组织参加测试的相关教师根据测试情况进行自我反馈和情况分析。对全体语文教师进行个人专业能力的评价,通过纸、笔测试,随堂听课等方式对不同培养方向、不同年龄段的教师进行个性化的追踪。

继续借助第三方的力量,请专家深入教研组,通过培训、听课、评课、作业评价等方式,对教师进行专业的指导和引领。

4. 利用课后服务,精准化定位每个学生

利用课后"330"项目,语文教师根据班级学情进行"培优"及"托底"等针对性辅导,摸清学生学习基础和能力,确立发展目标和措施,做到"抓两头兼顾好中间",让优秀的学生更优秀,让中等生成为优秀生,让学困生找到自己的"最近发展区",找到学习语文的自信。

在阅读辅导过程中尤其要关注学生的读题能力,给予充分思考的时间,改变学生被动等待教授知识的模式,可以通过伙伴合作等方式进行写作素材的交流、生生互相评价,锻炼学生的高阶思维能力。

5. 完善评价机制,激发教师个人动力

通过教代会全面评估及完善教师绩效奖励,整合个人专业发展、教育教学成果、集团语文工作室联动项目等,形成科学的教师评价机制。

(六) 改进效果

1. 学生阅读与习作能力改善

加强和完善语文教学活动的管理和监控,每次检测后都能找对存在问题的症结,改进教学计划,达到"精准地把握每一位学生"的教学要求,从而提升教师教学—检测—分析—改进四环节的教学行为。使教师能够运用数据来改进教学,通过检测—分析—改进的良性循环实现有针对性的教学,缩小学生学业成绩差距,提高均衡度。

以四年级语文组为例,在 2019 学年第一学期末语文学科每班质量分析的基础上,对年级语文学科的整体情况进行梳理,备案学困生及弱项所在,并请老师制订后期教学计划;在 2019 学年第二学期期末语文学科考查时,将两组数据进行对比,发现有明显改善。尤其是基础和阅读板块的优秀人数大幅度提升,须努力人数明显减少,说明教师以绿色指标为导向,针对反映出的"培优"和"托底"方面工作的不足,进行了有效的改进;"写作"板块的"优秀"和"合格"比例有一定的上升,但学困生面对综合能力较高的"写作"依旧存在畏难情绪,对于这一类学生需要教师长期地进行指导(图 6、图 7)。

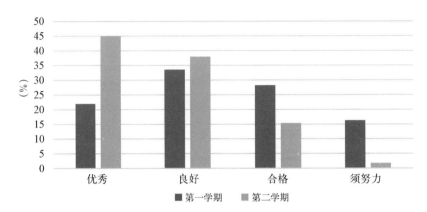

图6 天山第一小学四年级语文阅读板块各水平学生人数占比

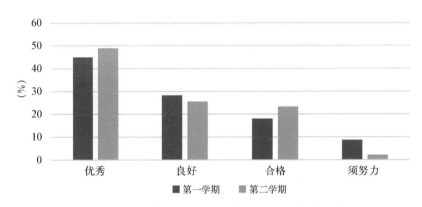

图7 天山第一小学四年级语文写作板块各水平学生人数占比

2. 教师教与学观念的切实转变

根据绿色指标反馈报告,教师从学生身心特点出发,注重教与学方式的改进,关注学生的高层次思维能力培养,促进学生知识迁移与预测、观察能力及解释能力、推理能力、解决问题能力、批判性思维能力、创造性思维能力等能力进一步发展。

语文教研组老师通过集体研讨,从关注本学段单一的知识点教学,转向关注单元知识能力结构化的问题,比如单元整体视域下的教学设计、作业设计和命题评价等,在经过一个学期的课堂教学实践后,每位教师从"教学设计、作业设计、命题评价"中选择一点撰写案例,将理论学习与教学实践相结合,切实转变思维,关注学生有效能力的培养。

3. 命题研究的规范合理

教师精心设计课堂练习,提高作业要求,对标"绿色指标"的命题方向,尊重学生的能力特点及年龄特点,以四年级语文学科第一学期和第二学期两次考试

命题为例,在阅读板块考查"概括"能力的题型中,第一学期考查方式如下:

文章的第③~⑦自然段,是勃兰特为了救蝴蝶求助的故事。请你抓住主要人物和主要事件,概括这个故事的主要内容。

_____

_____

第二学期的考查方式如下:

短文用"Ⅱ"分成三个部分。请根据提示,写出第二部分的主要内容。

第二部分(2~4自然段)主要写一天,病魔_____

_____。一只小象_____。大象_____

_____。最后,_____。

这样的改变是基于语文学科教研组对"绿色指标"命题方式做了细致的研究,发现对于学生高阶思维的培养不是单纯概括主要内容的问答题就是最好的方式,如果采用问答题的方式则需要限定答题的范围,不使试题"过于笼统",答题长度有交代。因此在考查这一能力时改变了第一学期"过于笼统"的命题,给予学生一定的框架引导,更符合课程标准的要求,也更符合学生的能力维度。

在 2021 年 6 月对全校学生家长问卷"您孩子所在班级的老师设计的练习品质如何"一题中可以发现,家长的满意率接近 100%,这也表明当命题研究到位时,不仅能呈现乐观、积极的学业成果,还能建构良好的家、校共育机制。

4. 学生阅读与习作习惯得以培养

在全面分析"绿色指标"反映的学生学习主动性指标后,语文教研组通过跨学科项目化学习的方式整合语文、数学、英语、美术、体育、音乐等学科,用弹性作业和个性化作业、科学设计探究型作业和实践型作业的方式,培养学生"行走阅读"和"生活作文"的语文学习习惯。如学生在"校园铃声我做主"的活动中,将语文的语言素养和音乐节奏相融合;在"语文节"活动中,分年级段将中国传统的灯谜、成语、故事、歇后语与美术学科的无限创意相融合,使学生在趣味化的作业设计中提高语文学科的高阶思维能力。

上海市中小学生学业质量绿色指标的作用,在于引导更为科学、客观而全面地评价学生学业质量,推进和落实"绿色指标",这是一个长期的过程,天山第一小学语文教研组会以"绿色指标"给予的评价之力,不断推动学校语文教研组对于阅读与习作教学的研究,在不断尝试和积累中寻求最适切、最有效的教学方式和评价机制。

十二、顺天性而为，助学生发展
——以 2017 年"学生成就发展指数"反馈整改为例

上海市长宁区愚园路第一小学　徐贵强

作者简介：

徐贵强，上海市长宁区愚园路第一小学副校长，中学高级教师。曾多次参与区重点课题研究，并多次获得区教科研先进个人称号。

教育格言：

生命的精彩来自智慧的积淀。

[摘要] 愚园路第一小学作为区域内一所优质学校,办学质量一直位列全区前茅,但在2017年上海市长宁区"三个指数"测试中,"学生成就发展"这一指数的反馈结果却有点出乎意料。尽管学校综合得分位列全区第二,且学习成绩指标位列全区第一,学校也为成本低、品质好、成绩好、指数高的A类学校,但通过数据分析,发现学习成绩与学习品质、学习成本之间并未出现预料中的正比关系。这一现象引起了学校高度重视,于是通过细析"三个指数"反馈的数据查找问题所在,并基于"疲于知识积累,忽略了知识统整运用;作业分层不明,忽略了学生认知差异"问题,从"备课、课堂、作业"这三个直接关联并可激发学生学习内驱力的教学环节着手,以"明确教什么,学什么;明确怎么教,怎么学;明确教到什么程度,学到什么程度"为整改路径,以教学问题诊断、教学行为改进为目的,开展了有效课堂、有效作业、有效评价实践及研究。通过一年的实践与探究,在2018年长宁区"三个指数"测评中,学校学习成绩、学习品质、学习成本、"学生成就发展指数"综合得分均呈正比分布,位列全区第一。

[关键词] "三个指数";"学生成就发展";分析;举措;成效

(一) 背景介绍

近年来,愚园路第一小学对教学效率、作业效能进行了大胆尝试与改革,力求从教育的本源着手切实减轻学生学业负担、降低学生学业成本,真正提升学生学习的自信心及学业的幸福感。但是细析2017年长宁区"三个指数"报告中"学生成就发展指数"反馈结果,尽管学校综合得分位列全区第二,且学习成绩指标位列全区第一,学校也是成本低、品质好、成绩好、指数高的A类学校,但学习成绩与学习品质、学习成本之间并未出现预料之中的正比关系。笔者作为分管教学的校领导,不禁扪心自问,症结究竟在哪里?

(二) 数据呈现

表1数据显示,愚园路第一小学在"降低学习成本,提升学生学习品质"教育教学方面尚有一定的提升空间。

表1 2017年长宁区"三个指数"测试中愚园路第一小学反馈结果

名　称	学习成绩	学习品质	学习成本	学生成就发展指数
区平均分	80.3	88.8	71.6	80.4
本校得分	89.5	96.3	79.2	85.1
在区域中的位置	1	4	3	2

(三) 原因分析

通过调研发现造成学生学习成绩与学习品质、学习成本未呈正比关系的原因如下:

1. 疲于知识积累,忽略了知识统整运用

部分教师比较关注记忆性知识的积累,如抄、默、写等,而对运用性知识涉及较少,尽管学校有基础型课程知识拓展要求,且开展了作业设计的专项研究,各教研组有自己二度开发的、结合生活实际的作业题库,但这部分教师因疲于知识的积累而无暇顾及统整运用,出现应付态势,知识的迁移难以保证。

2. 作业分层不明,忽略了学生认知差异

部分教师作业设计分层性不强,作业统一模板、统一要求,未能提炼和精简,相对于知识接受较慢的学生而言,在一定时间内完成有困难,因而出现少数学生作业时间偏长。如何在不增加学生学业负担的前提下,通过提高作业趣味性、层次性激发学生学习兴趣,降低学习成本,切实为学生减负,还需进一步探索。

(四) 改进策略

从"备课、课堂、作业"这三个直接关联并可激发学生学习内驱力的教学环节着手,以教学问题诊断、教学行为改进为目的,开展有效课堂、有效作业、有效评价实践及研究,力求做到:

两个"明确":教师层面明确教什么,怎么教,教到什么程度;学生层面明确学什么,怎么学,学到什么程度。

两个"托底":为初入职教师精准把握教学要求、落实相关知识点、完成教学目标托底;为学困生掌握知识基本点、达成学习任务托底。

两个"保障":为同年级段教师同质教学提供保障;为学生寻找最近发展点、缩小学生学业差异提供保障。

(五) 改进措施

1. 明确教什么,学什么

(1) 教材梳理:开学初,各教研组依据学科教学基本要求寻找各年级学科教学的研究点和突破点,梳理、理清并明确本学科、本学期、本年级每一单元的教学目标和要求,明确每一节课的教学重点、教学难点,明确达到学习目标的训练重点、训练要求、训练途径与训练形式等,使目标意识扎根于每一位教师心中,内化为教学时的具体行为,贯穿于教学始终(图1)。

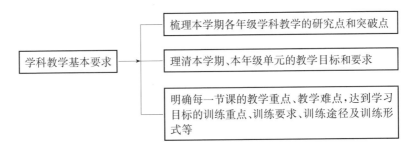

图 1 梳理并明确学科教学基本要求

(2) 备课主讲:备课的过程,其实是教师磨砺自己、充实自己的过程。通过备课,既可以促进教师磨"文":对课标的把握力,对教材的理解力;又可以促进教师磨"人":对学生实际的了解度,对自身教学的掌控度。为此,学校积极尝试以练习设计为主的"说备课"主讲制,每个组员负责一个单元的备课,主要解读练习设计,原则上每月开展两次(每月第一周的周三下午和学科教研活动规定时间)(图2)。

通过备课主讲研修制,不仅提高了教师个体对文本的解读力和驾驭力,同时通过"说备课"积聚了教研组全体成员的智慧,从源头确保了教案质量的提升,教案设计的原创性和针对性得到强化。

2. 明确怎么教,怎么学

(1) 有效教学:学校以"提高学生学习生活质量"为宗旨,结合日常教学研究活动,以"滚雪球"方式,开展"有效课堂教学"研究(图3)。

```
┌─────────────────────────────────────────────────────────────────────┐
│                  解读：主备人解读备课思路                            │
│ 要求：从基点(学情分析)、难点(全册、单元、课时层层分解和落实)出发，   │
│ 重点解读"课前、课中、课后"练习设计及板书设计等                       │
└─────────────────────────────────────────────────────────────────────┘
                                  ↓
┌─────────────────────────────────────────────────────────────────────┐
│                研讨：针对主备人解读提出意见或建议                    │
│ 要求：组员结合单元目标、课时目标及校学科能力要求及评价标准，针对主备 │
│ 课设计"课前、课中、课后"练习，提出自己的观点、意见及建议             │
└─────────────────────────────────────────────────────────────────────┘
                                  ↓
┌─────────────────────────────────────────────────────────────────────┐
│                  调整：个人调整(修改主备课)                          │
│ 要求：                                                              │
│ (1) 综合组员意见及建议修改"课前、课中、课后"练习                    │
│ (2) 组员从班情(班级学生学习基础)、学情(班级学生学力状况)出发，重点  │
│     调整"课前、课中、课后"练习设计                                  │
└─────────────────────────────────────────────────────────────────────┘
```

图 2　备课主讲流程

```
┌─────────────────────────────────────────────────────────────────────┐
│                      执教教师自备教案                                │
│ 要求：执教者依据课程标准及学校学科能力要求及评价标准，结合单元目标、 │
│ 课时目标，就学科学习能力培养中的某一个点为观察的切入口，精心设计教案 │
└─────────────────────────────────────────────────────────────────────┘
                                  ↓
┌─────────────────────────────────────────────────────────────────────┐
│                        第一次教学实践                                │
│ 要求：                                                              │
│ (1) 执教者依据教案进行课堂教学；                                    │
│ (2) 分管教导、教研组成员执教案听课，做好听课记录                    │
└─────────────────────────────────────────────────────────────────────┘
                                  ↓
┌─────────────────────────────────────────────────────────────────────┐
│                      教研组第一次集体研讨                            │
│ 要求：针对第一次教学实践中的亮点及问题(包括预设中的失误、随机生成的 │
│ 问题等)进行点评                                                     │
└─────────────────────────────────────────────────────────────────────┘
                                  ↓
┌─────────────────────────────────────────────────────────────────────┐
│                        执教者修改教案                                │
│ 要求：执教者综合组员的意见或建议修改教案(修改部分用红色标注)        │
└─────────────────────────────────────────────────────────────────────┘
                                  ↓
┌─────────────────────────────────────────────────────────────────────┐
│                        第二次教学实践                                │
│ 要求：                                                              │
│ (1) 执教者依据修改后教案进行课堂教学；                              │
│ (2) 分管教导、教研组成员执修改后教案听课，做好听课记录              │
└─────────────────────────────────────────────────────────────────────┘
                                  ↓
┌─────────────────────────────────────────────────────────────────────┐
│                      教研组第二次集体研讨                            │
│ 要求：针对第二次教学实践中的亮点及问题进行点评                      │
└─────────────────────────────────────────────────────────────────────┘
                                  ↓
┌─────────────────────────────────────────────────────────────────────┐
│                      执教者完成个人反思                              │
│ 要求：执教者针对两次教学实践中的得失进行反思，对今后教学中如何改进  │
│ 进行思考，形成教学反思                                              │
└─────────────────────────────────────────────────────────────────────┘
```

图 3　有效教学研究流程

虽然每个教研组的研究主题不同,侧重点也各不相同,但由于研究主题明确,课堂观察的目的就更为清晰,教师的关注点也更为集中。教师通过课堂教学内容的记录、环节设计作用的分析、学生现场实时的反馈,以及修改前后课堂教学的直观对比,大家的研究话题、讨论工作都变得更为理性,更有理有据,无疑也进一步促进了教师科研能力的提高。同时,通过教学实践,教师对"教学内容、能力培养和教学目标之间的关系"有了进一步认识,促进了"教的方式、学的方式、学的内容"三大转变,课堂教学的有效性得到进一步提高。

(2) 有效作业:学校对接课标,将作业设计与备课主讲有机融合,要求作业设计中体现三层次、四维度——三层次即"单元目标—阶段达标—每天作业"一体化设计,"课前、课中、课后"全程指导,"基础巩固型作业,能力提升型作业,拓展探究型作业"供学生自主选择;四维度即"练什么、怎么练、练到什么程度、反馈与调整",并从六个环节提高作业效能(图4)。

第一步　研读学科要求
研读并依据"基于课程标准评价指南"及"学科教学基本要求",开展"单元整体设计",设计过程中落实"四定":定单元整体目标、定授课类型、定各课达标要求、定落实目标的练习。

↓

第二步　优化作业设计
围绕各课达标要求,开展基于课标的基础型课程(工具学科)作业设计研究,做到:① 分层分类,可选择;② 学用结合,重能力;③ 实践体验,有童趣。学校对校本综合作业集《做可爱上海小学生》进行"三个指数"设计。

↓

第三步　实施亮点评价
围绕"学生学习素养",以"等第制＋书面评语"评价研究为切入,对学生作业进行全过程、全方位的评价,涵盖态度、习惯等要素,凸显评价的灵动性、随机性、多元性。

↓

第四步　落实跟进措施
对于作业完成较慢或学习有需求的学生,实施课后"紧相随"时段,"紧相随"由语、数、英任课教师轮值担当,教师会利用"紧相随"时段对这些学生进行针对性辅导。不仅为学生完成作业提供时间保证,同时也为教师因人而异、进行个别化辅导提供有效空间。

↓

第五步　适时进行调整
根据课堂生成及教师收集的错题集,对作业设计、作业数量及难度进行调整。

↓

第六步　实现资源共享
将各类作业上传至学校资源库,实现资源共享。

图4　提高作业效能的六个环节

提高作业效能六个环节,为教师动态调整教学策略、提升作业设计能力提供支撑。教师通过学生作业中反映出的问题适时改进作业设计,动态调整教学策略,使作业形式、内容更加适切学生,使课堂教学更加适切学生。

3. 明确教到什么程度,学到什么程度

围绕"基于课程标准的教学与评价",学校积极倡导三个"不再是、而是"(老师不再是严厉的"教头",而是可亲的玩伴、学伴;同学不再是竞争的"对手",而是友善的伙伴、朋友;学习不再是枯乏的"修行",而是有意思的经历、愉快的体验)为评价理念,开展教学评价的探索。

(1) 对教师教学评价:学校从目标意识、情感意识、导学意识、效率意识四个维度对教师课堂教学的实效性进行评价,并将评价渗透、贯穿教学全过程(表2)。

表2 教师教学评价表

评价维度	评价项目		评价分值									
	评价指标		10	9	8	7	6	5	4	3	2	1
	Ⅰ级指标	Ⅱ级指标										
目标意识	教学目标突出层次性	目标明确,周密预设										
		结构严谨,突出重点										
		以简驭繁,突破难点										
情感意识	教学过程突出主体性	关注学法,激起兴趣										
		适时引导,注重探究										
导学意识	教学方法突出针对性	训练精当,体现差异										
		合理统整,"通识"运用										
		驾驭生成,适度评价										
效率意识	教学达成突出有效性	实现目标,学有所长										
		自信乐群,学力提高										
评价等级标准:优秀(90分及以上)、良好(89~80分)、合格(79~60)、不合格(60分以下)			总体得分									
收获与体会或教学建议: 评价人(签名):_____												

在评价过程中，重点观察两个点：一是学生是否发生真学习，二是教师是否切实帮助学生解决真问题，力求在有效学习路径的探索中促进教师不断探寻有效教学方式，让学生在学习过程中沿着"有事做""想做事"向"会做事""做好事"的认知轨迹持续发展。

（2）对学生学习评价：如何在评价中兼顾学生个性特长，让每个学生在原有基础上获得最好发展是学校对学生学习评价的落脚点，力求通过动态评价、亮点评价及过程评价让每个学生在享受学习中获得最佳发展：

一是与"学生成长记录册"有机接轨。以"贴近学生最近发展区"为原则，以习惯养成为抓手，融合并用足用好作业评价"二手册"，即《上海市学生成长记录册》及《好习惯伴我行》校本评价手册，突出亮点评价，变"一评"为"多评"，并贯穿学业全过程、全方位，最大限度地满足学生的好奇心与探究兴趣，引导学生发现自我、欣赏别人，促进学习能力及个性人格全面发展，让不同层次的学生都能获得发展。

一是与"学生获得成就感"有机接轨。以"管理有痕迹，奖励有依据"为原则，更多地关注学生成长过程的积累，注重学生的收获感和满足感。以二级展示为载体实施多维度评价：课内随机展示，即将学生的优秀作业、学习方法及时地向其他同学推介与宣传，并作为学生手册评星依据；校级定期展示，学期末通过形式多样的学习成果展示活动，历练学生学习品质，为可持续发展打下扎实基础。

（六）改进效果

通过一年的实践与探究，在2018年长宁区"三个指数"测评中愚园路第一小学"学生成就发展指数"取得明显进步，综合得分位列全区第一，比2017年上升一位次，学习成绩、学习品质、学习成本得分均位列全区第一（表3）。

表3 2018年长宁区"三个指数"测试中愚园路第一小学反馈结果

名　称	学习成绩	学习品质	学习成本	学生成就发展指数
区平均分	80.2	91.3	74.5	82.1
校得分	87.1	95.4	81.9	88.2
区域位置	1	1	1	1
对照2017年	持平	上升三位次	上升二位次	上升一位次

十三、基于数据分析的中学美术教育教学改进案例

——如何以绘本教学提升中学生创造性思维能力

上海市娄山中学　兰家悦

作者简介：

兰家悦，现任上海市长宁区娄山中学美术教师，曾多次荣获上海市优秀艺术辅导教师奖，2020年荣获上海市长宁区学校艺术教育先进个人。

教育格言：

用心培育，静待花开。

[摘要] 本文基于数据分析,以单元教学设计为载体,在对上海地区中学阶段绘本教学进行思考与调研的基础上,探讨了上海地区美术教育中创造性思维能力培养缺失的问题。针对所发现的问题,提出新的绘本教学方法并设计了以六年级学生为教学对象的绘本课程。通过对单元教学目标和教学内容架构与调整,对高阶思维的内涵与评价等方面深入探究,对作品分析与评价,创造性地运用"作品分析法",配合"陶伦斯图形创造力测试",通过前后测的比较,以质化的观察与量化的数据,证实绘本创作教学可以培养学生的创造性思维能力,进一步提升学生的核心素养。

[关键词] 绘本创作;创造性思维;评价

(一) 背景介绍

2010年在韩国首尔举行的教科文组织第二届世界艺术教育大会的报告指出,运用艺术教育的原则和实践来促进解决当今世界面临的社会和文化挑战,其中通过艺术教育来加强社会的创造力和创新力尤为重要,肯定了艺术教育在面对未来世界挑战中的重要作用,并提出利用创新的通信技术来推动批判性思维和创造性思维。2016年颁布的《中国学生发展核心素养》以培养"全面发展的人"为核心,而学校的任务是给学生未来的发展提供核心能力,因此如何对学生的艺术素养和高阶思维能力进行评估,是我们必须面对的问题。

高阶思维是当前国际教育研究的热点。高阶思维能力对于个人生活幸福、国家创新发展、人类社会进步具有关键性作用。世界各国教育部门都非常关注对学生高阶思维能力的培养,高阶思维能力成为许多国家学生发展核心素养的重要组成部分。

在上海市"绿色指标"2.0综合质量监测中,"学生学业水平指数"的第三方面是学生高层次思维能力,主要包括知识迁移能力,预测、观察和解释能力,推理能力,解决问题能力,批判性思维和创造性思维能力等。

具备高阶思维能力人才的培养需要与之相应的教育,但因长期以来强调升学率,教学的目的常常是通过层层考试。学生长期接受这种教育方式,大多缺乏创造性思考能力。因此,当前教育需要的是培养学生面对各种问题的能力,其中最重要的就是激发学生的创造性思维能力与解决问题的能力。

在学校课程实践中,对高阶思维能力的培育仍处于一个模糊地带。究其原因,主要是对高阶思维能力评价工具以及缺乏深入的数据分析方法。为此,有必要对高阶思维的内涵与评价等方面开展深入探究,以更好地指导中学教学实践,为深化义务教育学业质量"绿色指标"评价办法提供支持。

(二)数据呈现

1. 问卷调查总体情况

笔者对上海市长宁区娄山中学的300名六年级学生进行了问卷调查,共有6道题目,涵盖对绘本的认知、喜好及创作等各个方面,以了解学生对绘本教学的认识与看法。

2. 数据统计与分析

第一题:你是否有过反复阅读一本绘本,不断发现书中隐藏的细节和暗示?

41%的学生会经常反复阅读一本绘本,不断发现书中隐藏的细节和暗示;40%的学生"偶尔有";19%的学生"从来没有"(图1)。超过半数的学生在阅读过程中,比较有耐心,能够以敏锐的观察力发现书中隐藏的细节和暗示,感受到绘本的趣味性。

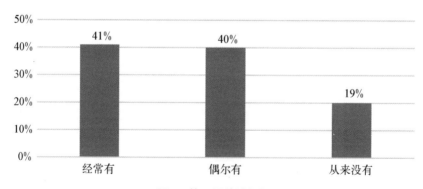

图1 第一题统计数据

第二题:你是否临摹过绘本?

15%的学生选择"经常这样做",60%的学生选择"偶尔这样做",还有25%的学生选择"从来不这样做"(图2)。由此可见,75%的学生临摹过绘本,但这其中还包含少部分学生无法区分绘本与插画书、漫画书的区别,教师应给予学生帮助和引导,让学生知道绘本的定义,学会借鉴而非抄袭。

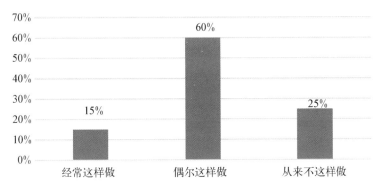

图 2　第二题统计数据

第三题：你同意通过绘本能够丰富你的想象力，成为你的创作灵感来源吗？

87%的学生认为通过阅读绘本能够增加自己的想象力，绘本的素材会成为其日常美术创作的灵感来源；而13%的学生因为很少接触绘本，所以不曾感受到由绘本激发其想象力和创造力（图3）。

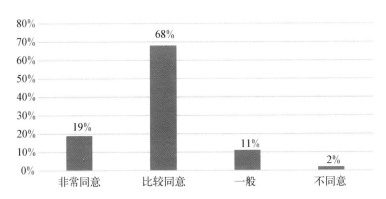

图 3　第三题统计数据

第四题：你是否用绘画的方式记录过自己的生活小故事？

18%的学生选择"经常这样做"，68%的学生选择"偶尔这样做"，14%的学生选择"从来不这样做"（图4）。由此可见，用绘画的方式记录过自己的生活小故事的人数比例较大，有少数学生在日常生活中养成了这个习惯，喜欢做图文并茂的手账或者旅行日记。

第五题：你曾经有创作一本完整的绘本的经历吗？

只有极少数的学生曾经"有过一次"绘本创作的经历，其余学生"从来没有"绘本创作的经历（图5）。

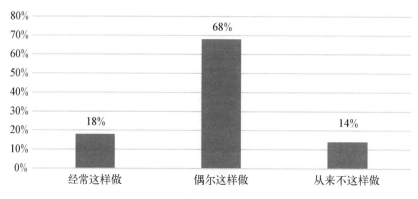

图 4 第四题统计数据

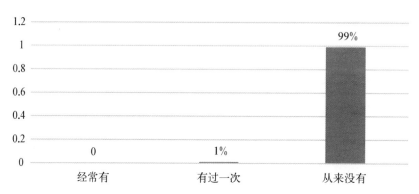

图 5 第五题统计数据

第六题：你想要学习如何创作绘本吗？

51％的学生选择"非常想"，29％的学生选择"比较想"，15％的学生选择"一般"，5％的学生对此"没有兴趣"（图 6）。

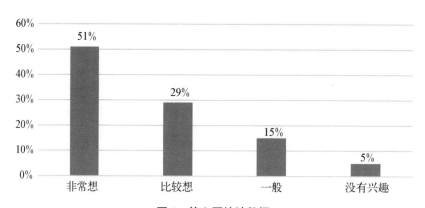

图 6 第六题统计数据

由此可见,创作绘本对于六年级的大部分学生具有较大的吸引力,80%学生都有学习创作绘本的兴趣,而少部分对绘本不太感兴趣、接触绘本较少、绘画基础薄弱的学生对自己创作绘本表示出没有信心或者没有兴趣学习。

3. 问卷调查的结论

根据上述问卷调查的结果可知,大部分的六年级学生会购买或者借阅绘本,他们喜爱绘本,并希望与家长或者教师通过共同阅读绘本来增进情感上的交流,大部分学生认为绘本能够丰富自己的想象力并成为其美术创作的灵感来源,其中一些学生会临摹绘本或者自己用绘画的方式来记录生活小故事,多数学生表达出想要学习创作绘本的心愿。

(三) 原因分析

1. 美术课堂教学束缚了学生创造性思维能力的发展

由于学校专用的美术教室有限、班级人数多等原因,导致美术课都在班级教室或美术教室里上课,学生的美术活动受到一定限制,影响了学生的自由想象与创作。另外,教学方式的落后表现在过去美术教学的方式以灌输式讲解为主,重视绘画技能的训练,使学生被动地接受,忽视了学生创造性思维能力的培养。

2. 课外美术活动缺少创造力

学生创造力的发展不仅需要在学校接受教育,还与学生的课外活动密切相关。一是升入初中之后,部分学生的美术活动时间被中考科目补习替代;二是美术活动范围有限,没有到自然界、社会上或与美育有关的地方去学习;三是美术教育的内容与形式比较单一,教学方式比较传统,没有促进学生想象力和创造力的发展。

3. 美术学习评价的不足

一是学校美术课堂中的评价较为注重知识与技能性评价,忽视情感、态度和价值观的评价。这与培养学生核心素养的目标不一致,应该全面地评价学生的美术学习,重视过程性评价。二是现有的美术评价较为主观,缺乏科学化、专业化的具体标准。评什么? 怎么评? 每一个问题背后涉及一系列专业技术问题。

4. 美术教师的创造精神不足

美术教师的创造性思维能力直接影响学生创造力的发挥和发展。有的教师缺乏创造意识,不够重视学生创造性思维能力的培养。经过大量文献分析,目前我国课堂教学中培养学生创造性思维能力的方法主要有如下几种:一是学生学习兴趣的培养;二是教师平等友善的教学态度;三是营造宽松和谐的教学环境;

四是培养学生自信与勇气;五是鼓励学生质疑问难;六是让学生发散思维;七是让学生进行自由创作。这些是创造力培养的内外环境因素,是培养创造力的前期准备,却缺乏切实培养学生创造性思维能力的方法。

(四) 改进策略

1. 课程目标

参照《义务教育美术课程标准(2011年版)》中对美术课程目标的设计,以培养学生的视觉艺术素养和创造性思维能力为绘本课程的总目标。

有助于学生发挥创造性思维能力的策略如下:一是学习如何发现问题并解决问题;二是使用不熟悉的材料引发思考;三是体验扩散性思考的任务;四是使用依赖视觉和语文的材料;五是让学生置身于限制较少的开放性课程;六是发挥个人兴趣,独立完成任务;七是处于有助于发挥创造力的环境;八是接受具有挑战性的任务以发挥才能。

绘本课程中,学生以集体欣赏的方式参与绘本阅读活动,了解绘本的造型元素和形式原理,学习欣赏和评述的方法,提高审美能力、表达能力,运用各种媒材制作肌理,以拼贴为主、绘画为辅的方式进行绘本创作,表达个人的思想和情感,学生在体验"准备、酝酿、豁然、验证"等阶段的创作过程中,获得对绘本欣赏与创作的持久兴趣,并促进其"冒险、好奇、想象、挑战"等创造人格的发展。

2. 课程设计与实施原则

(1) 课程实施时间:本课程于学校的创意画拓展课程时间实施,每周一节课为60分钟,共12节课。

(2) 课程实施地点:在学校的美术专用教室实施。

(3) 教学对象:上海市娄山中学六年级学生,参加绘本课程的学生人数为15人。

(4) 教学气氛:营造一个开放的环境,拥有民主、自由、安全、互动、合作、尊重的情景与气氛,保持既不放任又不严肃拘谨的心态,让学生充分享受学习的过程。

(5) 教师态度:一是重视学生所提的不同意见,尊重每个人的不同见解;二是不排斥学生的错误与失败,鼓励并引导学生从中吸取教训并改正学习。

(6) 教学流程及方法(图7):一是绘本阅读与鉴赏。采取自我阅读、小组讨论及教师导读三种形式。教师导读之前要充分了解绘本的内涵,导读时要与学生保持目光接触,留意学生反应并适当回应。绘本鉴赏使得学生创作前的启发活动更富有变化和趣味,让学生发掘可以创作的主题、造型要素及原理,使学生的创作观念更清晰与流畅,再根据单元主题引导学生进行创作。二是教师提问与小组讨论。通过绘本的阅读,由教师提出开放性或扩散性的问题,引发学生创意思考并展开讨论。通过组员互相分享阅读绘本的感受,有助于产生更多故事情节的想象。让学生发言,有助于学生整理与发现创作观念,并促进创造性思考。三是引导活动。以多元化的引导活动,让学生利用语言、图画等方式,拓展知识及经验;以美术鉴赏等内容,提升学生的美术素养,让创造力得以具体表现。例如:音乐与绘画具有共同因素,聆听某种音乐,可以引起相同情感的绘画表现。音乐引导是利用音乐的情感及放松心灵的效果来产生创意的思考,所用音乐是与单元主题有关的乐曲或节奏舒缓、柔和的乐曲。四是创作活动。以多元的媒材与形式进行绘本创作,引导学生作品向有社会价值的方向努力。

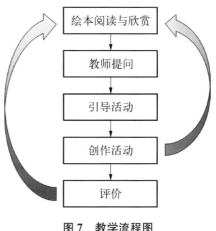

图7　教学流程图

(7) 学习评价(见表1)。

表1　学习评价表

评价者	工具	说　明
授课教师	评价表	依据课程目标,评价学生是否达成目标。若在学习过程中,未达到阶段性目标,则修订课程内容,继续实施
学生自评及互评	学习单	以学习单引导学生互相欣赏作品,借由学习单的评量项目,更了解创造性思维能力的内涵,反映在之后的创作中
其他师生	评价表回馈单	在作品展览期间,由美术教师和其他师生对学生进行创造性思维能力的评量,通过数据分析精准了解绘本课程实施的成果

(五) 改进措施

1. 绘本课程的实施分为三个单元

第一单元"绘本鉴赏教学",发展成"认识超现实绘本表现风格"和"认识以拼贴为手法的绘本"两个活动教学，一课时。这一单元的主要作用是帮助学生提升感受力、想象力、推理能力和创造力，引起学习兴趣。本单元使用的教材是以想象力丰富的超现实主义绘本《不可思议的旅程》《彩虹国度》和以拼贴技法为主的绘本《画了一匹蓝马的画家》《烟》。学生跟随绘本体悟充满想象力的奇幻旅程，感受用色彩表达心情以及中国传统剪纸艺术简洁、灵动、留白的魅力。

第二单元"变化无穷的肌理效果的创作"，发展成"寻找制作肌理的材料工具"和"制作千变万化的肌理"两个活动教学，共四课时。教师可以告诉学生怎么用颜料和工具创作，而不是应该怎么创作，不提出限制性的创作要求。通过拼贴绘本的欣赏，学生对肌理制作产生浓厚的兴趣，并了解到丰富的肌理效果可以使作品更饱满、更有细节。学生用拓印、笔刷、布艺拼贴等方式制作出各种各样的肌理，在学习之余收获惊喜和快乐，玩得不亦乐乎。因此本单元课程大大激发了学生对拼贴绘本创作的兴趣。

第三单元"我的拼贴绘本世界"，发展成"创编有趣故事"和"制作个性拼贴绘本"两个活动教学，共七课时。本单元的教学目标：一是学习绘本创作的方法，培养学生欣赏、表现及创作能力。二是能完成自己的拼贴绘本，培养学生独立思考与解决问题的能力。三是能欣赏自己与他人的创作，培养学生表达、沟通和分享的能力。四是举行作品展示与交流会，增进自我了解，发展个人潜能，提升创造力。

2. 每节课的具体内容

第一节课共两个环节：第一环节为创编故事，主题由学生自主决定；第二环节为分镜，即在纸上编上页码，根据上一环节写好的故事文本进行分镜设计，绘制草图。第二至第五节课共两个环节：第一环节利用上一单元制作的肌理效果纸进行内页创作，表现手法以拼贴技法为主、手绘插画和立体纸雕为辅制作绘本。教师观察每位学生的能力并提供建议，鼓励学生尝试多样的创作方式与多种创作素材的使用；第二环节为完成封面和封底。第六节课共两个环节：第一环节介绍手工绘本的装订方式，鼓励学生创意设计独特造型；第二环节为学生装订作品。第七节课共两个环节：第一环节为作品发表会，设立一个绘本展示区，邀请同学参观并点评，由创作学生介绍作品，既锻炼了表达、沟通和分享能力，又在无形中增强了学生的竞争意识与成就感，使个人潜能得到发展，再拍摄绘本高清照片并制作成电子作品集，上传到线上班级交流群，请各位教师和家长投票评选出优秀作品；第二环节为创造力后测，采用"陶伦斯图形创造力测试"，以评量学生上绘本课程之后的创造性思维能力的水平。依据每个活动进行教学，审视学生在视觉艺术方面以及创造性思维能力方面的表现。

通过七节课的绘本创作课程，学生学会了制作拼贴绘本的技巧与方法，在不断调整与修改作品的过程中，提高了独立思考与解决问题的能力。在与同学的互动交流中，能欣赏自己与他人创作的作品，取长补短，不仅培养了学生的观察、表达、沟通和分享能力，还在无形中增强了学生的竞争意识，从而使个人潜能得到发展。针对高年级学习的要求，采用档案袋评价、电子作品集评价等形式，要求学生解决具有挑战性的复杂问题。这就往往需要学生运用多门学科交叉，而解决问题的思路、策略和途径就隐含在情境之中。

（六）改进效果

1. 运用"作品分析法"

学生的创造性思维能力表现是透过学生的鉴赏学习单和笔者与其他三名美术老师的作品评量表综合评判。学生的鉴赏学习单和教师的作品评量表，参照"陶伦斯图形创造力测试"，以"流畅力、变通力、独创力及精进力"等四个创造力向度的内涵来设计。学生的鉴赏学习单采用开放性问题，让他们选出每个创造力向度表现最突出的一名同学。教师的作品评量表则以1~10的等第评量每位学生的"流畅力、变通力、独创力及精进力"在全班学生中的水平位置，另外，以文字叙述学生特殊表现之处。

15位学生中，有14位学生按时完成作品，1位学生因后阶段缺课导致作品未能完成。15名学生的作品分别用字母A~O编号，所获评价，如表2所示。

表2　作品评量统计情况

创造力向度	学生评选	教师评量
选择人数及得分	2人以上选择	评分平均8分以上
流畅力（故事流畅）	A、B、C、E、F、G、H、M、I	A、C、E、F、G、H、I
变通力（故事有变化）	C、D、E、F、G、I、N、K	A、C、D、F、I、K、L
独创力（别人想不到）	A、B、D、E、L、G	A、D、G
精进力（画风精美）	A、B、C、D、E、F、G、J、K	A、B、C、E、F、G、J、K

2. 采用"陶伦斯图形创造力测试"

"建构圆图"活动：有一个曲形的图，把这个图当作你想要画的一幅画或是一件作品的一部分，试着去画与别人不同的图画。可以根据你的第一感觉增加内容，画出能让整幅画显示出有趣而且令人兴奋的故事，最好与众不同。当你完成这幅画时再给它定一个题目，然后写在下方。活动时间 10 分钟。

测试结果与分析：每位学生都在 10 分钟以内画出图形，画得最快的学生只用了 5 分钟。作品题目包括：《会飞的大白》《去公园拍照》《考试满分》《手指》《螃蟹一家》《生日聚会》等(图 8)。与前测相比，后测时学生普遍反应较快，能迅速展开联想并绘图，大部分学生在 7 分钟内画完，并表示还能根据曲形的图画出一张新图画。

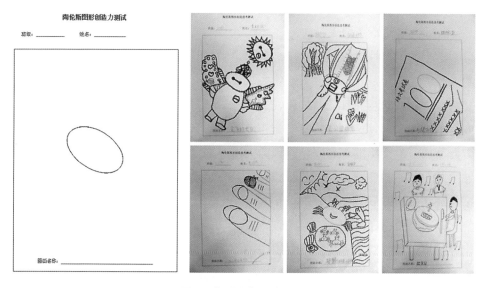

图 8　曲形图与完成作品

3. 创造性人格

创造性人格的评量，学生部分由 15 位学生自己检验，教师部分由 4 位美术教师个别评量，再算出平均数。经过数据统计，学生和教师普遍认为，具有冒险心的学生数占总人数的 60%；具有好奇心的学生数占总人数的 71%；具有想象力的学生数占总人数的 81%；具有挑战心的学生数占总人数的 88%，他们普遍认为自己遇到问题后的解决能力有所提升并乐于挑战学习新事物。

从评量表中可以发现学生鉴赏评价与教师鉴赏评量有很大的相关性。整体来说，视觉艺术的创造力表现与"陶伦斯图形创造力测试"的结果有相关性，质化的观察与量化的数据之间的关系也基本相符。而无论在视觉艺术的创造力表现或"陶伦斯图形创造力测试"上有进步的学生，都具有创造性人格。

4. 学生创造力表现层级提升

通过实施绘本课程，在质化和量化资料的解读下，证实实施的绘本教学可以有效影响学生创造性思维能力的提升。在课程实施以前，学生多以模仿绘本进行创作，随着课程的开展，学生的创造性想象和创造性思维能力便拓展开来，可以流畅地创造出属于自己的独特创意绘本。在课程结束后，多数学生在流畅力和独创力两个向度都有进步，女生在精进力部分表现尤为突出。

绘本教学的目标不仅是掌握欣赏和创作绘本的方法、获得审美素养，更要走出课堂、参与社会活动。笔者志在通过绘本教学，引导学生成为21世纪全球化时代背景下所需要的具有创造性思维能力与美感的新型人才。

参考文献：

[1] 钱初熹. 迎接视觉文化挑战的美术教育[M]. 上海：华东师范大学出版社，2006.
[2] 钱初熹. 当代发达国家艺术教育理论与实践[M]. 上海：华东师范大学出版社，2010.
[3] 苏振明. 启发孩子的美术潜能：跟父母及教师谈儿童美术教育的理念及指导要领[M]. 台北：光佑文化事业股份有限公司，2000.
[4] [美]霍华德·加德纳. 艺术·心理·创造力[M]. 北京：中国人民大学出版社，2008.
[5] [美]丹尼尔·平克. 全新思维：决胜未来的6大能力[M]. 杭州：浙江人民出版社，2013.
[6] [美]罗伯特·J. 斯滕博格. 智慧　智力　创造力[M]. 北京：北京理工大学出版社，2007.

十四、基于数据分析的英语试卷讲评课的探索与实践

——以九年级英语试卷词汇语法题的讲评为例

上海市延安实验初级中学　陈　冉

作者简介：

陈冉，上海市延安实验初级中学英语教师、德育副主任。从教16年，参与多项教育教学课题研究，并发表多篇研究论文。先后参加各类教育教学比赛，获得长宁区教育系统"清风笔谈"之随笔二等奖、"课堂工程"教学研讨活动二等奖、"活力教育"研讨活动班主任基本功大赛三等奖、优秀班主任等荣誉称号。

教育格言：

学然后知不足，教然后知困。知不足，然后能自反也；知困，然后能自强也。故曰：教学相长也。

[摘要] 试卷讲评课是英语教学的基本课型之一,是基于问题而设计的以矫正、补缺为目的的课型。以英语(牛津上海版)九年级第一学期的一节试卷讲评课为例,借助现代信息技术手段,以统计和分析考试数据为依据,开展多维度学情分析,准确定位班级整体和学生个体学习目标达成的情况,及时发现词汇语法教学中存在的问题和不足,进而精准设计试卷讲评内容、目标、策略和方法。在此基础上,探索运用"四步法"讲评模式,即寻找"课本链接"、定位"考核目标"、实践"慧眼析题"、进行"知识建构",进一步提高英语词汇语法讲评课的质量和效率,帮助学生对知识进行归纳、梳理和拓展,建构完整的知识体系,提高分析问题和解决问题的能力。

[关键词] 数据分析;英语词汇语法讲评;四步法

(一) 背景介绍

2020年11月2日,笔者执教的九年级(1)班28位学生参加了上海市延安实验初级中学2020学年第一学期九年级英语学科期中考试。本次考试题型和分值均与2021年上海中考英语保持一致,满分150分(含笔试140分、听说测试10分)。笔试试卷主要考查学生对英语(牛津上海版)九年级第一学期第一至第三单元语言知识点的掌握以及语言的综合运用能力,是对学生三个月学习过程和结果的一次总结性评价。笔者借助"小闲智慧"平台完成试卷批阅并生成统计数据。

(二) 数据呈现

通过"小闲智慧"平台,可以十分便捷地查询大题分析、小题分析等考试分析以及分数段分布、特殊关注、考试成绩和作答详情等各类数据。经过对各类数据进行分析,笔者挑选出"小题分析"和"知识点分析"两个板块数据,对班级得分率低于80%的词汇语法题进行梳理汇总(表1)。

表1 九年级(1)班得分率低于80%的词汇语法题情况汇总

题型	题号	分值	均分	得分率(%)	考核目标	考核内容来源
V 单项选择	23	1	0.6	57.1	介词	M1U1
	24	1	0.8	75	名词	M1U3
	25	1	0.4	35.7	主谓一致	M1U2

续 表

题型	题号	分值	均分	得分率(%)	考核目标	考核内容来源
Ⅴ 单项选择	27	1	0.6	57.1	现在完成时态	M1U1
	32	1	0.6	64.3	宾语从句	M1U1
Ⅵ 十选八语篇	38	1	0.6	60.7	词义、词性和词汇的语法性质	根据语境选择合适的单词
	39	1	0.3	28.6	词义、词性和词汇的语法性质	
	41	1	0.8	78.6	词义、词性和词汇的语法性质	
	43	1	0.8	78.6	词义、词性和词汇的语法性质	
Ⅶ 词性转换	49	1	0.7	67.9	形容词—名词	M1U3
	50	1	0.7	67.9	动词—名词	M2U4
	51	1	0.8	75	形容词—动词	M1U3
Ⅷ 改写句子	54	2	1.4	69.6	被动语态	M1U3
	55	2	1.5	73.2	同义词组转换	M1U1
	56	2	1.1	53.6	现在完成时态	M1U1
	57	2	1.1	53.6	疑问词	M1U2
	58	2	0.1	5.4	动词不定式做主语	M1U3

（三）原因分析

根据"小闲智慧"平台"作答详情"板块显示的学生错误详情，笔者对学生的17道典型错题的错误原因进行了逐一分析（表2）。

表2　17道典型错题的错误原因

题　　目	错误详情	错误原因分析
23. — Everyone has handed in the test paper ____ Tom. — He hasn't done it yet. A. besides　　B. beside C. except for　D. except	A. 3人 B. 2人 C. 7人	混淆 besides 和 beside 的词义；不能辨析介词 besides、except、except for 的意义和用法并在具体语境中正确使用

续　表

题　目	错误详情	错误原因分析
24. The police haven't got ＿＿＿ information to catch the suspect. A. many B. quite a few C. huge amounts of D. a great number of	A. 3人 B. 2人 D. 2人	对不可数名词的数量表达错误
25. One of the questions was difficult, but the rest ＿＿＿ quite easy. A. are　　　B. were C. is　　　　D. was	A. 1人 C. 6人 D. 11人	不能准确判断 the rest 在语境中的指代对象以及时态使用错误
27. Newspapers ＿＿＿ an important part of everyday life since the 18th century. A. were　　　B. has been C. have been　D. had been	A. 0人 B. 5人 D. 7人	在含有 since 引导的时间状语从句中,对主句中主语单复数判断错误或时态使用错误
32. She asked ＿＿＿ during the 8-day National Day holiday. A. where I had gone B. where I had been C. where had I gone D. where had I been	A. 5人 C. 3人 D. 2人	宾语从句的语序错误,且混淆 had been 和 had gone 的含义
38. How could thin bamboo trees survive a big storm ＿＿38＿＿ strong oaks could not?	填 by 7人 填 beyond 4人	不能正确理解 by, beyond 和 while 的词义、词性及语法性质
The bamboo trees didn't resist the wind, their flexibility allowed them to bend and let the wind pass ＿＿39＿＿.	填 beyond 17人 填 while 3人	不能正确理解 by, beyond 和 while 的词义、词性及语法性质
They refused to change and just stopped ＿＿41＿＿.	填 changes 3人 填 put up 3人	不能在具体语境中准确判断词语的词义、词性和语法性质
When differences come in your life, don't resist them and break like an oak, bend a little like bamboo and you will ＿＿43＿＿ success.	填 went up 2人 填 learning 1人 填 changes 2人 填 put up 1人	不能在具体语境中准确判断词语的词义、词性和语法性质

续 表

题 目	错误详情	错误原因分析
49. Being an adult means more work and _____. (responsible)	9人填写 responsible responsibly responsibility responsiblty	单词拼写错误以及在具体语境中对词义、词性的判断错误
50. He has wide _____ of painting and music. (know)	9人填写 known	具体语境中的词义理解错误
51. Small spaces may make the pet dogs feel extremely _____ and uncomfortable. (happy)	7人填写 happily unhappiness	在具体语境中词义、词性的使用错误
54. The fisherman removed the fish from the birds' mouths. (改为被动语态) The fish _____ _____ from the birds' mouths by the fisherman.	15人填写 is/are/was removed	对时态、语态和名词单复数运用错误
55. John succeeded in winning the English Competition. (保持句意基本不变) John _____ _____ win the English Competition.	9人填写 manage to 或空白	时态判断错误或近义词组积累欠缺
56. Jack borrowed this magazine two days ago. (保持句意基本不变) Jack _____ _____ this magazine for two days.	18人填写 had borrowed had kept has had	对现在完成时态中持续性动词使用错误
57. The old woman is of average height. (对画线部分提问) _____ _____ is the old woman?	19人填写 What like What height How height How high	疑问词使用错误
58. with, it, students, necessary, language, to, a, is, situation, provide (连词成句) _____.	27人填写 provide a situation language with students	词义理解错误,词组搭配和运用不当

(四) 改进策略

以上数据分析和原因分析,为笔者开展多维度学情分析提供了真实有效的支撑,笔者可以准确定位班级整体和学生个体具体考核目标的达成情况,及时发现教学中存在的问题和不足,进而精准确定讲评内容和重难点,优化讲评策略和方法,进一步提高讲评课的质量和效率。基于此,笔者梳理出此次试卷讲评课的设计思路。

1. 关于讲什么——确定讲评内容是前提

充分利用现代信息技术手段,将"小闲智慧"平台数据统计和分析与课堂教学有机融合,确定讲评主要内容为试卷第二部分词汇语法得分率低于80%的题目,其中包括单项选择题5题、十选八语篇4题、词性转换3题和改写句子5题。通过讲评帮助学生定位典型错题的考核目标,以及在错题分析的基础上总结解题锦囊,帮助学生进行语言知识的准确运用和知识体系的建构。对得分率高于80%的词汇语法题目,采取学生自行核对正确答案、学生结对互助完成订正等方式予以解决。

2. 关于谁来讲——明确讲评主体是基础

为跳出教师一讲到底"满堂灌"的深坑,讲评课中"讲"的任务不能由教师一个人承担,讲评课要更加突出学生的主体地位和教师的主导地位。本节课中,笔者从两方面入手:一方面,注重加强对学生学习方法的指导,鼓励帮助他们总结解题方法,如仔细读题、圈画关键词、确定词性、检查句意和单词拼写等;另一方面,对学生可自主解决的问题发动"学生帮",形成小组讨论互助互学的课堂氛围,在此过程中教师着重发挥引导、组织和"评"的作用。

3. 关于怎么讲——优化讲评设计是核心

教师的讲评始于错题却不能终于错题本身,要给予学生从解一道题到解一类题的方法指导。因此,针对讲评内容,笔者精心设计了针对词汇语法题的"四步法"讲评模式(寻找"课本链接"、定位"考核目标"、实践"慧眼析题"、进行"知识建构"),帮助学生细化规整解题过程,形成严谨的解题思维,养成细心审题、周密思考的解题和订正习惯。同时,在导学案的辅助下,学生小组合作使用"四步法"模式讨论解决词汇语法问题,提高逻辑思维能力和解决问题的能力,提升英语学科核心素养。

(1) 第一步,寻找"课本链接"。学生从课本中查找题目所考查的知识点来源,通过追本溯源帮助学生回忆错题的考核目标。"课本链接"能激活学生已有的学习背景知识,进而帮助学生进行知识迁移,达到举一反三的目的。

(2) 第二步,定位"考核目标"。通过课本链接回忆熟悉的语境和知识点,帮助学生将新题与旧知建立联系,明晰识别考核目标,寻找解题方向。因此,寻找"课本链接"和定位"考核目标"相辅相成、互为促进。

(3) 第三步,实践"慧眼析题",帮助学生梳理归纳错题知识点,为学生提供自我反思和解决问题的机会。学生在自我讲述和分析中进一步理清解题思路、提高表达能力,同时帮助、鼓励学生及时总结解题锦囊。

(4) 第四步,进行"知识建构",鼓励学生总结归纳语法知识、建构知识体系。帮助学生对一道题进行深度思考,发掘一道题知识点背后的语法立体架构,形成始于错题而不止于错题、从一道题到一类题的方法归类和反思,最终形成对英语语言知识体系纲举目张的高阶能力。

4. 关于目标达成——讲评效果检测是关键

讲评目标达成多少、讲评效果如何检测是试卷讲评课的关键问题,是讲评效益的体现。因此,笔者在导学案中专门设计了有针对性的"小试牛刀"课堂跟进练习和课后巩固练习,并将信息技术融合于试卷讲评的课堂教学,利用"点阵笔"对学生的课堂跟进练习答题情况进行即时反馈,帮助教师即时了解讲评效果,便于教师在讲评时根据学生学情动态调整教学内容。

(五) 改进措施

在分析、思考、明确改进策略的基础上,针对讲评内容,笔者根据题型、得分率、知识点的难易度和错误原因进行进一步分类,最终确定了讲评顺序、过程和方法,具体措施如下:

1. 连词成句的讲评

针对典型错题一,即词汇语法得分率最低的一道题,采用连词成句的讲评方法(表3)。

表3 连词成句的讲评方法

题号	得分率	考核目标	过程与方法
58	5.4%	动词不定式做主语	(1) 通过"课本链接"帮助学生定位词汇 situation 在课本中的来源和语境(9A Page 29),培养学生从课本中定位和复习考点的习惯和意识。

续 表

题号	得分率	考核目标	过程与方法
			(2) 根据"小闲智慧"平台显示的以下两个典型错例,通过错例分析帮助学生明晰 situation 的词义和 provide 词组搭配(provide sb. with sth. 和 provide sth. for sb.),提高学生自我分析和反思的能力。 生[2][1]中 It is necessary to provide a language situation with students. 生[2][1]中 It is necessary to provide students with a situation language.

2. 得分率最低的一道题讲评

针对典型错题二,即十选八语篇题型,采用得分率最低的一道题的讲评方法(表4)。

表 4　得分率最低的一道题的讲评方法

题号	得分率	考核目标	过程与方法
39	28.6%	词义、词性、词汇的语法性质	(1) 通过"课本链接"帮助学生定位两个介词 by 和 beyond 在课本中的来源和语境(8AU3 Dealing with trouble 和 9A page 3),从课本中定位和复习考点唤醒学生背景知识。 (2) 口语训练:通过看图片,根据提示词描述图片。在语境中理解和运用词汇 flexible(2021 年中考考纲新增词汇)和 pass by。 (3) 激发学生思考总结做此类题的方法,培养学生反思解题步骤和方法的意识和能力。学生总结解题锦囊如下: ● Read the sentence carefully; ● Decide the part of speech of each word; ● Check the meaning and spelling.

3. 同类错题的讲评

针对十选八语篇和词性转换题型,采用同类错题的讲评方法(表5)。

表 5　同类错题的讲评方法

题号	得分率	考核目标	过 程 与 方 法
38	60.7%	词义、词性和词汇的语法性质	(1) 对于同类错题,通过小组"学生帮"活动,发动学生运用总结的解题锦囊自主分析典型错题; (2) 分析词类、词义,学生实践运用做题技巧。
41	78.6%		
43	78.6%		
49	67.9%	形容词—名词	(1) 运用解题锦囊,学生互帮互助分析三道典型错题; (2) 词类、词义分析和做题技巧的实践运用; (3) 出示典型错例,学生观察、对比单词的拼写并改错。
50	67.9%	动词—名词	
51	75%	形容词—反义词	responsibilty　responsibility

4. 单项选择题中得分率最低的一道题讲评

针对典型错例三,即单项选择题,采用得分率最低的一道题的讲评方法(表 6)。

表 6　单项选择题中得分率最低的一道题讲评方法

题号	得分率	考核目标	过 程 与 方 法
25	35.7%	主谓一致	"四步法"讲评模式的运用: (1) 考核目标配对——通过将考核目标和错题进行配对,帮助学生将单元视角下的语法考核目标与典型错题建立联系; (2) 以此题为例,通过考核目标、课本链接、慧眼析题、知识体系建构"四步法"规整学生的解题思路和思维方式。 ① 判断考核目标——主谓一致; ② 课本链接例句(9A Unit 2 page 21): Later some of the fish are sold, and the rest are divided between Damin's family and the cormorants. ③ 慧眼析题,定位主语是关键; ④ 知识体系建构,学生讨论归纳同一考核目标下的同类语法规则,就近原则和就远原则。

5. "学生帮"学生合作讲评单项选择和改写句子中的典型错题

运用"四步法"讲评模式,小组合作完成导学案上的错题分析并做全班交流汇报。通过"学生帮"活动，学生分组深度讨论典型错题，提高学生定位和对接单元语法考核目标、分析表达和建构语法知识体系的能力。表7为"四步法"讲评模式下的导学案设计，以第23题和第32题为例：

表7 以第23题和第32题为例的导学案设计

（六）改进效果

基于数据分析发现问题、分析问题，进而确立讲评内容、目标、策略，探索"四步法"讲评模式在词汇语法讲评中的运用——这节英语试卷讲评课是笔者在课堂教学改进中的一次全新尝试。通过这节讲评课，对比前、中、后三次相同知识点题目学生的答题得分率，可以看出这节讲评课是具有实效性的（表8）。

表8 试卷题目得分率、课堂即时练习与课后巩固练习得分率

考核目标	讲评试卷题目得分率(%)	课堂即时练习题得分率(%)	课后巩固练习题得分率(%)
主谓一致	35.7	73.2	75
现在完成时态	57.1	89.3	89.3
宾语从句	64.3	79.1	82.1
被动语态	69.6	78.6	82.1
动词不定式做主语	5.4	89.3	89.3

一是教师对数据的利用和分析使得讲评内容和跟进练习的设置更加有针对

性。二是听课教师反馈学情分析准确,讲评内容和目标明确,"四步法"讲评模式可操作性强,教学目标达成度高。学生也反馈很喜欢这样的讲评模式,教师示范引领"授之以渔",学生小组合作讨论交流,互帮互助有利于激发参与课堂的积极性。三是通过导学案举一反三当堂练,学生使用"点阵笔"答题,即时生成统计数据,教师对学生答题情况进行短、平、快反馈,尤其是反馈词汇语法选择题的即时、高效为教师掌握学情、灵活调整课堂教学起到了积极的支撑作用。

总之,让信息技术赋能课堂教学,笔者将不断地实践、探索并在反思中致力于寻找更加优化的路径,以期不断提高数据驱动下的英语课堂教学效益。

参考文献:
[1] 赵尚华.初中英语课堂教学关键问题研究[M].上海教育出版社,2020.
[2] 刘桂章.以学生为主体的英语试卷讲评课探究[J].基础英语教育,2010(6).

十五、精准诊断,才能对症下药
——基于两次质量监测数据的分析与感想

上海市复旦初级中学 李娜娜

作者简介:

李娜娜,上海市复旦初级中学教师,从教15年。曾分别在第五届、第六届全国中小学交互电子白板学科教学大赛教学录像评比中获得二等奖,获上海市第三届基础教育青年教师爱岗敬业教学竞赛三等奖及多项市区级奖项。与穆晓东老师合作完成的《PISA 2012数学测试的启示——基于"数量"这一内容的比较分析》获得全国中学数学教育优秀论文一等奖并在核心期刊《外国中小学教育》发表。2014—2018年主持的区级重点课题"基于范希尔理论提高初中生动态几何问题认知水平的实践研究"获长宁区第十三届教育科研成果二等奖,2015—2018年作为核心成员参与上海市中小学教材教法研修一体网络课程建设项目初中数学主题课程。获长宁区第十一届班主任基本功大赛一等奖、上海市"嘉定杯"班主任基本功大赛二等奖,带领的"旭日中队"被评为2012年度快乐中队。

教育格言:

用欣赏的眼光看待每一个学生,用宽容去拥抱每个年少无知,静待花开时!

[摘要]　学校考试除"升学考试"外,其他都属于检验型考试,检验一定时期内"教"与"学"的效果。教师通过质量分析,更好地了解学生对知识的掌握情况,并反思自身教学中存在的不足,及时制定改进措施,更有针对性地进行教学设计,帮助学生查漏补缺;学生也可以对自己的学习方法等进行阶段性的自查,从而进行相应调整,使得学习更上一个台阶。但以往,教师在进行质量分析时,只能模糊判断出哪些题目做得不好,至于具体是哪个学生还没有掌握相应的知识点,往往不得而知,导致考试的目的并没有真正得以体现,随着科技的发展,大数据时代的到来,也为学校教学带来了新的生机,借助于网上阅卷,教师可以在完成阅卷后,获得由平台自动统计出的很多具体数据,根据这些数据,教师可以开展更加精准的质量分析,更有针对性地改进自己的教学,从而真正实现教育教学高质量地发展。

[关键词]　升学考试;检验型考试;大数据;质量分析

(一) 背景介绍

本案例选取的相关测试为2021年4月21日由上海市复旦初级中学组织的八年级数学期中质量监测,属于学校自命题的检验型考试,分析对象为八年级(1)班,该班级共有41名学生。

(二) 数据呈现

本次期中质量监测利用智能化分析平台"智学网"进行制卷。"智学网"项目是以考试阅卷为基础,以数据统计、分析、评价为核心的综合性应用系统,阅卷采用网阅方式,教师可以在完成阅卷后,获得由平台自动统计出的各项数据,如本案例重点讨论的两组数据(表1、表2)。表1中重点标注的是八年级(1)班小题得分率在90%以下的题目,这类题目可以作为试卷讲评时的重点,因此教师在质量分析时要特别关注,不仅要分析题目本身,还要进一步挖掘题目背后的相关知识点、数学思想方法以及解决此类问题的切入点等,力求通过试卷讲评,不仅让学生清楚"这道题怎么做?"更要清楚"为什么这么做?怎么想到的?"

表2具体呈现了八年级(1)班得分率在90%以上小题的答错学生名单,可以为教师进行个性化辅导提供依据,教师可以关注到学生个体,通过师生互助、生生互助等方式,更好地满足学生的个性化需求,使试卷讲评更加高效。

表1 八年级各班级小题得分情况表

题号	题型	分值	难度系数	区分度	年级 均分	年级 得分率%	八年级(1)班 均分	八年级(1)班 得分率%	八年级(2)班 均分	八年级(2)班 得分率%	八年级(3)班 均分	八年级(3)班 得分率%	八年级(4)班 均分	八年级(4)班 得分率%
1	单选题	3	0.85	0.38	2.54	84.78	2.71	90.24	2.85	95.12	2.33	77.78	2.07	68.97
2	单选题	3	0.91	0.28	2.72	90.58	2.93	97.56	2.85	95.12	2.56	85.19	2.38	79.31
3	单选题	3	0.86	0.36	2.59	86.23	2.71	90.24	2.85	95.12	2.11	70.37	2.48	82.76
4	单选题	3	0.8	0.46	2.41	80.43	2.93	97.56	2.63	87.8	1.89	62.96	1.86	62.07
5	单选题	3	0.86	0.44	2.59	86.23	2.85	95.12	2.78	92.68	2.22	74.07	2.28	75.86
6	单选题	3	0.83	0.46	2.5	83.33	2.85	95.12	2.34	78.05	2.22	74.07	2.48	82.76
7	填空题	2	0.95	0.18	1.9	94.93	1.95	97.56	1.95	97.56	1.78	88.89	1.86	93.1
8	填空题	2	0.83	0.36	1.65	82.61	1.8	90.24	1.66	82.93	1.41	70.37	1.66	82.76
9	填空题	2	0.49	0.47	0.97	48.55	1.07	53.66	0.93	46.34	0.74	37.04	1.1	55.17
10	填空题	2	0.81	0.56	1.62	81.16	1.9	95.12	1.76	87.8	1.48	74.07	1.17	58.62
11	填空题	2	0.88	0.28	1.77	88.41	2	100	1.8	90.24	1.63	81.48	1.52	75.86
12	填空题	2	0.87	0.33	1.74	86.96	2	100	1.8	90.24	1.63	81.48	1.38	68.97
13	填空题	2	0.78	0.44	1.57	78.26	1.8	90.24	1.76	87.8	1.11	55.56	1.38	68.97

续 表

题号	题型	分值	难度系数	区分度	年级 均分	年级 得分率%	八年级(1)班 均分	八年级(1)班 得分率%	八年级(2)班 均分	八年级(2)班 得分率%	八年级(3)班 均分	八年级(3)班 得分率%	八年级(4)班 均分	八年级(4)班 得分率%
14	填空题	2	0.4	0.81	0.8	39.86	1.27	63.41	0.93	46.34	0.44	22.22	0.28	13.79
15	填空题	2	0.77	0.59	1.54	76.81	1.8	90.24	1.66	82.93	1.48	74.07	1.03	51.72
16	填空题	2	0.71	0.56	1.42	71.01	1.61	80.49	1.56	78.05	1.19	59.26	1.17	58.62
17	填空题	2	0.49	0.71	0.99	49.28	1.27	63.41	1.22	60.98	0.44	22.22	0.76	37.93
18	填空题	2	0.36	0.81	0.72	36.23	1.17	58.54	0.83	41.46	0.3	14.81	0.34	17.24
19	主观题	6	0.9	0.34	5.41	90.22	5.95	99.19	5.61	93.5	4.89	81.48	4.86	81.03
20(1)	主观题	6	0.85	0.35	5.1	85.02	5.61	93.5	5.41	90.24	4.93	82.1	4.1	68.39
20(2)	主观题	6	0.87	0.35	5.25	87.44	5.71	95.12	5.27	87.8	5.04	83.95	4.76	79.31
21	主观题	6	0.71	0.54	4.27	71.14	4.88	81.3	4.68	78.05	3.78	62.96	3.28	54.6
22	主观题	10	0.46	0.84	4.57	45.72	6.02	60.24	6.2	61.95	2.11	21.11	2.52	25.17
23	主观题	6	0.33	0.39	1.98	32.97	2.63	43.9	2.12	35.37	1.63	27.16	1.17	19.54
24	主观题	8	0.65	0.69	5.17	64.67	6.56	82.01	5.71	71.34	4	50	3.55	44.4
25	主观题	10	0.43	0.8	4.35	43.48	6.49	64.88	5.41	54.15	2	20	2	20

表2　八年级(1)班学生答题情况明细表

复旦初中2020学年第二学期八年级期中考试(数学)——八年级(1)班						
题号	题型	年级得分率	班级得分率	答对人数	答错人数	答错学生名单
8	填空题	82.61%	90.24%	37	[0,1):4	李同学(0分)、殷同学(0分)、汪同学(0分)、张同学(0分)
					[1,2):0	无
13	填空题	78.26%	90.24%	37	[0,1):4	李同学(0分)、潘同学(0分)、王同学(0分)、祁同学(0分)
					[1,2):0	无
15	填空题	76.81%	90.24%	37	[0,1):4	徐同学(0分)、刘同学(0分)、彭同学(0分)、邬同学(0分)
					[1,2):0	无
1	单选题	84.78%	90.24%	C:37	A:0	无
					B:3	程同学、尤同学、杨同学
					D:1	李同学
3	单选题	86.23%	90.24%	C:37	A:1	李同学
					B:3	谈同学、胡同学、李同学
					D:0	无
20	主观题	86.23%	94.31%	32	[0,3):0	无
					[3,6):0	无
					[6,9):3	焦同学(8分)、胡同学(6分)、陈同学(6分)
					[9,12):6	徐同学(11分)、黄同学(11分)、杨同学(10分)、汪同学(10分)、杨同学(9分)、谈同学(9分)
5	单选题	86.23%	95.12%	D:39	A:1	李同学
					B:1	刘同学
					C:0	无

(三) 原因分析

借助"智学网"提供的评价结果及测评数据,以下对第9题和第23(2)题进行更加精准的原因分析:

【试卷原题】9. 若一次函数 $y=(k-2)x+3-k$ 的图像不经过第四象限,则 k 的取值范围是_____.

【错因分析】本题答案为 $2<k\leqslant3$,考查学生对"一次函数图像的性质"的掌握情况,属于较为常见的题目类型,但班级得分率仅为53.66%,因此笔者在试卷讲评前进行了更进一步的分析,发现答错学生19人中有13人的答案是 $2\leqslant k\leqslant3$(表3)。经过沟通,发现这几位学生并不是不会做这道题,而是审题时没有看清楚"一次函数"这个条件,对该题进行了分类讨论,表面上看起来是混淆了一次函数、函数、常值函数几个概念,沟通后发现真正的错误原因是学生陷入了"思维定式",而没有仔细斟酌关键条件;另外几位学生,则是忽略了"经过原点"也满足"不经过第四象限"这个条件,因此截距需满足大于等于0,而不是大于0。

表3 八年级(1)班第9题答题情况表

题号	题型	年级得分率	班级得分率	答对人数	答错人数	答错学生名单
9	填空题	48.55%	53.66%	22	[0,1): 19	李同学(0分)、李同学(0分)、刘同学(0分)、杨同学(0分)、谈同学(0分)、孔同学(0分)、朱同学(0分)、潘同学(0分)、干同学(0分)、姚同学(0分)、王同学(0分)、黄同学(0分)、汪同学(0分)、焦同学(0分)、张同学(0分)、徐同学(0分)、米同学(0分)、曹同学(0分)、吴同学(0分)
					[1,2): 0	无

结合学生的错误原因,笔者进一步反思了自己的教学过程,发现平时在讲解这类问题时自认为比较简单易懂,因此不够重视,错误估计了学生的解题能力以及题目的易错点,因此在讲评这道题时,将重点放在以下几个方面:一是梳理基本概念,使知识结构化,帮助学生进一步深刻理解一次函数、函数、常值函数几个概念。二是引导学生在解决函数问题时,要学会根据条件"由数到形",再"由形

到数"进行验证,培养学生利用"数形结合"的数学思想方法严谨解题。三是引导学生认识到越是熟悉的题目、越是要避免陷入"思维定式",每道题都要关注题目中的关键条件,仔细分析。

【试卷原题】23.如图,在△ABC 中,过点 C 作 CD∥AB,E 是 AC 的中点,连接 DE 并延长,交 AB 于点 F,连接 AD,CF.

(1) 求证:四边形 AFCD 是平行四边形;

(2) 若 AB = 6,∠BAC = 60°,∠DCB = 135°,求 AC 的长.

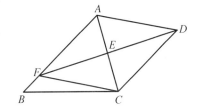

【错因分析】本题重点分析第(2)问,该问题主要考查学生通过添加"高"构造含特殊角的直角三角形,再利用勾股定理列方程求解的方法。全班 41 名学生,只有 7 名完整答出,有点惨不忍睹。通过进一步了解,有学生表示"时间来不及",也有不少学生说"思考了很久就是想不出如何添辅助线"。基于学生们的反馈,笔者不禁认真思考:"为什么平时反复讲过的方法,学生不能灵活应用呢?"

表 4　八年级(1)班第 23 题答题情况表

题号	题型	年级得分率	班级得分率	答对人数	答错人数	答错学生名单
23	主观题	32.97%	43.9%	7	[0,2):3	杨同学(1分)、黄同学(0分)、洪同学(0分)
					[2,4):30	李同学(2分)、徐同学(2分)、李同学(2分)、刘同学(2分)、胡同学(2分)、彭同学(2分)、杨同学(2分)、孔同学(2分)、朱同学(2分)、潘同学(2分)、王同学(2分)、邬同学(2分)、姚同学(2分)、顾同学(2分)、王同学(2分)、姚同学(2分)、祁同学(2分)、殷同学(2分)、黄同学(2分)、陈同学(2分)、汪同学(2分)、焦同学(2分)、张同学(2分)、蒋同学(2分)、程同学(2分)、张同学(2分)、徐同学(2分)、王同学(2分)、曹同学(2分)、张同学(2分)
					[4,6):1	尤同学(5分)

于是将本题与八年级第一学期学习直角三角形时分层作业上一道非常类似的题目进行了对比,进一步分析后发现教学中需改进的不足:

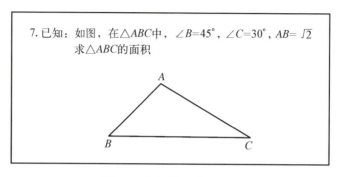

图1　八年级第一学期题目

一是引导学生把握关键条件,合理添加辅助线的落实不够。本题已知的边长是两个特殊角的夹边,添加这条边上的高之后,构造的两个特殊直角三角形就会缺少"边"的条件,因而需要引入未知数,列方程求解,而分层上这道题则不需要。经过思考,发现在平时讲作业时"就题论题"的方法是非常低效率的,不利于学生对于"为什么这样添加辅助线"的理解,例如该题,如果讲题时能进行"变式",把条件 $AB=\sqrt{2}$,改为 $BC=\sqrt{2}$,学生会更容易掌握添加垂线"构造特殊直角三角形"的切入点是"特殊角",而不是边。二是从复杂的几何图形中提炼出简单的模型的落实不够。本题中学生需要将含有特殊角和已知边的 $\triangle ABC$ 从复杂的背景图形中分离出来,因此在平时的教学中,要引导学生学会归纳"基本几何模型",潜移默化、循序渐进地对学生加强该方面能力的培养。

(四)改进策略

运用评价结果及测评数据进行精准质量分析后,发现自己平时教学中存在的一些问题,因此笔者结合学生情况制定改进策略如下:一是注重培养学生的审题能力,提高答题正确率。二是加强数学概念的教学,提高学生在理解中运用概念的能力。三是加强学生学习的精准分析,真正落实减负增效。

(五)改进措施

为了更好地落实改进策略,具体采取如下措施:

1. 加强教师示范

在审题时,可以带领学生读题,并圈画出关键词,先理清题目的条件和要求解决的问题,然后再解决问题。

2. 注重细节落实

在进行教学时,可以通过对比练习、变式练习等,让学生懂得解题时"一字之差,谬以千里"的道理,清楚哪些是关键词,体会审题的重要性。例如试卷中的第9题,可以把"一次函数"这个条件改为"函数"或"常值函数",把"不经过第四象限"改为"经过第一、二、三象限"。

3. 重视概念学习

数学概念是数学的核心内容,数学概念本身较为抽象,教学时要根据学生的年龄特点等,从具体事例出发,给予学生充分的时间,通过小组合作讨论等方式,归纳出具体事例的共同特征,提炼核心要素,最终帮助学生形成概念,加强概念辨析,引导学生学会用"思维导图"形成知识结构图,建立新旧知识之间的联系。

4. 落实精准分析

在平时的测验中,也要充分利用"智学网"阅卷系统的强大功能,帮助学生建立个性化的错题集,进行有针对性的查漏补缺,真正减轻学生的学业压力。

(六) 改进效果

通过与长宁区组织的八年级数学期末质量监测结果进行对比,笔者发现学生基础题的正确率有了很大的提高。期中与期末质量监测的题目总数均为25题,但小题数量不同,为了使得两者更有可比性,表5只统计了两者基础题部分(1~22题,除18题之外)得分率的分布情况,其中第21题均设有两小问。

表5 期中与期末质量监测基础题得分率对比

学期	平均分	100%	(95%,100%)	(90%,95%)	(80%,90%)	(0,80%)
期中	91.79	2	8	6	2	4
期末	84.93	8	5	5	3	1

数据统计不难发现,在试卷难度整体提高的情况下,学生基础题部分的正确率有了较大的提高,由于审题而造成的失分现象得以改善,尤其是有8道题的正

确率达到 100%，这也充分说明对学生进行个别辅导、有针对性的查漏补缺非常有效的。

通过对两张试卷同类型题目的对比，发现学生灵活应用数学思想方法解决问题的能力有所提高，如期中的第 23(2) 题和期末的第 25(3) 题，解题方法都是通过添加"高"，构造含特殊角的直角三角形来解决问题，两题的得分率分别为 18.9% 和 27.5%，后者的图形更为复杂，难度系数也更高，在此前提下，得分率反而有所提高，是非常难能可贵的。可见，在讲评题目时让学生清楚"这道题怎么做？""为什么这么做？怎么想到的？"是非常重要的。

两次测试，都有不少学生反映"考试时间不够用"，如何解决这一问题，这将是笔者接下来需重点思考寻求突破的问题。

"时代抛弃谁，从来不打招呼。"在以后的教学中，笔者将继续紧跟时代步伐，利用大数据，通过精准分析，对症下药，让"教师的教"与"学生的学"都能更高效，真正实现教育的高质量发展。

让我们一起努力吧！

参考文献：

[1] 鲍建生,周超. 数学学习的心理基础与过程[M]. 上海教育出版社,2009.
[2] 陶家友."错误"岂能"错过","跌宕起伏"成就精彩[J]. 中学数学(初中版),2012(12).
[3] 中华人民共和国教育部. 义务教育数学课程标准(2011 年版)[M]. 北京师范大学出版社,2012.
[4] 吴越,周元锋. 新课程数学复习课的设计[J]. 中学数学教学参考(下半月),2007(C2).

十六、基于人工智能数据分析开展的精准作文修改

上海市延安中学　吕　斌

作者简介：

吕斌，中学英语高级教师，长宁区学科带头人。全国第四届优秀中小学外语教师，第十三届上海市青年岗位能手，曾受聘于上海市高中英语学科中心组。所教授的英语课被评为中国教育部学科德育精品课程，在教育部组织的"一师一优课，一课一名师"活动中获"优课"称号。获"全国中学教学设计创意大赛"三等奖，《现代教学》2020年度优秀教学论文二等奖，上海广播电视台颁发的"优秀指导教师奖"等多个全国、市、区级奖项。主笔编写《新高考英语听力与口试》，参与编写《英语学科教学基本要求（试用本）》等书，在市级刊物上发表多篇文章。主持区级课题"应用在线英语写作评价系统优化高中英语写作教学反馈的实践研究"，新冠肺炎疫情防控期间参与华东师范大学上海教师发展学院的录像课摄制，为全国中学生提供教学课程。带教学生曾获"上外杯"上海市高中英语竞赛团体二等奖、学生个人一等奖，科普英语竞赛一等奖等奖项。

教育格言：

责任为基，质朴土壤托起参天大树；清白为底，无华纸上绘出绚烂华章。

[摘要]　结合区级课题"应用在线英语写作评价系统优化高中英语写作教学的实践研究",在本案例中,在线英语写作评价系统能够有效修改学生语法和单词搭配等问题,并且能够提供学生几个维度的数据情况,通过同伴修订和教师实时介入等策略,以求弥补基于人工智能在线作文批改的不足之处,提高学生的英语写作能力。

[关键词]　在线英语写作评价系统;精准作文修改;混合式教学

(一) 背景介绍

本案例基于教师的区级课题"应用在线英语写作评价系统优化高中英语写作教学的实践研究",这是第二课时。在第一课时,教师已经让学生通过在线英语写作评价系统写了作文,并且系统也给学生打分和指出相应的错误。案例发生时间为2020年11月20日,高三年级(5)班,班级学生属于中等程度的平行班学生,本案例旨在提高学生的英语写作能力。

(二) 数据呈现

本案例是作文第二课时。在第一课时,学生按照要求,写了一篇作文。作文题如下:

假如你叫李华,你们学校将组织高三毕业典礼,并在校园网上公布了如下方案,征求师生意见。写一封邮件给活动组织者,内容须包括:

1) 你认为方案中哪些地方需要改进,并提出修改建议;
2) 你的理由。

毕业典礼方案
主题:再见了,母校(Alma Mater)!
时间:2021年5月31日(周一)下午3:00
流程:1. 校长致辞　2. 颁发证书　3. 学生表演

通过在线英语写作评价系统的打分和数据反馈,得到如表1所示的数据。

表 1　在线英语写作评价系统的数据统计

	A	B	C	E	F
1	姓名	词汇丰富度	词汇难度	平均句长16.50	从句总数17.12
2	陈同学	6.49	5.82	19.5	24
3	陈同学	5.4	5.51	20	10
4	陈同学	5.72	5.56	15.88	9
5	丁同学	6.98	5.5	16.56	21
6	高同学	5.66	5.6	11.46	11
7	高同学	5.84	5.53	23.38	21
8	郭同学	5.48	5.35	11.94	21
9	姜同学	6.58	5.56	18.75	20
10	金同学	5.87	5.32	14.77	12
11	李同学	5.62	5.58	12.85	15
12	陆同学	5.32	5.1	22.38	25
13	马同学	5.89	5.2	14.08	17
14	马同学	5.89	5.64	16.6	9
15	潘同学	5.62	5.54	16.55	12
16	唐同学	6.9	5.97	19.4	17
17	王同学	5.85	5.33	14.5	13
18	王同学	5.53	5.85	11	16
19	王同学	5.64	5.7	17.5	7
20	王同学	6.22	6.03	14.85	5
21	王同学	5.58	5.47	9.89	17
22	姚同学	6.38	5.41	19.83	11
23	张同学	5.96	5.3	14.81	24
24	张同学	6.54	5.64	19.23	22
25	张同学	4.9	4.87	12.47	12
26	郑同学	5.86	5.51	17	15
27	庄同学	5.54	5.43	13.31	15
28	徐同学	5.51	5.41	13.34	15
29	吴同学	4.9	4.93	13.34	15
30	沈同学	6.01	5.99	17.1	16
31	陈同学	5.86	5.55	16	15
32	樊同学	5.54	5.41	13.23	15

维度概述 ＋

(三) 原因分析

虽然在线英语写作评价系统能够有效提示学生在语法、搭配等方面的问题，但是该智能在线英语写作评价系统不能做到对学生的语言组织方式进行有效识别，在写作的语气上也无法进行有效提示。

同时，在线英语写作评价系统对于学生的每次写作提供了许多可比较的数据。对比学生平时的英语学习发现有如下几个特点：

一是从句密度高的学生未必是英语语言能力强的学生，可能是学习中等的学生，他们有学习动力，所以能够跟着在线英语写作评价系统的提示来修改作文。

二是词汇丰富度和难度不能单方面体现学生的语言能力，但是综合这两者就能很好地显示学生的英语语言能力。通常掌握词汇丰富度高并且词汇难度高的学生,他们的语言能力比较强,属于优等学生。

(四) 改进策略

基于以上特点,教师在讲评的时候,着重把学生的词汇丰富度和词汇难度指数的高低的和进行排序,然后将学生精确分为五组,每一组均有词汇丰富度和词汇难度指数高的学生和低的学生,以便做到同伴修订(表2)。

表2 根据学生词汇丰富度和词汇难度的和进行排序和分组

	A	B	C	D	E	F
1	姓名	词汇丰富度	词汇难度	词汇丰富度+词汇难度的和	平均句长16.50	从句总数17.12
2	吴同学	4.9	4.93	9.83	13.34	15
3	陆同学	5.32	5.1	10.42	22.38	25
4	郭同学	5.48	5.35	10.83	11.94	21
5	陈同学	5.4	5.51	10.91	20	10
6	徐同学	5.51	5.41	10.92	13.34	15
7	樊同学	5.54	5.41	10.95	13.23	15
8	庄同学	5.54	5.43	10.97	13.31	15
9	王同学	5.58	5.47	11.05	9.89	17
10	马同学	5.89	5.2	11.09	14.08	17
11	潘同学	5.62	5.54	11.16	16.55	12
12	王同学	5.85	5.33	11.18	14.5	13
13	金同学	5.87	5.32	11.19	14.77	12
14	李同学	5.62	5.58	11.2	12.85	15
15	高同学	5.66	5.6	11.26	11.46	11
16	张同学	5.96	5.3	11.26	14.81	24
17	陈同学	5.72	5.56	11.28	15.88	9
18	王同学	5.64	5.7	11.34	17.5	7
19	高同学	5.84	5.53	11.37	23.38	21
20	郑同学	5.86	5.51	11.37	17	15
21	王同学	5.53	5.85	11.38	11	16
22	陈同学	5.86	5.55	11.41	16	15
23	马同学	5.89	5.64	11.53	16.6	9
24	姚同学	6.38	5.41	11.79	19.83	11
25	沈同学	6.01	5.99	12	17.1	16
26	姜同学	6.58	5.56	12.14	18.75	20
27	张同学	6.54	5.64	12.18	19.23	22
28	王同学	6.22	6.03	12.25	14.85	5
29	陈同学	6.49	5.82	12.31	19.5	24
30	丁同学	6.98	5.5	12.48	16.56	21
31	唐同学	6.9	5.97	12.87	19.4	17
32						

注:相同底色为一个小组

在同伴修订过程中,学生根据已有的修订经验,在教师的帮助下编制结合在线英语写作评价系统的检查列表工具。通过检查列表,推动同伴修订的开展,同时促进写作内容、结构、语言等的反思。

同时,教师适当介入,指出共性的问题,以便学生进行交流总结。

（五）改进措施

首先，教师指出在本次写作过程中，学生出现的一些没有被在线英语写作评价系统识别出的错误，介入指导学生的作文修改，注重引导从四个方面开展写作评价：

一是写作语气。是否在文章中使用了恰当的语气。

二是段落主旨句。是否出现段落主旨句，段落主旨句是否有效涵盖整个段落。

三是句间逻辑关系。句子之间语义是否有效连接。

四是用词是否恰当。用词是否正确表达想表达的含义。

然后，教师让每个小组进行充分讨论，在有教师帮助的讨论过程中，优等生会提示中等生和学困生需要在哪些地方改进，同时，优等生自身的语言能力也会有所提高。

最后，教师让学生总结平时写作的检查列表，学生在写作以后，可以根据检查列表进行自查和自我评价，从而更有效地提高自身写作能力。

以下是结合在线英语写作评价系统的检查列表：

1. Who is my SUPPOSED reader?

2. Did I consider the tone?

3. Were my arguments convincing enough? Did they achieve the desired results?

4. Did I use the topic sentence? Did it cover the content of the paragraph?

5. Were the sentences concise enough to express a clear meaning?

6. Were all the words used in the sentence appropriate?

这样的活动不是一次就结束的，通过学生每两周一次的写作，教师可以根据得到的数据进行动态分组，不断地进行师生和生生之间的写作尝试（表3）。运用混合式课程中期的设计策略，教师提前为学生提供必要的学习材料，包括写作案例等，并要求学生提前阅读和学习（策略一）。教师每两周会进行一次面授课，创设较高强度的教学临场感（策略三）。在课上，教师首先会选择一个写作主题如"对比与比较""如何写申请信"等进行讲解，学生再以小组为单位进行"头脑风暴"，对该案例的文体、语言、句式等进行分析和讨论，并将讨论结果与全班同学进行分享交流（策略四）。课后，学生需要根据当前学习主题进行写作并提交至作业区,所有学生的作业都会在作业区进行在线批改。教师除了对学生进行评价外,还设计了线上同伴互评活动(策略四),以激励学生的持续参与。在下一次的面授课上,教师会对学生上周的作业进行面对面的点评和指导,持续激发学生的学习积极性。

表3　混合式教学策略

活　动	学习方式	混合式教学策略
写前材料和写作要求	线上	策略一:建立归属感,形成良好氛围
讲评写作主题	线下	策略三:了解课程,信任老师
小组谈论,修改分享	线下	策略四:激发学习动机
重新修改上传作文	线上	策略四:激发学习动机

(六) 改进效果

学生的语言能力是需要长期锻炼的,所以无法通过一次课就看出明显的效果,所以教师在整个一学年中,基于在线英语写作评价系统给出的数据,不断地进行动态分组,从而使学生的整体写作能力不断提高。

表4展示了学生提交的初、终版作文在各写作维度上的数值变化,一是学生终版作文词汇丰富度与词汇难度较初版均有所上升,写作用词多样性增强,词汇的选择范围增大,学生对于更高难度词汇的使用有所增加,整体用词质量有明显提高。二是学生终版作文句子长度在合理范围内略有上升,基本保持稳定;从句密度略有提升,学生在修改过程中调整句式,精炼表达,句子结构发生变化,句式表现极为突出,学生作文在句子维度数值表现上相对稳定。三是学生终版作文拼写正确率与句子语法正确率相较初版均有明显提升,学生写作过程中的语法错误敏感度提高,作文的语法质量提高,自主写作语法优势明显。由表4数据我们可以发现,经过多元评价有效修改的学生作文在词汇丰富度、平均句长、从句密度、文章长度等词汇、句篇、语法相关维度数值上有明显优势。这说明多元评价对于学生增加用词多样性、句式运用、减少语法错误等写作学习行为产生了驱动作用,对学生整体写作水平提升产生了积极影响。

表4　延安中学高三(5)班学生作文综合维度数据变化

具 体 维 度	初　　版	终　　版
词汇丰富度	5.41	5.59
词汇难度	5.32	5.39
平均句长	17.25	17.63
从句密度	1.31	1.35
文章长度	158.06	172.92
平均段落数	3.57	3.68

参考文献:

[1] 汤青,秦惠康.高中英语写作教学实践研究系列丛书:独立的写作[M].上海:上海教育出版社,2015.

[2] 冯晓英,王瑞雪."互联网+"时代核心目标导向的混合式学习设计模式[J].中国远程教育,2019(7).

十七、基于写作板块数据分析　提升学生写作品质

上海市延安实验初级中学　蔡文圆

作者简介：

蔡文圆，上海市延安实验初级中学语文教师，曾获上海市长宁区"希望杯"教育论文（论文类）二等奖、"希望杯"教育论文（叙事案例类）一等奖、"课堂工程"研讨活动二等奖、"长三角"教育科研论文三等奖，上海市教育学会学习科学专业委员会举办的"在线教与学"专题征文三等奖，上海市长宁区教育学院和上海市长宁区教育学会联合开展的"基于数据分析的教学改革"案例征文活动中学组二等奖等奖项。

教育格言：

三寸粉笔三尺讲台育花苗，一颗丹心一生秉烛献春华。

[摘要] 如何提高写作教学的精准性、有效性一直是语文教师急需解决的教学问题。"小闲智慧"系统是上海市延安实验初级中学为提高教师数据分析效率、提升教师教学有效性而引进的学生考试数据分析平台。本写作教学案例就是基于"小闲智慧"系统数据平台对延安实验初级中学初三(5)班学生在初三一学年进行的各种阶段性测试中写作板块数据的跟踪分析。通过对写作板块不同分数段得分情况的数据分析,发现不同分数段学生的不同类型写作问题,并进行针对性写作策略指导。同时通过数据对比分析,检验策略实施效果,并改进下一阶段写作教学策略。

[关键词] "小闲智慧"系统数据平台;写作策略;改进措施

(一) 背景介绍

写作板块是中考语文试卷中分值占比最大的部分,而写作也是学生最害怕的老大难问题。学生对于写作常常不知道从哪里入手,而教师在写作教学方面,也存在对学生写作情况排摸不清、写作教学目标不明确以至于施教策略缺乏精准性、针对性等问题。"小闲智慧"系统数据平台的出现,帮助教师实现了对学生测试中写作板块数据的准确掌握,也便于老师在写作教学中"对症下药",精准施教。

"小闲智慧"系统数据平台将教师从传统分数统计中解放出来,不仅可提供班级小题分均分和得分率比较,还可提供不同分数段数据统计图表,使数据比较、数据跟踪一目了然。本案例就是基于"小闲智慧"系统后台数据统计与分析,以上海市延安实验初级中学 2017 级初三(5)班在 2020 学年中所参加的所有语文阶段性测试数据为例,分析其中写作板块的得分率和各分数段分布情况,从而进行针对初三(5)班写作问题的策略研究,以提升该班学生的写作品质。

(二) 数据呈现

图 1 是 2017 级初三年级学生在进入初三后第一次阶段性测试的写作板块得分率柱状图,从中我们能一目了然地看到初三(5)班的得分率明显低于其他班级。

图 2 是初三(5)班在初三第一次阶段性测试中的写作板块不同分数段的得分率柱状图。从中可以看到一定数量低分段的学生是拉低班级整体得分率的关键。即便是达到中考 B 类作文的习作,所处分数段也在较低位置。

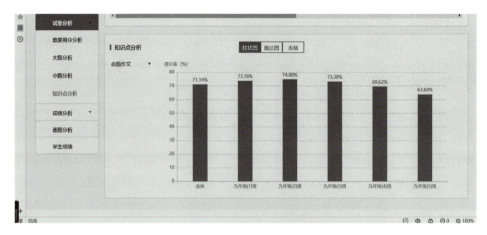

图1　初三学年第一次阶段性测试写作板块得分率柱状图

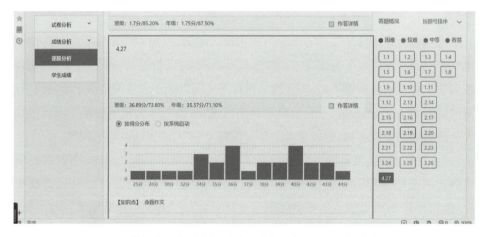

图2　初三学年第一次阶段性测试写作板块初三(5)班得分率柱状图

(三) 原因分析

结合试卷答题情况分析,部分低分段的学生是因为在规定时间内无法写完作文,字数自然也是达不到要求的。为何写不完?学生反馈,主要是觉得无话可说、无事可叙。每天的生活就是两点一线循环往复,这部分学生往往觉得没有什么特别的事值得写进作文。即使有合适的素材,学生却无法表达自己所了解的内容或自己也没意识到这些内容就是写作内容。

另一部分作文得分在B类下、C类上学生的主要失分点,一是在叙述事情过程中,面对复杂的现象难以捕捉,更难以言说,只好笼统地描述大致的印象,不善于运用描写、插叙、倒叙等表达方式,叙述无变化,描写不生动,主旨就显得空洞;二是在叙述过程中,一镜到底,结构上没有层次性,而且详略不当,往往将事件的起因写得十分详细,但失败后如何慢慢成功、成长这样的表现主题的主体部分却写得很笼统,"突然成功""一夜长大"等不符合现实的叙述成为失分的主要原因。

(四) 改进策略及措施

1. 解决低分作文,个别辅导写完篇

第一步,挖掘写作素材。很多学生一到写作文就觉得没什么可写的,尤其是写作基础薄弱的学生,于是有的学生就会脱离现实生活编故事,以致写出来的作文假、大、空。因此要帮助他们挖掘生活中的真实素材,描述当时的真实感受,写出真情实感,只有能打动自己的作文才能打动读者。在写作前的指导中,教师组织学生就写作题目进行"头脑风暴",挖掘出学骑车、学游泳、做家务、学做菜,养狗遛狗、陪奶奶看病、给爷爷奔丧等素材蕴含的真情实感。

第二步,尝试写完篇。有个别学生想来想去仍只会写"学骑车",而整个学骑车的过程写起来也完不了篇。怎么办?学骑车是学生真实生活体验,写不来的关键在于学生不知道自己脑中具有"骑车"的丰富体验,不知道这些感受都可以放到写作中。教师相应的指导策略是教给学生从自身经验中调用或选择适宜内容并加以有效组织。

以"学骑车"为例,可引导学生思考如下问题:一是你的新车是什么样子的?你学骑车前抱着怎样的期待?二是双手第一次握着自行车手把时是什么感觉?跟之前想象的有何不同?三是第一次骑上自行车时,自己身体是什么感觉?心里是怎样想的?四是在经历了多次失败后,自己心理发生了怎样的变化?之后又是如何重拾勇气和信心的?五是第一次成功骑行了一段距离时,身体的感觉与刚学时有什么不同?内心又有怎样的变化?六是学骑车的过程使你有什么收获?当从这几个方面回答完问题后,学生发现自己轻轻松松地就已经写了很多字,对写作也有了信心。

其实学生缺乏的是将"自我感受"融入写作的能力,上面的六个问题就是将学生的写作内容指向学生体验。这六个问题其实可以分为两大类,一类是时间维度,即将"学骑车"过程分为学车前、学车时、学车后三段;另一类是物我维度,既写自行车这个对象,又写自己骑车时的具体感受与体验。

2. 提升 B 类作文，从丰富细节开始

有一部分学生写作，虽然能写完篇，叙事也是完整的，但总感觉是在泛泛而谈，不生动，更不能打动人。主要原因是生活现象是多维的、全息的，事件发生的实际时间可能只有短短几分钟甚至几秒钟，但时间背后包含着复杂的情境和因素，当我们用线性的文字叙述复杂的多维事件时，不能以"真实时间"长短来决定"叙事时间"长短。所谓"真实时间"是指事件发生的实际消耗的自然时间状态。所谓"叙事时间"是指故事内容在叙事文本中具体呈现出来的时间状态。因此，叙述一个多维复杂的事件时，需要逐一多维展开，要拉长"叙事时间"。拉长"叙事时间"的策略就是：拆分时间摹细节，联想想象引插叙。

拆分时间摹细节。要拉长"叙事时间"，就要将在"真实时间"内发生的事情的每一个步骤具体展现出来，将每一个细节细致描摹出来。以篮球比赛的投篮过程为例，投篮时刻往往是最激动人心的，学生一般会以"真实时间"来叙述投篮过程，明明是最激动人心的精彩部分，却以简短叙述一笔带过。要拉长"叙事时间"，就可以从"拆分时间"做起，投篮过程是以秒来计的，我们就以秒为单位进行细致描写，可以运用动作描写描摹篮球运动员的每一步动作，运用肖像描写描摹运动员投篮过程中的神态变化，运用心理描写揣摩运动员投篮时的微妙心理变化。

联想想象引插叙。拉长"叙事时间"是对时空相同的生活细节进行叙事铺排，通过联想想象引入插叙，是对时空不同的另一生活细节的叙述。插叙，一般起到补充交代的作用，能够丰富叙述节奏和主旨。还是以最普通的素材"学骑车"为例，可以尝试在不断学习骑车又不断经历失败的时候，插叙自己曾经经历过的失败而不气馁的往事，或插叙自己曾经遇事失败后放弃的经历，来反思当人生不断遇到苦难挫折该如何对待的问题。

3. 争上 A 类作文，结构立意有层次

对部分已经能够达到写完整、写生动要求的学生，就要对其提出更高的要求，要争取达到 A 类作文。这就要求其在叙事中增加"曲折感"，这个"曲折"不仅指事件经过的曲折，还指人物内心感受的曲折，更指叙事者在整件事情发生过程中情感、思想上的提升。这些"曲折"要通过架构具有层进性的文章结构来实现。

以学生最熟悉也写得最没新意的素材"学做菜"为例，如何翻新老材料使其焕发新生？即增加叙事的曲折感。从事情的曲折感来说，第一次学做菜，会经历菜没洗干净、下锅被热油溅到、煮得太熟或太生、调味太咸或太淡等曲折的经历；从内心的曲折感来说，伴随着事情的曲折，内心会或惊吓或失落，当自己烧的菜被

别人品尝并得到夸赞时,内心又会小小得意一番;从思想的曲折感来说,由学做菜的曲折,引申到学习任何一门技能可能会遇到的曲折,再想到人生道路上的一路荆棘坎坷,该以怎样的态度来面对呢? 不仅要有不服输的勇气、有坚持不懈的毅力,还要有积极反思、调整前进方向的思考力,更要有准备好迎接未来挑战的平常心。

(五) 改进效果

根据以上写作策略,按照初三(5)班学生在初三学年第一次阶段性测试写作部分得分,将其分为三个层次实施写作指导。图 3 显示的是初三学年最后一次阶段性测试写作部分得分情况,从图 4 中可以看到初三(5)班不及格的低分段学

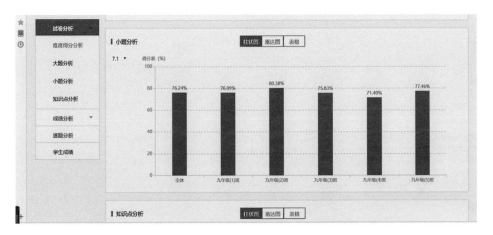

图 3　初三学年最后一次阶段性测试写作板块得分率柱状图

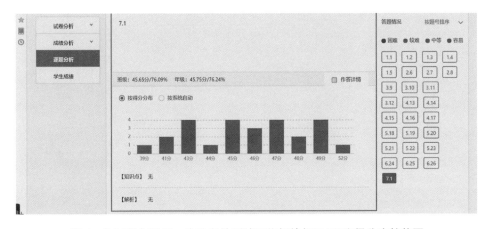

图 4　初三学年最后一次阶段性测试写作板块初三(5)班得分率柱状图

生已经全部进步,进入了及格的队伍;更多的学生集中在40～50分的分数段;甚至有学生达到了50分以上的层次。且从班级平均分得分率来看,也较初三伊始有了进步,写作训练的效果显著。

基于"小闲智慧"系统数据平台的数据分析,使得教师能够准确掌握学生在阶段性测试中各板块的得分情况,以及各板块的各分数段得分情况,这对于写作教学很有价值和意义。基于数据分析的写作教学有了更强的针对性、精准性,提高了语文教师写作教学的有效性。而教师的精准施教也让学生真正地学有所得。

十八、理想课程走向"泾"彩,助力学生理想发展

——"基于绿色指标的教学改进与实践研究项目"案例

上海市新泾中学　余　琼

作者简介:

余琼,中学数学高级教师,1997年毕业于华东师范大学数学系,现任上海市新泾中学教导处主任。曾获长宁区第三届、第六届"长教杯"二等奖,长宁区"课堂工程"研讨活动一等奖,长宁区教育学会优秀教育论文二等奖,"黄浦杯"长三角城市群"成长纪事"征文三等奖及长宁区教学工作研讨活动优秀教学评价案例奖,等;获评长宁区教学工作研讨活动先进教学工作者,长宁区优秀教职工代表,长宁区教育系统优秀共产党员,长宁区园丁奖,上海市义务教育优秀招生工作者等。参与区级一般课题"信息技术下翻转课堂的实践研究"、区级重点课题"基于学生学习问题的教学改进研究"、市级课题"初中数学个性化目标的确定和达成的途径方法的研究"的实践与研究等。

教育格言:

认真做事,简单做人。

[摘要]　学校聚焦"绿色指标"中的学生学业水平指数、学生学习动力指数等,重点围绕着学校课程建设,关注学生全面发展,营造良好育人环境开展积极的探索与实践。立足课程教学改革和学生核心素养的培养,着力开发、构建了以基础课程为主体、特色课程为龙头、劳动教育和科技教育为两翼的理想课程,培养学生自信心、学科核心素养和解决问题的综合能力,促进了学生全面发展和个性化发展。把"修德""启智""砺志""尚美"的课程目标,渗透于基础性、拓展型和探究型三类课程的开发与实施过程中,建设以校为本的、科学的、规范的、着眼于学生持续发展的质量保障体系,切实提高学生的学习生活品质。

[关键词]　绿色指标;学校课程建设;理想课程

(一) 背景介绍

2010年,上海市教育委员会颁布的中小学生学业质量的"绿色指标"体系,旨在引导全社会保护青少年的健康成长,引导教育部门科学地管理教学,引导学校和教师遵循教育规律,形成实施素质教育的良好教育秩序和环境。

测试对象：新泾中学2018年九年级部分学生（含非本市户籍学生）,以抽样的方式确定参测学生名单。

测评手段：采用学科测试和问卷调查收集数据。

测评时间：2018年10月27日。

学科测试涉及语文、数学、英语、科学、艺术五门学科。测试内容不仅包括学生在基础知识、基本技能方面所达到的水平,还包括时代发展所要求的中小学生所必备的搜集处理信息、自主获取知识、分析与解决问题、交流与合作、创新精神与实践能力等核心素养。

使用学生、教师、校长、家长问卷,了解学生学习、教师专业发展、学校发展状况、家长对学校教育的感受状况及影响学生学业水平的相关因素。

学生问卷调查的内容包括学生基本情况、国际视野、品德行为、对学校的归属感、师生关系、同学关系、学习压力、学习动机和学习自信心等。

教师问卷调查的内容包括教师基本情况如学历、任职经历、职称、工作感受情况、教师对学校教学管理的评价、教学观念、学业评价能力和教师专业发展需求与困难等。

校长问卷调查的内容包括校长及学校基本情况、校长课程领导力、办学自主权、国家课程开设情况和对教师的专业支持等。

家长问卷调查的内容包括亲子关系、对孩子学业的支持以及对学校教育的感受等。

(二) 数据呈现

新泾中学作为一所公办的普通初级中学，积极参与了2018年"绿色指标"的测试。学校在教育教学过程中遵循上海基础教育工作会议上提出的教育质量评价上要从过度注重学科知识成绩转向全面发展的评价。必须重新审视教育质量评价标准，有所取舍，有所更新，更加科学地理解和追求教育质量的意见，关注"绿色指标"中学生学业水平指数、学生学习动力指数、学生学业负担指数、师生关系指数、教师教学方式指数、校长课程领导力指数、学生社会经济背景对学业成绩的影响指数、学生品德行为指数、身心健康指数等十方面内容，建设以校为本的、科学的、规范的、着眼于学生持续发展的质量保障体系，切实提高学生的学习生活品质。

从2018年"绿色指标"测试结果来看，新泾中学学生的学生学业水平指数、个体间均衡度、学生学习动力指数较低。根据"绿色指标"的指标体系，学生学业水平指数包含学生学业成绩的标准达成度、学生高层次思维能力指数以及学生学业成绩均衡度。其中新泾中学学生的高层次思维能力指数明显低于上海市和长宁区的数据。学生学习动力是学生对学习行为价值判断基础上的心理驱动总和，主要包括学习自信心和学习动机两个方面。这两个方面学校的得分均明显低于市、区水平(图1、图2)。

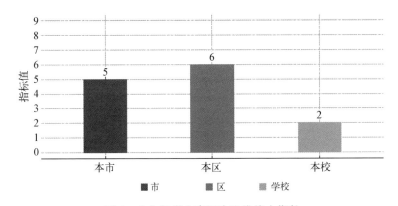

图1 九年级学生高层次思维能力指数

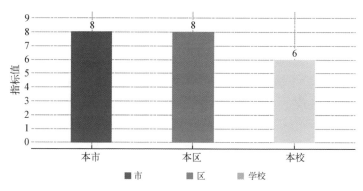

图 2　九年级学生学习自信心指数

（三）原因分析

根据数据分析,可以发现新泾中学学生存在以下两个方面的问题:

一是随着年级的上升、课业难度的提升与自我认知的日趋成熟,学生的自信心下降,导致学生对学习投入度降低并产生了焦虑、自我否认等负面情绪。

二是学生高层次思维能力低。学生在知识迁移、推理、批判性思维和创造性思维能力等方面不理想,导致学生解决问题的综合能力低。学生高层次思维能力指数的不足,说明在教学中学生思维能力方面的收获要少于知识传授,教师在传授知识中,对思维能力的点拨还处于相对弱势状态,这也说明教学转型的任务还相当艰巨。教学的转型则需要教师理念的转变和学校课程的调整,通过课程的设置和教师教学方式的改变来促进高层次思维能力的提升,最终促进学生自信心的提升。

另外,从 2018 年"绿色指标"测试数据来看,新泾中学学生艺术素养指数较好,但还是略低于全区平均水平(图 3),还没有发挥出沪剧特色教育的优势。良

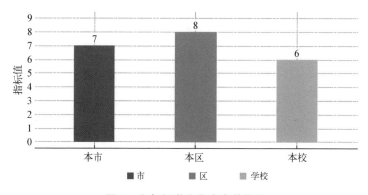

图 3　九年级学生艺术素养指数

好的艺术素养可以让学生获得美的感受,通过濡染、体验,提升人文情怀,培养学生健全的人格,为未来发展打下坚实的基础。这表明新泾中学在发展中存在如下问题:学生发展个性差异较大,特色课程的普适性不够,特色不彰,学生的综合素养还有待提升。

(四)改进策略

近几年来,新泾中学聚焦"绿色指标"学生学业水平指数、学生学习动力指数等,重点围绕着学校课程建设,关注学生全面发展、营造良好育人环境开展积极的探索与实践。立足课程教学改革和学生核心素养的培养,着力开发、打造具有地域特色和学校特点的校本课程,如"理想课程"以"让每一个学生得到理想发展"为课程理念,把"修德""启智""砺志""尚美"的课程目标渗透于基础性、拓展型和探究型三类课程的开发与实施过程中。

(五)改进措施

1. 基于测试,诊断学生差异化特征,明确课程目标

新泾中学坐落于长宁区西部的虹桥临空经济园区,创办于1968年,办学之初是一所教育教学设施、师资队伍等办学条件都比较薄弱的农村学校。目前学校已经发展为一所具有先进的教学设施、优美的校园环境、良好的教师团队、享有较好社会声誉的公办初级中学。

学校环境、学生生源结构等都已经发生了很大的变化,学校需要重新思考发展的方向和定位。学校成立以教导处和科研室联合的课堂教学改革工作领导小组,分析学校现状,研究我国基础教育课程改革的背景和意义、新课程的目标体系和课程标准,理解、认同新课程的基本理念,研讨开展课程改革实施的途径与方法。

为适应教育改革发展和校情、学情的变化,结合长宁区"为了每个学生更好地学习和成长"的教育理念,经过领导小组多次的研讨以及师生、家长反复讨论,广泛听取社区、专家组意见,明确了学校的发展方向:着眼于学生综合素质的提升与学生的多元发展,使学生通过四年的初中学习,掌握一项或几项符合自己兴趣的技能或才艺,提高生存技能,为自己未来的发展奠定基础,培养"有理想、有追求、有发展"的新泾学子。

通过对"绿色指标"测试的数据分析并与部分学生座谈,了解到学校学生随

迁子女比例较高，他们与上海市生源学生的家庭和社会背景、经验有很大的差别；也了解到每位学生有着不同的学习风格，他们与不同的领域相联系，比如语言的、逻辑数学的、体育或运动的、音乐的，空间感知的和自然观察的领域等。有的学生偏爱进行具体或实践的学习，而另一些学生则更喜爱进行抽象的学习；有些学生喜欢通过阅读和写作的方法取得较好的学习效果，而另一些学生则更多的通过听、说来进行学习。正因为如此，我们的教育就要考虑到而不是否认或者忽视人所具有的不同的智力和长处，这样的教育才能取得最好的效果，课程的设置更应该如此。

学校进一步明确了办学理念内涵，即让每一位新泾学子能在原有基础上获得自己及家长希望的身心健康、学习生活幸福、学业成就发展，"绿色指标"指数得到提升。作为办学理念实施载体的学校课程，应从目标结构、内容实施、评价等方面对学生的差异作出回应，构建差异化的课程，最终实现学生的全面最大化发展。

具体来说，我们从以下两方面进行思考：

一是从课程难度上，可以把课程构建成一个围绕学科核心素养，从低到高的动态能力阶梯课程。教师应依据学生学习的动态发展能力，不断地进行调试，开发出从低到高不断增升的课程及一些特殊的课程，如学习补救课程、智优课程、跨学科综合课程等。这些课程是分等级的，最终要形成一个纵向的课程。

二是从课程广度上，可以把课程构建成一个横向的功能互补、层次分明的课程连续系统。这一课程连续系统有不同的课程模式作为课程的要素或链接，这些课程模式中包括传统课程与多学科、跨学科课程及综合课程等，其中完全由学生自主设计开发的超综合新课程，为横向的课程连续系统中的最高形态。

2. 基于现状，设计学校理想课程，助力理想发展

学校聚焦"绿色指标"相关指数，关注学生全面发展、学生核心素养的培养，着力开发、打造具有地域特色和学校特点的"理想课程"，以"让每一个学生得到理想发展"为课程理念，把"修德""启智""砺志""尚美"的课程目标，渗透于基础性、拓展型和探究型三类课程的开发与实施过程中（图4）。

但学校的课程建设如何寻找新的生长点，成为我们思考的重点。随着上海市中考制度的进一步改革，国家、社会、学生对学习的需求提出了更高的要求和期待，对学习的定义也有了更加广泛的理解。在教育新一轮改革的过程中，新泾中学只有积极抓住机遇，才能让我们的学生有更加理想的发展。

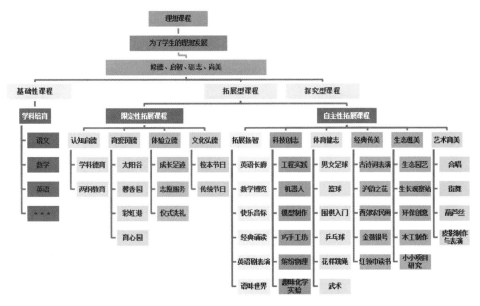

图 4 学校初步构建的"理想课程"框架

学校从办学宗旨、学生学习需求、社区资源特色、教师群体特点分析出发,从完善方案、调整科目等方面入手,优化学校课程结构。

一是以培养德、智、体、美、劳五育并举,全面、和谐、均衡发展的人为目标,开展学科与活动的规划设计,课时安排、课程内容的选择均衡性研究,将更多的综合课程和活动课程纳入课程体系,执行以必修课和选修课相结合为主的多样化的课程结构。处理好课程的分科性与综合性,统一性与选择性,持续性与均衡性的矛盾,着重实现课程结构的综合性、选择性与均衡性。实现国家课程与校本课程相结合、课程实施与学生生活经历相结合、校本课程与社区资源相结合、课程的多样性与学生的全面发展相结合、课程评价与学生个性发展相结合的模式。

二是根据学校的办学宗旨,以上海市课程计划为标准,实现课程结构的调整,对原有课程进行归类和梳理,开展学校文化特色的校本课程的开发研究,以适应学校发展。本着整体构思、择优扶持、重点建设的原则,强化沪剧、女足两个特色课程,重点开发和构建基于三类课程整合的 STEAM 课程。

三是课程本身是一个开放的系统,目标是为学生打开广阔的学习天地,使他们有更多的自由选择和发展自己兴趣爱好和才能的余地,促进学生身心健全地发展。我们需要在原有的"理想课程"框架上,让各类课程建设呈现网络化发展,既可横向拓宽,又可纵向加深,为课程的后续发展预留发展的空间。

在这样的课程理念引领下,学校重新整理形成纵向的修德、启智、砺志、尚美四大课程群,横向的生命安全、生活体验、生涯规划、节日庆典,以 STEAM 课程渗透于四大课程群,纵横交错,形成一张课程网(图 5)。

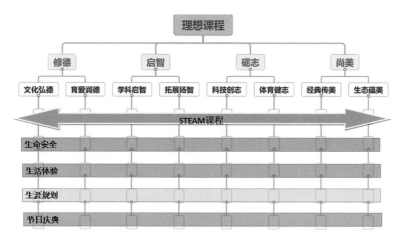

图 5 "理想课程"网

"理想课程"注重对学生德(道德)、知(智慧)、志(意志)、美(审美)等要素的培养,使之成为有自信、懂礼仪、会学习、强体魄、守法纪的有用之才。

"修德"课程群是学校根据自身的特点,深入挖掘校内外的课程资源,以传统节日和校本节日相结合,以主题教育和专题教育相结合,以校内活动和校外实践相结合的形式,开发反映学校教育特色、适合学生发展的校本德育课程。它是特定年级学生必须参加的限定拓展型课程,包含文化弘德,育爱润德等主题课程。

"启智"课程群为基础性必修课程和学科拓展课,包含学科启智、拓展扬智主题课程。旨在激发学生学习兴趣,培养学生的学习能力,为学生今后的可持续发展奠定基础。

"砺志"课程群内容主要为"科技创志""体育健志"主题系列课程,课程类型为自主拓展型课程。旨在培养学生的科学精神,促进学生身心健康,逐步形成一定的创新意识和创造能力,激励学生在锻炼身体素质的过程中形成坚强的意志品质。

"尚美"课程群内容主要为"经典传美""生态蕴美""艺术育美"等主题系列课程,课程类型为自主拓展型课程。旨在培养学生认识、发现、追求、创造生活之美的意识和能力,提升自我的气质与修养。

3. 基于实践,重构理想课程框架,聚力课程建设

(1) 以特色课程为龙头,继承、弘扬、创新、进取

一是点面结合传承弘扬沪剧和女足特色。

"泾"彩沪剧:学校继续将沪剧项目作为特色教育的重点内容纳入学校发展规划。在学校理想课程体系——"尚美"课程群模块下形成"'泾'彩沪剧"课程。通过引进沪剧教师和聘用沪剧团的教师来加强课程建设和队伍培养,进一步提升学生对中华优秀传统文化内涵的理解、传承和弘扬。

学校利用每周二的午休时间进行"沪韵之声"校园广播,将一些经典的沪剧片段或学生表演片段播放给全体学生听,让他们了解沪剧这一上海经典戏剧,在学生血脉里植入民族文化的基因。

学校利用每周两次的沪剧拓展课时间,开展沪剧教学,形成并开设了"阿拉说沪语(学说上海话)""阿拉学沪剧(学习沪剧表演)""阿拉创沪声(沪语作品创编)""阿拉传沪韵(沪剧非遗辐射)"等系列校本课程。此课程以"认知学习→体验实践→传播弘扬"为主线,使学生通过系统学习了解传统文化,实践体验感悟传统文化,传播弘扬推广传统文化。

"泾"彩足球:新泾中学是全国校园足球特色学校,学校也将校园足球作为立德树人的载体,积极推进素质教育。在"砺志"课程群模块下形成了"'泾'彩足球"课程。

学校的足球教学涉及全校各个年级。一方面,在体育课中加大足球活动的课时所占的比例,传授足球文化、技能和相关知识,让更多的学生认识足球、了解足球、热爱足球。另一方面,利用每周两次的体育锻炼课和每周拓展课实践,积极开展足球教育活动。按照六至九年级学生不同阶段能力,分层设计各种足球活动,由易到难,形成"人人都参与,班班有球队,年年搞足球系列比赛",提升学生对足球运动的兴趣,提高足球技战术能力。学校制定了足球竞赛制度,每年组织校内各个年级组参加足球班级联赛及其他足球活动。

学校还以家、校共育为平台,组织开展亲子共同观看中超上海女子足球队足球赛等活动,将足球文化引进家庭。

二是依托社团重点发展创新特色课程。

根据学生的爱好和特长,成立学生社团,通过社团的个性化辅导和训练,发掘和培养一批有特长的学生。

1995 年学校就成立了沪剧社团,后被评为长宁区中学生重点艺术团队,是

长宁区教育系统传统戏曲"五朵金花"之一。沪剧社团在25年的传承和发展中,先后聘请上海市沪剧团、长宁区沪剧团的老师进行表演、形体等内容的教学,共创作排演《美在新泾》《江姐》《母亲》《智斗》《乡思》《绣红旗》等100多个节目。社团学生学唱戏、学做人,涌现出一批不仅热爱沪剧、有沪剧表演特长而且学习成绩优秀的沪剧小花。

2013年学校成立了女子足球队,初期只有7名队员。随着队员和教练团队的逐年壮大,成绩从无到有,现已达到近30名球员并且每个年级都有球员加入,形成U12-U14梯队。后又成立了男子足球队,在球队的管理上采用学习训练一体化,把学校足球队的训练和文化课学习纳入学校的工作计划之中,保证每位队员成为德、智、体、美、劳全面发展的学生。学校聘请专业足球教练员、少体校的教练为足球社团进行训练,传授良好的技能,足球队水平稳步提升。

学校女足队每年会参加长宁区的足球比赛,不定期参加各类区和市里的邀请赛、友谊赛及与足球相关的夏令营、冬令营等活动,以训促赛,以赛代训,在比赛中提升技能、提升队员素质。

(2) 以劳动教育为左翼,树德、增智、强体、育美

学校从实际出发,成立劳动教育校本课程开发研究小组,开展劳动课程建设。教师充分利用学校潜在的教育资源,引入与学生生活实际、社会生产实践相关的教学内容,使学生感受新信息和新科技,并充分利用劳技室、生态博睿园、学校绿地等开展劳动教育,以更有效地实现劳动技术教育的目标。

一是从劳动技能向生涯规划推进劳动教育。

在各年级开设劳技课程,以多种形式开展劳动实践活动,组织学生在校园、生态园、周边社区等参加生活劳动、生产劳动和服务性劳动,有计划、有层次地推进生涯规划教育。六年级通过"访问身边的亲人"认识不同的职业;七年级通过"跟着父母上一天班"体验不同的职业;八年级则通过"调查不同的职业所需专业知识"了解不同的职业;九年级安排了职业教育课程体验。学校通过让同学们接触职业课程,体验职业生活,接受生涯指导,培养职业意识,来合理地规划职业生涯并选择初中后教育类型,让学生的学习和发展心态由被动向主动转变、由整齐划一向追求个性转变,实现学生的理想发展。

二是从单学科向多学科融合发展劳动教育。

学校依托本校绿色创新探究实践基地——生态博睿园,开发融合基础教育知识与实际应用能力为一体的劳动实践活动,采用PBL项目式学习,进行多学

科融合,为学生提供探究式学习的环境,使学生在知识学习和实践劳动中提升劳动素养,增加解决问题的能力。

以《呀!土豆》PBL项目活动为例。本项目中学生围绕如何利用现代农业技术解决劳动力减少、增大农作物产量、保证粮食需求等问题,以种植土豆为例,设计方案来解放人力,获得最大化的土豆产量。一是种植土豆,绘制漫画类自然笔记;二是探究光照对土豆种植的影响及提高土豆产量的最佳方案;三是通过种植实践反馈进行优化,设计并制作适合土豆生长的培养基;四是土豆生长过程中教师带领学生了解植物特征,制作花、叶标本及小制作;五是土豆成熟后开展设计土豆包装盒、销售海报与广告语以及售卖土豆等活动,帮助学生利用生物、物理、艺术、数学等学科的知识,进行协作创新的小组合作,设计多种方案解决不同的问题,提高学生的综合知识技能素养,体会生产劳动的快乐。

(3) 以科技教育为右翼,生态、创新、交融、合作

一是以科技活动为载体开展科技普及教育。

学校以基础教育为依托,通过科技社团、科技活动以及创新大赛等开展科技创新教育。每学年开展一次主题鲜明的学生科技节,科技活动推陈出新,将线上线下活动、科技活动与日常教学有机融合,师生参与率达95%以上。通过请进来、走出去的形式,为学生打开科技的大门,开阔视野,增长见识。

二是以STEAM课程为抓手促进科技教育纵深发展。

学校以全员化STEAM实践技能的普及活动、多学科STEAM知识有机融合的课程建设、个性化STEAM科创实践能力的培养等三位一体的科技教育模式为载体,让每一位学生在体验中思考、在思考中创造、在创造中发展。

近年来,已经有"过滤柱""机械能的应用""走进花的世界""认识植物"等数十堂科普教育课走入生态园。拓展课程"生长观察站"通过体验现代农业的育苗、种植、分析等过程,逐步引导学生熟悉现代农业技术发展的水平;通过体验生态创意园内部雨水过滤、土壤酸碱度控制、小型生态循环等过程,逐步将生态环保的意识植入学生的心灵深处;通过体验水的流速测定、动势能转化等过程,逐步将"新工科"学习的理念与方法传授给学生。

4. 基于课程,探索实施方法,培养学生综合素养

基于学校理想课程,在特色课程的引领下,积极探索与上海市课程方案相适应的具有校本特色的教学活动,加强学科整合,促进学科间的联系与沟通,以特色课程引领教学提升,用教学促进课程的再发展。

(1) 围绕"理想课堂",开展课堂教学研究,转变教学方法

各教研组围绕"理想课堂"的"六度"和三重"理想境界",进行理论学习,了解"理想课堂"内涵。积极开展"理想课堂"的课堂特征、评价方法等实践探索。每位教师每学年开一节有质量的公开研讨课并进行个人教学反思的撰写,通过实践进一步明确新泾中学"理想课堂"的内涵;教研组则结合实践成果,梳理和提炼各学科"理想课堂"教学模式。

学校分别以"打造理想课堂,展示教学技艺""打造理想课堂,翻转教学理念""打造理想课堂,转变学习方式""打造理想课堂,提升教学质量"等为主题开展课堂教学与撰写教学反思、教学案例及课件制作等比赛,引导教师转变教学理念,利用信息技术提升教学质量,关注学生的终生发展。以"互动、智能、生长"为维度,进一步提炼"理想课堂"的要素和特征,组织教师研究教材、研究学生、研究教法、研究学法,努力做到"个性学、智慧教、智能评",积极创建理想课堂。

我们在"互动、智能、生长"的观察维度下,将"理想课堂"的要素归纳为八个观察视角(表1)。

表1 "理想课堂"的观察视角

观察维度	观察视角	具 体 内 容
互动	课堂倾听	教师尊重学生,给予学生适当的思考和回答的时间,关注学生的思维过程;不同层次的学生能安静倾听教师或学生的表述并积极思考问题
	师生互动	教师问题设计有特点,问题解决方式多样;不同层次的学生能参与课堂活动,能积极回答问题,敢于质疑
	自主探究	教师设计学生探究活动,目的明确;不同层次的学生能在教师的指导下开展自主学习或探究活动,自主交流并互相评价
智能	个性学习	不同层次的学生能够获得有效学习方法的指导,重视学生基础知识的获得和思维能力的培养
	智慧教学	有明确、具体、恰当的目标,符合学科与学情特点;教学容量合理,具有适度的挑战性;教学环节紧凑高效,能吸引不同层次的学生参与学习活动;教学技术选用恰当,有助于提升教学效率
	课堂评价	采用有效的评价方式检测学生的学习目标达成情况,通过评价调动学生的学习积极性

续 表

观察维度	观察视角	具 体 内 容
生长	课堂生成	课堂教学时间分配、教学情境创设合理,教学组织有序高效,能捕捉和利用课堂生成资源,激发学生学习兴趣
	目标达成	学生明确本节课学习目标,达成效果良好,使不同层次的学生都有不同程度的发展

实践中,我们感受到"互动激活课堂""技术改变课堂"多种自主学习方式,使学生的学习兴趣和学习效率都得到了一定的提高,"理想课堂"也促进师生的理想发展。

(2) 围绕智慧校园,开展信息化教学实践,改变学习方式

以"基于师生共同成长的智慧校园建设的实践研究"课题为引领,结合信息技术与学科的整合,各教研组积极开展各种信息技术的专题学习,让教师在不断的学习中更新教学理念,并积极开展信息技术下理想课堂的实践研究。从刚开始的点阵笔、同屏显示器到PPclass、希沃白板再到智慧实验室和智慧教室的实验录播系统、DIS传感技术,从一开始的利用微课翻转课堂到后来的借助希沃白板进行师生互动、借助阅卷系统进行精准化辅导等,教师们不断学习摸索,不断改进教学,逐渐走向从理念到行为的改变,最终使得学生学习方式发生改变,让学习从课内向课外延伸、从校内向校外延伸、从书本向网络延伸,学生的学习能力在悄悄地发生改变。

(3) 围绕作业设计,开展作业差异化研究,优化评价方法

我们在课程实施中强调关注学生的差异性,以差异化发展作为原动力,致力于学生最大化的发展。关注课程实施时教学五环节之间能否达成和谐,这种课程平衡与和谐将是更高意义上的平衡,使"合而不同,求同存异",是一种多元的统一与和谐。

课程实施效果需要科学有效的评价方式,我们依托"新泾中学分层作业实施策略的实践研究"和"优化分层作业设计的实践研究"校本研修课程,指导教师针对学生的差异,围绕"作业设计校本化""作业形式活动化""作业评价多元化"等方面开展实践研究,让课程实施评价环节也体现差异化,实现减负增效,使学生的学习兴趣、学习品质和学业成绩得到进一步提升,促进学生的个性化发展。

一是作业设计校本化，分层提升。针对学校学生的实际情况，学校修订《新泾中学分层作业校本实施手册》(2.0版)，推进基础型课程作业校本化实施工作，在帮助教师精准化教学的同时，促进不同层次学生的发展。并积极设计学科拓展作业，让基础型课程在拓展与延伸中得到巩固。

二是作业形式多样化，"泾"彩纷呈。结合不同年级学生的心理特征，教师们以活动为载体，创新作业内容与形式，赋予作业情境性，更好地凸显作业主题与内涵。如数学说题作业、语文诗文配画作业、英语课本剧表演作业、学生辩论作业等，让作业不再枯燥乏味，PPT、VCR、录音、微信截图等都成为很好的作业呈现形式。教师布置的作业不局限于单一学科，而是跨学科整合。围绕一个主题设计链条式作业，让学生在实践、探究中提高综合能力。如以土豆、油菜花、认识校园、圣诞节等为主题设计的链条式作业，深受学生们的欢迎。其中师生们利用假期时间开展的综合作业更是连续两届在上海市"全能脑力王STEAM青少年电视公开赛"中蝉联一等奖。

三是作业评价多元化，智能精准。在作业评价方面除采用传统评价方式外，也采用学生、家长参与的多维度综合评价以及信息技术支撑下的智能评价。通过大数据分析和综合评价，教师能更清晰地了解学生作业中的优势亮点、问题不足等，有利于教师精准教学。

当我们鼓励学生在他们自己感兴趣的领域中不断探索时，他们才可能掌握或者提升某一具体学科领域的重要技能，只有真正基于兴趣的选择才能激发出内在的动力。正因为如此，通过作业开放性的实践与研究，教师和学生都获得了成长，学生的学习成绩有明显的提升；教师的多份作业设计、案例获长宁区开放性作业设计一、二、三等奖；"作业，让师生共同成长"——新泾中学分层作业校本化实施的案例获长宁区作业开放性研究巡礼活动一等奖。

(六) 改进效果

在"课程—课堂—践行"教学实践中，我们通过完善理想课程框架，构建了以基础课程为主体、特色课程为龙头、劳动教育和科技教育为两翼的理想课程，培养学生自信心、学科核心素养和解决问题的综合能力，促进了学生的全面发展和个性化发展。

1. 促进特色发展，满足学生差异化需求

经过这些年课程改革实践，学校的沪剧和足球特色发展势头良好，相继被评为长宁区艺术特色学校、长宁区"非遗进校园"优秀示范学校、上海市"一校一品"特色学校、第二批全国中小学中华优秀文化艺术传承学校,"'泾'彩沪剧"系列课程入选上海市首批百门"中国系列"校本课程之一。从新泾起飞的优秀学生王丽君、朱桢等九位毕业生已经被上海沪剧院、长宁区沪剧团等专业团体录取,有的已经成为剧团顶梁柱,成为沪剧界的新星。一批批沪剧小花也在新泾校园陆续绽放,如周文欣、姜欣悦、朱紫瑞等。学校先后成为"中华优秀传统文化研习暨上海市'非遗进校园'优秀传习基地"、徐伯涛工作室基地学校、陈甦萍沪剧传承基地。还有新泾的毕业生成为沪剧指导老师回到学校,学校的沪剧教学有了新的发展平台。

学校与上海国泰君安永柏女子职业足球俱乐部正式签约,成为上海女足首个后备力量训练基地,为国家队、国青队、国少队输送了如李佳悦、闫锦锦等多名优秀运动员。一批批足球小将在新泾的球场上铿锵绽放……在足球课程的引领下,学生的身体素质也不断的提升。

在参与学习、活动的过程中,学生的综合能力得到很大的提升,在各级各类比赛中屡有学生获奖。2019 年来学生共开展小课题研究 20 余项,其中如张扬嘉凝的"改善希沃平板反光的窗帘优化设计"获青少年科技创新成果一等奖,"基于酵素菌的家庭湿垃圾讲解实验及花肥制备"获二等奖,还有 11 项获得三等奖。在首届上海市中小学生"学习探究,始于好问题"征文比赛中,新泾中学获得了 2 个一等奖、2 个二等奖、5 个三等奖、8 个鼓励奖的好成绩,并有 5 位学生的征文入选由组委会编辑的《好问题》文集。4 位学生分别获得 2020 年"韬奋杯"长宁区第十届中小学生创意作文大赛(中学组)一、二、三等奖;1 人获"新时代好少年"主题教育读书活动"美好生活 劳动创造"全国征文交流展示中学组三等奖。此外,还有 2020 年长宁区"快乐科技我能行"系列活动"多彩生物"(中学组)二、三等奖;2020 年长宁区青少年"超级景观秀"比赛一、二等奖;2021 年长宁区学生艺术单项比赛 2 人银奖、9 人铜奖;2021 年长宁区中小学生科技系列活动"小眼观自然——长宁区生态观察笔记大赛"二、三等奖;《崇明东滩湿地的鸟儿们》荣获"自然笔记——全国青少年自然笔记"展示评选活动中学组一等奖等。2020年,全校学生共获得 89 个奖项,其中 1 个国家级奖项,25 个市级、63 个区级奖项。

2020 年长宁区"三个指数"测试报告显示:学生自信心得到极大的提升。这说明新泾中学学生由于在学习过程中的成绩和成功促发了较高的自我效能感,这种效能感的提升,会让他们在全新的任务环境中,更有自信心,更有驱动力,从而提高解决问题的能力。

在理想课程的引领下,不仅学生学业成绩和综合素质明显提升,更为可贵的是学生的学业成就指数、心理健康指数、幸福指数在不断上升,学生的意志力指数有较大的提升,表明学生学习的决心和克服困难的意志力变得越来越强。

长宁区"三个指数"测试报告也显示:新泾中学的学生学习品质有了明显的提升,说明学生的学习潜能、学习能力和学习素养等学习品质有了较大的改善。

虽然我们知道学生学业质量的提升是一个长期积淀的过程,不会一蹴而就,但是对比近三年的学业成就发展指数,我们还是看到一些可喜的进步(图6)。所以我们有理由相信,通过这样"课程—课堂—践行"的课程改革,我们的学生会获得更加长足的发展。

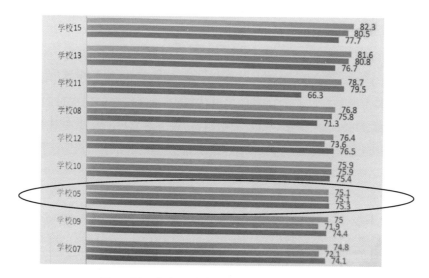

图6 近三年新泾中学学生学业成就发展指数

2. 转变教学方式,提升教师课程领导力

作为理想课程开发的参与者,全体教师通过参加师德与素养、知识与技能、实践与体验等不同侧重点的校本课程的培训,转变了教学理念与教学方式,逐渐从片面的知识传授转变为更关注三维的发展;从重教程传授转变到重学法的研究和学习策略的研究;从教师单一的讲解、单向的提问转变为师生多向互动,让学生参与实践、自主探究、合作交流和阅读自学;从重结果转变为重过程,关注学生主动参与的过程(动手操作、开展实验、实际测量、统计调查、师生共探、小课题研究等);从单一的教学模式转变为灵活多样的教学模式。

教师们在课程实施中积极实践,参与各种层级的科研课题研究,取得了较好的成绩。近三年来教师共获得 48 个奖项,其中 5 个国家级、39 个市级、4 个区级。2020 年学校就有 5 位教师获得长宁区教育科研"长三角"征文一、二、三等奖,11 位教师获得长宁区教育学会第十九届优秀教育论文评选一、二、三等奖,翟楠老师被评为 2020 年度长宁区青年创新个人,刘俊老师被评为 2020 年度长宁区青年岗位能手等。

教师教学方式的转变,提升了课堂领导力,促进教学能力的提升。教师们通过课程实践也逐渐将学校课程理念内化为自己的教学理念:给予学生一定的自由,使他们从事自己感兴趣的课程学习,这将有利于学生创造性思维的训练和发展,通过帮助学生发展兴趣,能够引导学生最大限度地投身于课程学习和个人能力发展之中。因此,如果要使学生的创造力发挥到较好的状态,那么,我们所提供的课程应把某具体领域的技能与学生自身的兴趣和创造性思维相结合。

学校理想课程是动态发展的,因此它的内容和课程目标也不是一成不变的,是师生共同探索的发展过程。一门学科的核心内容允许被固定,但留有较大的允许改变和补充的空间,只有这样才能避免学生对教材内容形成绝对化的认识,才有利于师生从不同角度去探讨客观世界,才能提供这样一个机会,使教师能将其个人对教学内容构想的经验知识投入到教学中去。课程的研究、实践让教师们不断成长,成为更加优秀的课程开发者和执行者。

近几年来,学校有 6 位教师评为一级教师,1 位教师评为高级教师;10 位教师成为长宁区教学能手和教坛新秀;1 位教师成为长宁区学科中心组成员;1 位教师成为上海市劳技中心组成员;2 位教师成为区学科带头人;2 位教师参加长宁区高端人才培训,另有 3 位教师参加上海市"双名工程"种子计划……

3. 关注学业质量,提升学校办学质量

随着课程建设的深入开展,学生的科技创新素养得到有效提升,生命科学项目获"十三五"科技项目示范点称号,学校先后获得"十三五"科普教育示范点、科技教育示范校、长宁区人工智能普及教育实验点、"十三五"绿色学校、长宁区文明校园等称号。

学生的身体素质良好,连续三年《国家学生体质健康标准》全校合格率 100%,良好率 100%,优秀率逐年提高。

学生的个性发展得到满足,学生的自信心不断增强,我们秉持"不放弃任何一个学生"的宗旨,充分利用现代信息手段,用数据来进行个性化教学指导、精准化教学辅导,在连续几年的中考中,合格率保持在 97% 以上,中考成绩稳步上升,办学质量也得到了家长和周边社区居民的认可。

今后,学校将着力深化综合教育改革,优化学校课程与教学特色;整合教育资源,落实"减负增效任务";依托集团化办学优势,探索优质均衡办学形式。我们期待未来能够遇见更好的自己、遇见更好的新泾,为办好老百姓家门口满意的学校而不断努力。

十九、相异构想的呈现在初中数学学习中重要性的探索

——基于八年级"二元一次方程"的课堂实践与数据分析

上海市西延安中学　刘　艳

作者简介：

刘艳，上海市西延安中学数学教师，毕业于华东师范大学，从事教育工作12年，热爱教育事业，善于与学生沟通，梦想成为一名优秀的数学教师和教育工作者。

教育格言：

做一名有温度的老师，让孩子眼里的星星，汇成星辰大海。

[摘要] "双减"政策对教育工作者提出了更高的要求,课堂的高效与师生间的互动,更值得我们思考。在推进高效课堂建设中,虽然"教师引领、学生主体"的理念取得了共识,但教师自身却面临着诸多困惑:如何引领学生,学生主体如何体现,课堂如何把握,不同层次的学生如何在课堂中得到自我认同等。本案例基于具体数据,通过精准分析,达到教学改进目的。教学中应关注学生获得知识的方法过程,提高学生学习效能的教学方式。本文章主要通过数据分析,介绍改进课堂教学的实例及改进教学后的一些启示。

[关键词] 学生主体;数据分析;相异构想

(一) 背景介绍

在推进高效课堂建设中,虽然"教师引领、学生主体"理念取得共识,但教师自身却面临着诸多困惑:如何引领学生,学生主体如何体现,课堂如何把握,不同层次的学生如何在课堂中得到自我认同等。面对种种困惑,西延安中学各学科备课组不断进行研讨、实践,探究适合学生的教学方式与方法。

(二) 数据呈现

1. 发现问题

根据八年级学生平时数学课堂学习的情况,设置问卷(表1、表2)。

表1 "初中数学课堂教学中存在的问题"调查问卷统计结果

问　　题	经常(%)	较少(%)	几乎没有(%)
你在数学课堂学习中主要是听教师讲吗?	87	13	
在数学课堂学习中你被鼓励大胆发言,发表你的见解吗?	80	17	3
在数学课堂学习中你被鼓励表达出你的疑惑吗?	27	23	50
老师创设有效的情境帮助你解决疑惑并指出你产生疑惑的根源吗?	20	20	60
老师给出明确的目标让同学间讨论问题或是找到彼此的疑惑吗?	27	50	23

续 表

问 题	经常(%)	较少(%)	几乎没有(%)
课堂上或课间同学间的对话讨论帮助你解决疑惑吗?	43	33	24
你在学习中产生的疑惑或是独特见解得到老师和同学热情的关注和评价吗?	13	17	70

表2 "初中生是否对数学课堂教学感兴趣"调查问卷情况统计

问题	你是否对课堂中的数学学习有兴趣?简要说明理由		
情感	无兴趣	有兴趣	有浓厚兴趣
理由	上课听不懂;上课单调枯燥,老师讲学生听,没有参与活动的机会	老师上课热情,循循善诱。课上练习红笔给我批阅等第,自己能得到老师的欣赏	自己能参与活动,发表见解,能帮助同学,有成就感和喜悦感
%	27	40	33

2. 原因分析

课堂教学中存在以下四个突出问题:

(1) 课堂上教师总体讲得太多,但大部分教师并没有认识到自己讲得太多。即使有学生自己学习,但是学习方式单一,教师常把自己的讲解作为学生习得的唯一途径。

(2) 学生的"潜意识"暴露不够,特别是"相异构想"没有显现出来,更没有得到解决。许多教师仅仅告诉学生什么是正确的,没有关注在这些问题上学生是怎么想的。

(3) 为什么提问?为什么要学生展开小组讨论?……许多教师不明白自己每个教学行为的价值取向究竟何在,常常带有盲目性,表现茫然。

(4) 教师对第一次教学中学生的差异问题常常束手无策,似乎除了布置大量练习和补课之外没有其他办法。

(三) 改进策略

笔者曾经听过一位专家做报告,他举了这样一个例子:一个上海人和一个东北人对话,上海人先开口讲了一段话,东北人摇摇头很困惑——他听不懂嘛。

上海人急了,又重复了一遍,东北人很尴尬,不好意思地轻轻摇头。上海人整理一下情绪,语速放慢又重复了一遍,东北人眼睛睁大,继续摇头。上海人生气了:"我讲了三遍,而且原模原样地讲了三遍,你都听不懂!"是说上海话的上海人思路有问题,还是东北人的理解有问题?这个例子让我感触特别深刻。我们的课堂上是否经常演绎这样的故事?是教师要反思还是学生要反思?

教师的讲解并不是学生习得的唯一途径,教学需要对话,需要以学生为本,学生的认知体系更值得我们关注。教师并不是课堂的主角,学生才是使课堂教学精彩有效的主人。若以教师讲解为主设计的课堂,暴露学生潜意识问题和"相异构想"的机会就很少,长期以来,大量的学生就只是"听众"。

所以我们的课堂教学形式要改变,学生可以自己先学,方式可以是独立学习、合作学习,独立学习、合作学习为学生和自己的对话、学生和学生的对话、学生和教师的对话创建了广大的"平台"。在学生先学的基础上引导暴露共同问题,这不仅仅是教学观念和教学方式的改变,还有学生学习习惯与方法的习得、处理问题的能力的培养、信心的收获,更是对学生长远发展的负责。在这个过程中,对教师教学设计、课堂上处理生成资源的能力等就有了更多的要求,特别是如何引导学生暴露出存在的问题更决定了这节课的效能。

[教学案例呈现和分析]以"二元一次方程"为例的教学片断实录与评析

[案例呈现]

学生工作单:

问题一:在一场 NBA 比赛中,林书豪上场 15 分钟,共得了 25 分(不包括罚球),其中 2 分球进了 x 个,3 分球进了 3 个,那么可得方程_____,记作方程①,这个方程叫作_____方程。方程①的解为_____。

问题二:在一场 NBA 比赛中,林书豪上场 15 分钟,共得了 25 分(不包括罚球),其中 2 分球进了 x 个,3 分球进了 y 个,那么可得方程_____,记作方程②,你认为这个方程叫作_____方程。请写出它的概念_____。

你能求出符合问题二的方程②的解吗?(有困难可以阅读课本第 67 页)(工作单上留有很大空白处,供学生探究)

1. 创设情境、引入新课

师:请同学们阅读并完成工作单上的问题一和问题二。

生1：(以下是针对学生1的回答写下的板书)

一元一次方程：$2x+3\times 3=25$.

$2x+3\times 3=25$

$2x=25-3\times 3$

$x=\dfrac{25-3\times 3}{2}$

$x=8$

二元一次方程：$2x+3y=25$.

师：两个方程的区别在哪里？(巧问，引起学生思考，尝试给出二元一次方程的概念)

生2：二元一次方程是含有两个未知数的一次方程。

[案例分析]引导暴露问题策略一：可以教学目标为依据设计问题。

引导学生自己能学会的教师不讲。此处学生在已有的对一元一次方程的认知基础上进行知识正迁移，很快给出了二元一次方程的概念。针对教学内容来确定教学的重点，分析学生可能遇到的难点，教学重点、难点的确定不一定用于教师的讲解，可以用于教师问题的设计。此处根据教学的难点即二元一次方程的求解，设计了问题二。

同时我们可以感受到设计问题对于引导暴露问题的重要性，所以在备课过程中教师要多花心思设计出好的情景、抛出好的问题，同时针对教学目标和学情设计问题。毋庸置疑，教材是最好的教学资源，但对课本例题的处理更要先让其贴近学生的兴趣，比如由买两种不同颜色的花改为林书豪打篮球。

2. 通过与书本对话、生生对话的方式探求新知

师：请同学们在工作单上尝试求出符合问题二的方程②的解。

生3：$x=8, y=3$.

师：(请学生3给出答案，并规范板书)

二元一次方程的解：$\begin{cases} x=8, \\ y=3. \end{cases}$

方程②还有其他解吗？请同学们试试看，有困难可以阅读课本第67页。(5分钟后，进行小组讨论，小组讨论5分钟后，组间利用投影仪进行展示交流。同学们表现既积极又兴奋)

组1：$\begin{cases} x=2 \\ y=7 \end{cases}, \begin{cases} x=5 \\ y=5 \end{cases}, \begin{cases} x=8 \\ y=3 \end{cases}$

师：你是怎么求解的？（学生不知道怎么表达）你为什么想到取 $x=2$？

组1：从 $x=1$ 取 y 不是整数，取 $x=2$，$y=7$ 是正整数。

师：尝试取值，找到合适的解。取值时是——

组1：一个一个取。

师：怎样一个一个取？

组1：按顺序尝试

师：很棒！其他小组的观点是什么？

组2：阅读课本后：

x	1	2	3	4	5	6	7	8	9	10	11
y	$7\frac{2}{3}$	7	$6\frac{1}{3}$	$5\frac{2}{3}$	$4\frac{1}{3}$	$3\frac{2}{3}$	3	3	$2\frac{1}{3}$	$1\frac{2}{3}$	1

$\begin{cases} x=2 \\ y=7 \end{cases}, \begin{cases} x=5 \\ y=5 \end{cases}, \begin{cases} x=8 \\ y=3 \end{cases}, \begin{cases} x=11 \\ y=1 \end{cases}$

师：很好，有没有小组有其他算法？（没有小组回应）有没有同学从 y 开始取值？（大家立即演算起来）这与从 x 取值有何区别？

生4：这样 y 从1取到8即可。

生5：$2x+3y=25$，$2x$ 是偶数，所以 $3y$ 是奇数，y 取1、3、5、7、9尝试即可。

（掌声响起）

师：所以我们可以先观察，找到一些技巧。老师还有一个问题，大家看黑板上方程①的解法，可以将其变形求解，那我也考虑把方程②变形可不可以？你考虑用 x 表示 y，还是用 y 表示 x？请同学们试试。

（对不同的表示方法，学生们在小组内进行了交流，教师进行板书）

$2x+3y=25$　　　　　　　　$2x+3y=25$

$2x=25-3y$　　　　　　　　$3y=25-2x$

$x=\dfrac{25-3y}{2}$　　　　　　　　$y=\dfrac{25-2x}{3}$

当 $y=1$ 时，$x=11$.　　　　　当 $x=2$ 时，$y=7$.

……　　　　　　　　　　　　……

所以方程②的正整数解是 $\begin{cases}x=2\\y=7\end{cases}$, $\begin{cases}x=5\\y=5\end{cases}$, $\begin{cases}x=8\\y=3\end{cases}$, $\begin{cases}x=11\\y=1\end{cases}$

师：这是二元一次方程：$2x+3y=25$ 的特殊解。抛开问题二，方程②还有其他解吗？x 取 0 可以吗？（教师给出二元一次方程解和解集的概念）

[案例分析]引导暴露问题策略二："书中学"和"做中学"并举。

尽可能暴露学生的潜意识问题，尤为关注相异构想的发现和解决方法，学生真正意义上的学会，往往需要对话，所以在教学设计的基础上，要扩大引导暴露问题的时间和空间，此处在学生独立思考的基础上，看能不能尝试自己求解——"做中学"，若有困难，教师可采取让学生与书本对话——"书中学"，小组合作增加了引导暴露问题的空间，同时要尽量关注到学生的差异，教师在抛出引导性问题的同时，要引导学生学会对话并形成习惯，同时将课堂生成资源进行展示和处理。

（四）随感随想

1. 教师引领，学生主体

本节课主要以"议"为核心。二元一次方程的概念及解，学生在已有认知基础上可以自己学懂，教师不讲；在求解二元一次方程时，学生的潜意识和相异构想得到充分暴露，教师以平等的身份参与学生的学习和讨论，在必要时给予点拨和指导。教师也是学生思维火花的碰撞者，在求解二元一次方程时，通过思维碰撞，让师生的思维都能向纵深发展。

2. 有效对话，让课堂充满生命活力

本节课学生的学习过程是交流对话的过程，可以与书本交流对话，若不能解决问题，可以与小组成员进行对话，小组间也可以交流对话，即全班对话。这种对话让每个学生都充满热情和期待，也有了自信，教师发现平时不爱发言的学生和同伴是很乐意交流的。同龄人的语言与思维更容易让他们接受。

3. 课堂提问的策略

在教学过程中，教师的语言看似很少，但抛出的问题却都是点睛之笔。问在知识的疑难点：如案例中——两个方程的区别在哪里？问在思维的发散点：如案例中——有没有小组有其他算法？有没有同学从 y 开始取值？问在知识的生成点：如案例中——老师还有一个问题，大家看黑板上方程①的解法，可以将其变形求解，那我也考虑把方程②变形可不可以？（提问详见案例）

4. 注重教材的创生,理解教材本质

教材是最好的教学资源,这堂课让笔者看到了课本中更本质的数学内容,活化了课本,深入挖掘了其隐藏的价值。教学的重、难点就很清晰地在脑海里呈现出来,对于学生而言,自己小结会更加深对知识框架的清晰理解。至于课本例题的处理,要让其更贴近学生的兴趣,比如由买两种不同颜色的花改为林书豪打篮球,并增加问题一,引导学生进行知识的对比和迁移。

(五)教学启示

数据分析表三:

表3 "初中生是否喜欢相异构想的暴露与解决方式"调查问卷统计结果

问题	你最喜欢的相异构想的暴露与解决的方式是哪一种?简要说明利弊		
特点	老师直接讲解为主	老师引导,但要给我们思考的空间	同伴交流
理由	在老师的讲解中我所思考的或产生疑惑的问题得到了解决,比较节约时间,但忘记得比较快	这样在解决疑惑的同时,我们的印象比较深刻,接受的不是那么被动	课堂上有机会与伙伴们对话,交流我的困惑,分享我的见解和体验,更加自然和熟悉。在这个过程中我对疑问困惑得到解决的渴望更大;并且有竞争感,印象特别深刻。当然解决不了时希望老师给予引导
%	13	27	60

1. 宽松、愉悦的课堂氛围

课堂要有宽松、愉悦的氛围,这是高效课堂的前提条件,教师一直面带微笑、亲切和蔼,课堂氛围就很温馨。杜文平专家说过:"对一位教师来说,善于为学生营造一种宽松、民主、和谐的课堂氛围,甚至比学识渊博更为重要。"教师与学生的关系和谐了,学生自然会对学习产生兴趣。教师对学生的尊重,是减轻学生心灵重负的重要原因。教师要善于情绪管理,保持宽容的心,微笑就让我们成功了一半。

2. 用数据说话

通过调研(表3),我们知道学生喜欢怎样的课堂——特别是数学课堂可以尝试的教学模式。

这节课也给我们提供了一个很好的数学课堂教学模式：

课堂流程：学生工作单——与课本对话——小组对话——组间对话——巩固交流——小结。

教学环节：学生先学——引导暴露问题——共同解决。

3. 精心设计课堂教学

这堂课是基于教师精心备课才会收到如此好的效果。所以我们的备课至关重要。用心备课，才能在与学生的学习与交流中得到更多快乐和成就感。

4. 追求学生学得完整，而不是教师教得完整

郭元祥教授曾经说过，教育，是一种慢艺术。慢，需要平和；慢，需要细致和细腻；慢，需要耐心和耐性……教育，作为一种慢艺术，需要留足等待的空间和时间，需要有舒缓的节奏，高频率、快节奏、大梯度，不利于学生的有序成长和发展。当学生需要思考、操作、交流、消化时，教师应该耐心等待，让学生有充分的时间思考，有时哪怕是几秒钟的时间，也许就能打开学生的思维大门，就会给学生自信和勇气，同时也给学生挑战自我的机会，让学生自己创造课堂的精彩。

充分认识教师的讲解不是学生习得的唯一途径，提倡教师讲解不一定完整，学生习得应该完整。

教师讲解的强调不一定都能改变学生自己原有的想法与意识。要设计恰当的学生学习经历，要让学生讲出他们自己真实的想法与认识。

5. 教师角色定位

教学中我们可以"反对"教师讲得太多，指明教师该讲什么，更多的是让学生的潜意识和相异构想暴露出来，引导暴露问题，教师以平等的身份与学生以"议"为核心，共同解惑，课堂是学生自我建构的学习过程。

苏霍姆林斯基一再强调的"只有能够激发学生进行自我教育的教育，才是真正的教育"把教育的性质说得很彻底，而且把教育的目的与手段也说得很清楚。"激发"两字，把教师在教育中的地位、任务、方法和如何发挥主导作用表述得十分准确。

二十、基于初中数学习题链式单元复习课的教学探究

上海市天山初级中学　蒋莉婷

作者简介：

蒋莉婷，长宁区第三届教育教学能手、2015年长宁区教育系统优秀团员、2020年长宁区新秀班主任。论文《数学分层作业中留白部分的实践探索》荣获长宁区优秀教育论文二等奖并在《长宁教育》发表，《随班就读学生DTM点滴教学法的实践与研究》获2020年长宁区教育科研"长三角"征文评选三等奖。参与"思维导图在数学教学的应用""以元认知策略提升初中生数学自主学习能力的实践研究""聚焦初中数学习题课教学，提升年教师教学能力"等课题研究。

教育格言：

教师之为教，不在全盘授予，而在相机诱导。

[摘要] 数学习题链是针对某一个或若干个数学知识点设计的三道及以上数学问题组成的一组习题,它对学生深刻理解和掌握数学概念、规律,增强灵活解题能力,提高学生数学思维能力具有很大的帮助。在初中数学单元复习课的教学中,习题教学占据课堂教学的大部分时间,它是学生学习基础知识与形成数学能力的重要部分,而当前的习题教学存在诸多不足,因此将习题链融入单元复习课的教学研究意义重大。本文对利用习题链进行数学解题的方法策略进行了探索,结合实例,提出习题链单元复习教学中所存在的问题,希望对提高初中数学教学质量有所帮助。

[关键词] 习题链;初中数学复习课;课堂教学;教学研究

(一) 背景介绍

本文研究数据来源于2020年上海市某中学六年级第一学期摸底测试数学成绩与第二学期期中调研数学成绩。

(二) 数据呈现

表1是上海市某中学六年级摸底考试数学成绩数据。

表1 上海市某中学六年级摸底考试数学成绩

班 级	数学平均分
六(1)	71.03
六(2)	87.29
六(3)	64.69
六(4)	63.88
六(5)	87.7
六(6)	68.31

由表1数据可见,六(4)和六(3)班在刚进入初中时的成绩摸底考试中,数学平均分相差无几,与年级中其他班级相比处于平均水平偏下的位置。由于两个班的基础相近,因此以六(4)班学生作为实验班,六(3)班及六年级其他班级作为

对照班,组织习题链式单元复习教学。并根据期中数学考卷质量分析数据,利用Excel统计图表统计处理本实验的数据。

(三) 原因分析

从学生学习习惯来分析,两个班学生都存在课上学习效率低、作业订正不及时、不预习与复习的问题,说明大部分学生没有养成良好的学习习惯。从学生试卷答题情况来分析,两个班学生都普遍出现审题不清、计算错误率高、解题不规范等情况。

从教师教的情况来分析,六年级六个班分别由四位教师教学,六(3)、六(4)由笔者任教,同时还兼任其中一个班的班主任。不同教师的教学风格、侧重点不同以及教学任务、工作量的不同,也客观影响了摸底测试的成绩。

(四) 改进策略

针对以上原因,笔者查阅资料学习,发现在初中数学单元复习课的教学中,习题教学占据课堂教学的大部分时间,它是学生学习基础知识与形成数学能力的重要部分。而数学习题链作为针对某一个或几个数学知识点而设定的不同学习阶段的一组练习题,对学生深刻理解掌握数学概念、规律,增强灵活解题能力,提高学生数学思维能力具有很大帮助。因此决定采用习题链式单元复习教学来提升课堂效率,提高学生的解题能力、反思总结能力及数学学习兴趣,并制定了以下改进策略。

1. 通过使用习题链进行数学单元复习课堂教学,提升课堂效率,调动学生上课参与度

习题链的形式将题目由简到难地阶梯式呈现,能更好地保证每个学生都参与其中。习题链的设计包含变式训练,在课堂上让学生边审题边圈画标识关键词,指导学生发现题目之间的相同点与不同点,体会题型的变化与解题方法的改变,培养学生审题与分析的能力。

2. 通过设计数学单元习题链作业,增强学生的解题能力与反思总结的能力

习题链作业训练帮助学生更好地理解数学知识,发现知识点之间的联系与迁移,辨析题型的变化,选择适当的解题方法,归纳总结解题方法。作业习题链拓展应用的部分,可以培养学生的数学思维能力,激发学生的数学学习兴趣。

(五) 改进措施

在期中考试前,笔者在六(4)班开展了一节不等式单元复习公开课,获得了不错的效果。

1. 将典型知识点习题串成一组典型习题链,帮助学生更好地理解与掌握不等式的相关知识点

【例题】

1. 不等式 $x<1$ 的解集在数轴上表示为( ).

A. 　　　　B.

C. 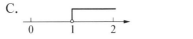　　　　D.

2. 不等式 $(m-2)x>m-2$ 的解集为 $x<1$,则 m 的取值范围是_____.

3. 不等式组 $\begin{cases} x-1<0 \\ x+2\geqslant 0 \end{cases}$ 的解集是_____,整数解是_____.

4. 已知不等式 $3x-a\leqslant 0$ 的正整数解恰是 $1,2,3$,则 a 的取值范围为_____.

上组习题链考查不等式的不同知识点,同时根据难度由简到难设置梯度,在锻炼学生归纳总结能力的同时提高学生的数学思维能力。

2. 将不同章节的相关知识点设计成习题链更具有辨析性,能帮助学生在更好地理解本章知识点的同时构建完整的知识体系

【例题】

1. 小明解不等式 $\dfrac{1+x}{2}-\dfrac{2x+1}{3}\leqslant 1$ 的过程如图,请指出他解答过程中错误步骤的序号,并写出正确的解答过程.

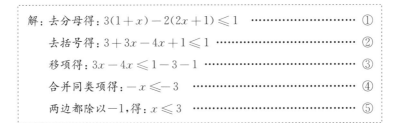

2. 已知关于 x 的不等式 $\frac{1}{2}(x-5)-1>\frac{1}{2}(ax+2)$ 的解集是 $x>\frac{1}{2}$,求 a 的取值范围.

解法 1：$x-5-2>ax+2$

$(1-a)x>9$

∵它的解集为 $x>\frac{1}{2}$

∴ $\begin{cases} 1-a>0 \\ \frac{9}{1-a}=\frac{1}{2} \end{cases}$ ∴ $a=-17$

解法 2：$x=\frac{1}{2}$ 是方程 $\frac{1}{2}(x-5)-1=\frac{1}{2}(ax+2)$ 的解,通过解方程可以求出 a 的值.

3. 已知关于 x 的方程 $\frac{6x+1}{4}=2(x+k)$ 的解也是不等式 $5(2-x)\leqslant 5-3x$ 的解,求 k 的取值范围.

这一组习题链对解不等式与解方程之间关系的探索逐渐深入,难度逐渐增大,帮助学生在做题的过程中思考与体会知识点之间的联系,构建完整的数学知识体系。

3. 在单元复习课上使用习题链要注意易错题的纠错辨析,要注意总结归纳以及解题能力提升

【例题】

1. 不等式组 $\begin{cases} x+9<5x+1 \\ x>m+1 \end{cases}$ 的解集是 $x>2$,求 m 的取值范围.

2. 不等式组 $\begin{cases} x+9\leqslant 5x+1 \\ x>m+1 \end{cases}$ 的解集是 $x\geqslant 2$,求 m 的取值范围.

3. 若不等式组 $\begin{cases} x+9\geqslant 5x+1 \\ x>m+1 \end{cases}$ 无解,求 m 的取值范围.

这一组习题链是由相同不等式组的不同解集求字母系数的取值范围。这组题由学生的易错题改编而来,通过习题链中三道题的区别,帮助学生总结字母系数的取值范围求解方法,提升解题正确率。通过习题链的训练,学生潜移默化地发现题目的变化,进而提炼出审题的关键词,选择正确的解题方法,提升学生的

解题能力。

(六) 改进效果

以下为上海市某中学六年级第二学期期中调研数学卷小题原题：

3. 已知 $m<n$，那么下列各式中，不一定成立的是（　　）
   A. $3m<3n$ B. $3-m>m-3$ C. $m-3<n-1$ D. $m^2<mn$

9. 比较大小：-3.65 _____ $-\left|-3\frac{5}{8}\right|$（填"<"">"或"="）

10. 如果 $m<n$，那么 $-1-\frac{2}{3}n$ _____ $-1-\frac{2}{3}n$．

13. 不等式 $x+1\geqslant 2x-3$ 的非负整数解是_____．

25. 解不等式：$2(x+1)<3x-2$．

27. 解不等式组：$\begin{cases}x-1<3(x+1)\\\frac{1}{3}x-1\leqslant 4-\frac{4}{3}x\end{cases}$，并把解集在数轴上表示出来．

通过期中调研得分率等数据发现(表2)，实验班六(4)班大部分学生的不等式知识点考题得分率都高于对照班六(3)班并且高于年级平均水平。从中可以看出，大部分学生对习题链的数学单元复习模式是认可的，学生的数学成绩和解决问题的能力得到了一定的提高，反思的习惯也已经养成。实验结果表明，习题链式单元复习教学是可行的、有效的，它能够提高学生的数学解题能力和数学成绩。

谨望本文对习题链式单元复习教学的方法策略的实践与探索，对提高初中数学教学质量有所帮助。

表2　上海市某中学六年级第二学期期中调研数学卷小题得分情况

题号	题型	分值	难度系数	区分度	年级		六年级(3)班		六年级(4)班	
					平均分	得分率%	平均分	得分率%	平均分	得分率%
3	单选题	3	0.78	0.4	2.35	78.35	2.16	71.88	2.53	84.38
9	主观题	2	0.83	0.32	1.66	82.99	1.25	62.5	1.69	84.38

续　表

题号	题型	分值	难度系数	区分度	年级		六年级(3)班		六年级(4)班	
					平均分	得分率%	平均分	得分率%	平均分	得分率%
10	主观题	2	0.85	0.29	1.7	85.05	1.81	90.63	1.81	90.63
13	主观题	2	0.79	0.42	1.58	78.87	1.44	71.88	1.69	84.38
25	主观题	5	0.91	0.3	4.54	90.82	4.22	84.38	4.63	92.5
27	主观题	5	0.84	0.41	4.21	84.12	3.72	74.38	4.31	86.25

二十一、以元认知策略培养学生自主整理、诊断反思能力

上海市天山初级中学　徐　丽

作者简介：

徐丽，中学一级教师，数学备课组组长，毕业于上海师范大学数学（师范）专业，2013年成为上海师范大学和长宁区教育局合作的"长宁区高端培训（教育硕士）项目"学员，于同年10月28日至11月15日赴英国诺丁汉大学进行培训学习，并于2016年6月顺利毕业并获得教育硕士学位。

教育格言：

师者，用在心、爱在生、贵在真，此生教无悔。

[摘要] 元认知策略是一种典型的学习策略,指学生对自己的认知过程及结果的有效监视及控制。为了让学生更好地进行错题分析和整理,帮助学生对自身学习中出现的错误进行系统的汇总并对错误原因进行深入分析,总结改进学习方法和减少解题错误率,培养学生自主整理及诊断反思的能力,提高学习的有效性,天山初级中学数学教研组编制了《数学错题本》。但在试用《数学错题本》过程中,笔者发现部分学生进行错题整理后,重复出错率还是非常高,学习的有效性没有得到预期的提升。为更好地了解学生对于错题的自主整理及诊断反思的真实水平及存在问题,笔者对任教年级部分学生作了问卷调查并通过数据分析,了解学生在错题整理中存在的问题,针对出现的问题改进教学辅导,让不同层次的学生在自主整理错题及诊断反思方面的能力得到了有效的提升。

[关键词] 元认知策略;诊断反思;学生能力培养

(一) 研究背景

Flavell(1979)认为自主学习实际上是元认知监控的学习,是学习者根据自己的学习能力、学习任务的要求,积极主动地调整学习策略和努力学习的过程。元认知就是个体关于自己的认知过程的知识和调节这些过程的能力。元认知策略是一种典型的学习策略,指学生对自己的认知过程及结果的有效监视及控制的策略。为了培养学生自主学习的能力,天山初级中学数学教研组编制了《数学错题本》,希望通过错题本引导学生对自身学习中出现的错误进行系统的汇总并对错误原因进行深入分析,总结改进方法和减少解题错误率,从而培养学生自主分析、诊断反思和改进的能力,提高学习的有效性。

但在试用《数学错题本》过程中,笔者发现部分学生进行错题整理后,重复出错率还是非常高,学习的有效性并没有得到预期的提升。为更好地了解学生对于错题的自主整理及诊断反思的真实水平及存在问题,笔者针对本校八年级82名学生进行了问卷调查。

(二) 数据呈现

第一次问卷调查设置了六个问题,具体问题与数据分析整理如下:
1. 你一般如何订正错题?
通过问卷调查发现,49%的学生会直接把正确答案写在错题旁边,32%的学生会把正确的解题过程写在试卷上,19%的学生会在错题本上抄题订正,0%的学生会在错题本上按知识点或解法进行归类订正(图1)。

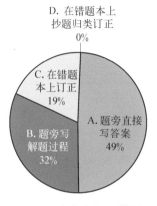
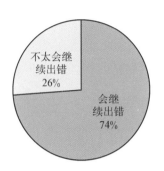

图1　一般如何订正错题　　图2　订正后同类型的题是否还会继续出错

2. 订正的错题,你在下次做到同类型的题时是否还会继续出错?

74%的学生订正的错题在下次做到同类型题时还有继续出错的情况,26%的学生订正的错题在下次做到同类型题时不太会继续出错(图2)。

3. 你有没有分析过为何同一类型的题一直出错?

22%的学生认真分析过为何同一类型的题一直出错的原因,78%的学生没有认真分析过(图3)。

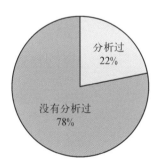
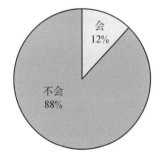

图3　有没有分析过为何同一类型的　　图4　是否会根据自己的错题
　　　题一直出错的原因　　　　　　　　　　反思并调整学习方法

4. 你是否会根据自己的错题整理反思自己的学习并调整学习方法?

12%的学生表示会根据错题整理反思自己的学习并调整学习方法,88%的学生表示不会(图4)。

5. 请你分析一下为何同一类型的题一直出错？

大部分学生回答因为完成任务式的订正错题,没有仔细分析错因,不会融会贯通,导致同一类型的题一直出错。

6. 请你回答如何进行错题整理才能对数学学习有帮助？

大部分学生的回答中也提到了如果能认真进行概念、解法分析及整理会对数学学习有所帮助,但还有大部分学生不知道如何进行错题整理及错题分析,更不能根据错题整理发现自己的问题并调整学习方法。

(三) 原因分析

根据问卷调查的结果,笔者分析可能存在以下原因:

1. 从教师角度

(1) 没有对错题本的使用有正确的解读,导致学生不明白错题本的使用与平时的作业订正有何区别。

(2) 只是从文字的角度交代订正的要求,没有以某道习题为例,学生没有参考范例,无法模仿教师进行错题订正。

(3) 个人的能力不同,所能达到的错题订正评价等级也不同,教师没有为不同的学生设置不同的分级目标。

2. 从学生角度

(1) 学生只是任务式地完成错题的订正,如问卷调查中显示的结果一样:大部分学生没有过程,或者不画图,没有错因分析、错因描述和改进方法,也没有知识点分析。如图5所示:

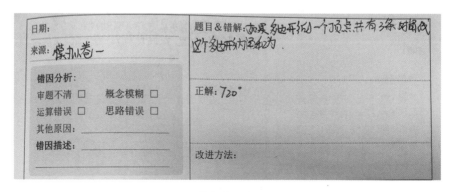

图5 学生错题本示例一

(2) 有些学生的订正有过程或者有图，有简单的错因分析、错因描述和改进方法，但描述太笼统，没有明确的指向。如图 6 所示：

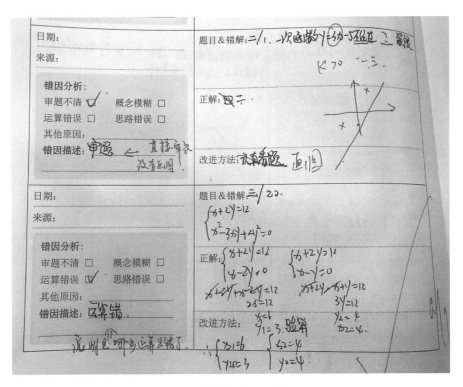

图 6　学生错题本示例二

(3) 还有一些学生的订正有过程或者有图，有较详细的错因分析、错因描述和改进方法，也有较明确的指向，但是无法进行自我诊断，并通过诊断找到切实可行的改进方法，这样的订正对知识点的掌握不能起到很好巩固的作用，当再次进行检测时，很容易再次出错。

(四) 改进策略

1. 从教师角度

(1) 对错题本使用的解读。在布置订正作业前，教师要对错题本的使用进行解读，让学生明确使用错题本的目的是什么，什么时候使用错题本，通过错题本让学生养成自主分析、反思总结的习惯，从而提高学习的有效性。

(2) 对错题本使用的指导。教师要以某道习题为例，按错题本要求进行分析，让学生做好笔记,明确每一题的订正要求,让学生有范例可参考,从模仿到形成习惯。

(3) 设置分级目标。教师需要设计分级目标,帮助学生达到教师的分级评价标准。

2. 从学生角度

(1) 学生不能只是任务式完成错题的订正,要有解题过程,能利用数形结合来完成的题目,尽量画图,在教师的指导下书写错因分析、错因描述、改进方法和知识点分析。

(2) 已经有订正过程或者有图,有简单的错因分析、错因描述和改进方法的描述,但不能太笼统,在教师的指导下有明确的指向。

(3) 还有一些学生的订正有过程或者有图,也有较详细的错因分析、错因描述和改进方法,也有较明确的指向,可进一步在教师的指导下作自我诊断,并找到切实可行的改进方法。

(五) 改进措施

针对学生订正中出现的问题,教师需要对学生的错题本分析进行指导。

(1) 针对只是抄题并写上正确答案就完成订正的学生,引导其从知识点、错因分析、改进方法等方面分析自己的错误原因。比如"矩形 $ABCD$ 的对角线 AC、BD 相交于点 O,$AB=5$ cm,$BC=5$ cm,求三角形 ABO 的周长"一题,可以让学生找到此题所涉及的知识点:矩形的性质定理、勾股定理、直角三角形的性质定理,另外思考是否有通过图形来帮助自己解题,等等。

(2) 引导学生根据自我诊断认知问题并找到解决问题的方法。比如"一次函数 $y=3x-5$ 不经过第____象限"一题,学生在错因分析和错因描述中都写了是审题不清的原因、改进方法是认真看图。这样的错误分析其实是比较笼统并没有指向性,教师可引导其从图像性质出发,比如从比例系数 $k=3>0$,发现图形经过一、三象限,而 $b=-5$,那么经过第四象限,或者利用图像,通过题目分析,利用数形结合解题更有针对性;又比如解方程组的出错,错因描述不能只写运算错,一定要具体到哪一步运算出现了错误:是因式分解、还是移项、还是代入,不能泛泛而谈。

(3) 引导学生通过自我诊断找到自主学习的方法,能从一道题找到一类题的共同错误原因及解决方法。比如二次函数综合题的分析,找到一类题的解题思路:一是代数法。设点的坐标,利用线段间的数量关系列方程进行求解;二是几何法。利用特殊图形、特殊关系(基本相似模型、锐角三角比等)得到边之间的数量关系进行求解。

（六）改进成效

经过教师的指导，充分利用学生的元认知即个体关于自己的认知过程的知识和调节这些过程的能力，并利用元认知策略，绝大部分的学生能够接近或达到一定的认知水平：

一是能对错题进行错因分析，错因分析清晰到位有针对性；

二是能把相同类型的错题整理在一起，知识梳理准确完整；

三是能根据自己的错误原因找到改进方法，改进方法具体有效，有针对性，便于实施。

为了对比教学改进后学生在错题整理方面的自主整理、诊断反思的能力变化，笔者对82名学生进行了第二次问卷调查，设置了五个问题，具体问题与数据分析整理如下：

1. 经过了一学期的错题本使用，你现在是如何订正错题的？

学生在错题本上归类进行错题整理的比例明显上升，从原来的0%上升到现在的83%（图7），只要教师帮助学生在错题讲评时加以辅导，学生就能明白每道题目所涉及的知识点。

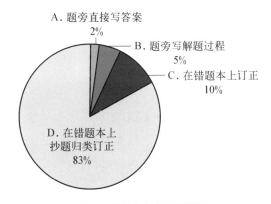
图7 现在如何订正错题

图8 使用过错题本后，做到同类型的题时重复出错率怎样

2. 使用过错题本后，做到同类型的题时重复出错率怎样？

在学生按要求进行错题整理之后，学生发现重复出错率有明显降低，教师发现大部分学生的学习成绩有明显的提升（图8）。

3. 你分析过为何同一类型的题一直出错?

有83%的学生分析过为何同一类型的题一直出错的原因,明显高于之前的22%(图9),由此发现学生的学习主动性明显提升,不再是完成任务式的错题订正。

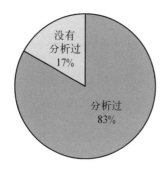

图9　有没有分析过为何同一类型的题一直出错的原因

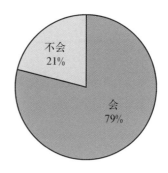

图10　是否会根据自己的错题反思并调整学习方法

4. 你现在是否会根据自己的错题整理反思自己的学习并调整学习方法?

有79%的学生会根据自己的错题整理反思自己的学习并调整学习方法(图10),教师发现学生的自主学习能力有明显的提升。

5. 请你回答如何进行错题整理才能对数学学习有帮助?

大部分学生的回答中提到了如果根据知识点和解法归类整理错题,会更清楚地了解自己的学习情况,知道自己对哪个知识点或者哪一类题掌握得不够,查漏补缺时有针对性,能降低再次出现错误的概率,能发现自己的问题并调整学习方法(图11、图12)。

根据这样的指导及培养,学生在错题整理方面的自主整理、诊断反思的能力都有了基于自身元认知的明显提升,错题订正效果也有明显提升,相同问题的重复出错率也有明显降低,提高了学习的有效性。在错题整理的过程中,他们对自己的学习方法和学习策略都有了不同程度的改进,从一道题的分析找到了一类题的解题策略,对于综合题、压轴题不再"望而却步""止步不前",在学习上更有自信了,这些都大大提高了学生学习的有效性。

当然在具体实施中还存在一些不足之处:一是对于一部分元认知能力较弱的学生,获得的自主学习能力提高非常有限。二是对于高年级的学生,要改变已经养成的习惯比较困难,如果从低年级起就通过错题整理来培养效果会更好。

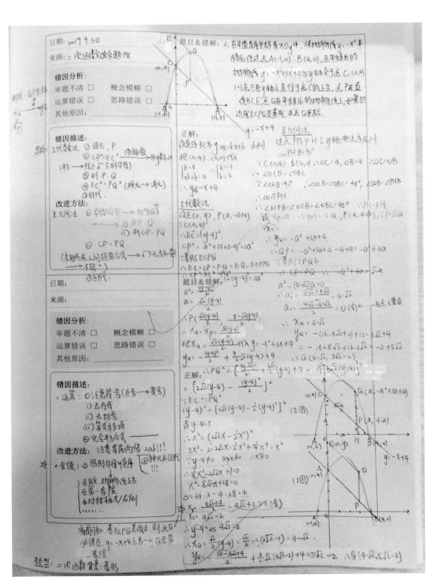

图 11　学生错题本示例四

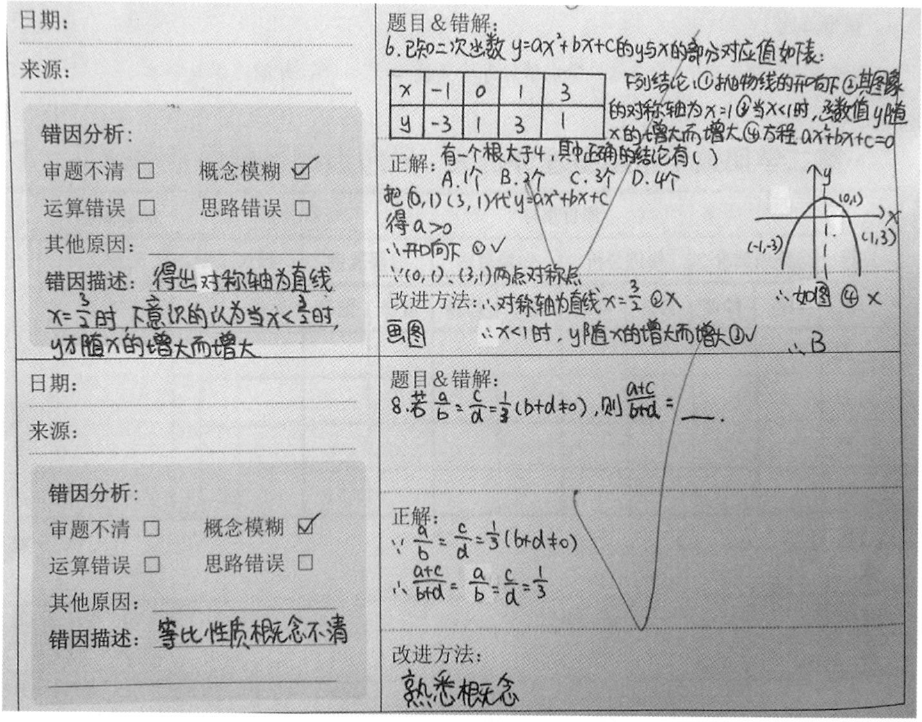

日期：

来源：

错因分析：

审题不清 □ 概念模糊 ☑

运算错误 □ 思路错误 □

其他原因：

错因描述：得出对称轴为直线 $x=\frac{3}{2}$ 时，下意识的认为当 $x<\frac{3}{2}$ 时，y才随x的增大而增大

题目&错解：

6. 已知二次函数 $y=ax^2+bx+c$ 的y与x的部分对应值如表：

x	-1	0	1	3
y	-3	1	3	1

下列结论：①抛物线的开口向下 ②其图象的对称轴为 $x=1$ ③当 $x<1$ 时，函数值y随x的增大而增大 ④方程 $ax^2+bx+c=0$ 有一个根大于4，其中正确的结论有（ ）

A. 1个 B. 2个 C. 3个 D. 4个

正解：把(0,1)(3,1)代 $y=ax^2+bx+c$

得 $a>0$

∴开口向下 ①√

∵(0,1)、(3,1)两点对称

∴对称轴为直线 $x=\frac{3}{2}$ ②×

∴ $x<1$ 时，y随x的增大而增大 ③√

(0,1) (-1,-3) (1,3)

∴如图 ④×

∴B

改进方法：画图

日期：

来源：

错因分析：

审题不清 □ 概念模糊 ☑

运算错误 □ 思路错误 □

其他原因：

错因描述：等比性质概念不清

题目&错解：

8. 若 $\frac{a}{b}=\frac{c}{d}=\frac{1}{3}(b+d\neq0)$，则 $\frac{a+c}{b+d}=$ ____.

正解：

∵ $\frac{a}{b}=\frac{c}{d}=\frac{1}{3}(b+d\neq0)$

∴ $\frac{a+c}{b+d}=\frac{a}{b}=\frac{c}{d}=\frac{1}{3}$

改进方法：

熟悉概念

图 12　学生错题本示例五

二十二、基于大数据平台的生命科学教学质量分析

上海市仙霞高级中学　王　佳

作者简介：

王佳，中学一级教师。现任教于上海市仙霞高级中学，教学范围跨初中和高中多个学段，仙霞高级中学生物教研组组长。2020年7月，参加上海市教委和上海市科协联合举办的中学生物教师暑期培训班，考核优秀；论文《促进生命科学复习单元的在线教学互动——以"光合作用"复习课教学为例》发表于教育期刊《现代教学》。2017年12月，在2017年上海市中学生命科学教师实验操作技能比赛中获上海市三等奖，在上海市长宁区2017年"课堂工程"研讨活动中，《基因的分离定律》获区一等奖。2018年12月，在上海市中小学优秀作业、试卷案例征集评选活动获上海市三等奖。

教育格言：

科学技术改变生活，信息技术改变教育，思想方式改变未来。

[摘要] 教师教学应该与时俱进,网课时代促进了在线教学,仙霞高级中学生命科学教研组在这个大背景下,率先采用在线测试形式,利用大数据分析工具智学网进行教学质量分析和总结。结合生命科学教学及实际情况,教研组探讨"测评导深教"的循环教学策略。从测试中总结整体的成绩情况,针对每个学生,归纳总结其知识点的薄弱处,让教师和学生都可以达成"有数据,能分析,用方法,提成绩"的良好教学效果。线上线下的结合,大数据平台的运用,尽可能地减少做重复性工作,而将精力集中在教师的核心业务——教学教研上,这对于生命科学教学有效性的提升具有至关重要的意义。

[关键词] 在线教学;智学网;生命科学;教学科研

(一) 背景介绍

教师教学应该与时俱进,网课时代促进了在线教学,仙霞高级中学生命科学教研组在这个大背景下,率先采用在线考试形式,利用大数据分析智学网进行教学质量分析。

本次质量分析基于2020年11月本校高一生命科学合格考的一次阶段性测试,涉及高一年级四个平行班。

本次质量分析采用智学网大数据平台。通过收集测试的每一部分、每一道题、每一个点的精准数据,通过精准匹配得到每一个学生的汇总分析。不仅从测试中总结整体的成绩情况,更针对每个学生,归纳总结其知识点的薄弱处。让教师和学生都可以做到"有数据,能分析,用方法,提成绩"。

运用"测、评、导、深,教"的教学策略对数据进行深入分析与总结(图1)。

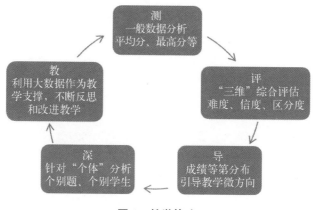

图1 教学策略

（二）数据呈现

通过年级平均分和班级平均分数据，初步了解学生生命科学学科学习的"双基"掌握情况和重、难点把握程度，寻找教与学的最佳契合点。同时把握最高分、优秀率等指标，获得学生的学习优势、劣势区域，易错题型等指标，帮助完成培优准备（图2）。

图2　学情总览图

通过合格率、高频错误率等数据，了解掌握学生的学习薄弱处和学习困难点，更好地帮助教师展开教与学一致化和有效化进度。

利用班级与班级之间的横向对比，从更高纬度调整整体教学策略，对于教研组备课和备课组分析教学方法具有非常积极的意义（图3）。

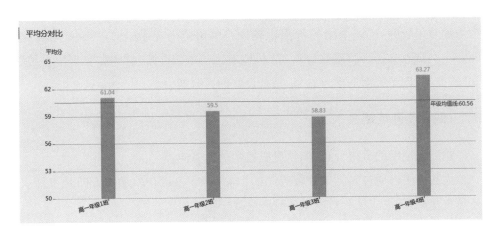

图3　班平均分柱状图

（三）原因分析

按照传统教学的方法，一般出完试卷并不能准确地分析出本套试卷对学生测试效果的有效度,每次测试更可能是由于表面分数差异化过大,无法精准捕捉信息、无法合理地进行横向比较成为最大的难点和痛点。

用好智学网大数据平台,就能轻松从"难度""信度""区分度"三大维度入手,数据真实清晰,报告形式科学,可以作为未来成绩评价的校准线(图4)。

图4　试卷评价指标

一般来说,试卷"难度"系数在0～1之间,值越大表示试题越简单。以本次高一阶段测试为例,试卷难度系数为0.61,介于0.6～0.7之间。难度适宜,有少量具备难度的筛选题,比较真实地反映学生真实水平,也能比较好地反映出前一阶段学生对于生命科学学科的学习状态。

"信度"则表示测验效果是否反映了被测者稳定一贯性的真实特征,介于0～1之间,值越大越好。本次试卷"信度"系数为0.81,高于0.7,低于0.9,信度较高。

"区分度"表示试题对考生能力的区分程度,值越大表明试题区分不同能力考生的效果较好,试题采用的价值也越大。取值范围介于-1.00～+1.00之间。本次试卷"区分度"系数为0.33,可以看出对本校学生"优秀""良好""及格"和"不及格"四个层次的学习效果,具备良好的区分能力。

(四) 改进策略

用测试成绩的等第分布,调整班级教学的微方向。

大数据平台通过对测试分数等第的汇总,指导各班在教学中方向是重深入还是重基础,关注主体分数段学生到底是处于哪一段。

从图5中,可以看到,A等第总体比例不高,但在高一(4)班中,A的比例高达3.85%,说明在整个年级中,高一(4)班对本学科的学习能力相对较强,适宜加强教学的深度、难度,进一步提高A率。

从图5中可以看出高一(1)班B等第比例很高,说明在今后的教学过程中,可以适当拔高难度,让B等级的学生有更多的机会思考、分析和表述,提高他们

第二部分 研究成果应用

班级	A等[85,100]		B等[70,85]		C等[60,70]		D等[40,60]		E等[0,40]	
	人数	比例	人数	比例	人数	比例	人数	比例	人数	比例
全部班级	1	0.88%	33	28.95%	24	21.05%	51	44.74%	5	4.3
高一1班	0	0%	11	39.29%	5	17.86%	11	39.29%	1	3.5
高一2班	0	0%	8	26.67%	5	16.67%	15	50%	2	6.6
高一3班	0	0%	6	20%	9	30%	13	43.33%	2	6.6
高一4班	1	3.85%	8	30.77%	5	19.23%	12	46.15%	0	0

图5 学业等第分布表

思维的活跃度。

而高一(2)班的D等第比例非常高,俗称"尾巴大"。对这样的班级,教师需要着重抓基础概念和基本技能,必要的时候可以采取默写和抄写等有助于强化记忆的手段。

大数据平台提供直观可视化的累计图表,可一目了然地看出班级成绩分布图形"橄榄""杠铃"等不同的特点,有针对性的教学自然就可以快速展开(图6)。

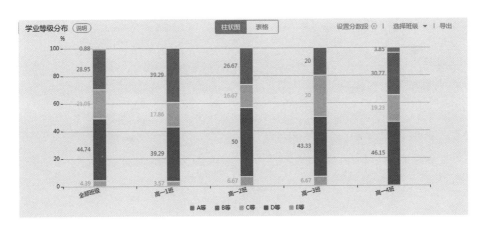

图6 学业等第分布累积图

(五) 改进措施

1. 个体——学生

精准到位,发掘优等生,强化临界生,提高学困生(图7)。

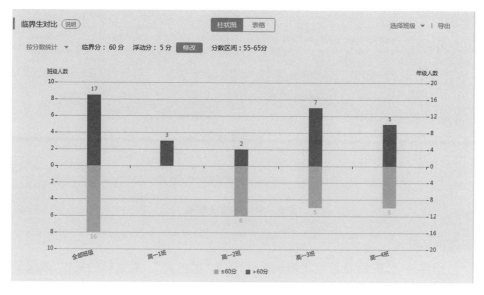

图 7　临界生对比图

2. 个体——考题

针对客观题可以直接找到高频错误选项并思考对策，概念模糊也好，基础不稳也好，都能很快找到其根源（图8）。

题号	题型	知识点	班级得分率	与年级差值	高频错误项
第4题	单选题	--	38.46%	-2.77%	B
第9题	单选题	--	0%	-5.26%	D
第18题	单选题	--	34.62%	11.81%	B
第22题	单选题	--	19.23%	-16.73%	A
第25题	单选题	--	26.92%	7.62%	B
第33题	单选题	--	3.85%	-1.42%	C
第37题	单选题	--	30.77%	11.47%	B
第40题	多选题	--	26.92%	-9.04%	C
第47题	主观题	--	34.62%	-3.98%	--

图 8　高频错题

如图9为智学网提供的快速分析功能,可以按照教师教学习惯,优先讲评大部分学生共性的错题、优先强化知识掌握最薄弱板块。

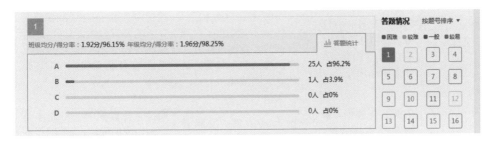

图9 按班分析答题情况

(六)改进效果

教学效果的改进不可能做到立竿见影,一次或者几次基于阶段测试的质量分析数据无法全面反映基于大数据的平台对提高教学有效性的实际贡献,我们期待的是运用此策略在未来的教学过程中有更大的突破。

1. 通过对一线教师的访谈,收集到"智学网介入的生命科学教学质量分析"真实反馈

表1为通过与教师的访谈,对此策略应用下的得分率、重难点、个体差异、分层情况等方面的分析与汇总。

表1 访谈情况分析表

项目	运用智学网	传统纸面评估	分析小结
得分率	统计全面:细致到每个点、每道题、每个学生	大体了解:按大题分块,最多细致到每道题	与传统方式相比较,得分率细致到某题、某选项或某知识点的智学网应用对于教学的精度和准度把握有十分积极的意义
重难点	精确统计:分散在各题的相同知识点自动汇总,细致到题	相对模糊:大题涉及多个知识点,统计按主要知识点计,相对模糊	与传统方式相比,重难点显然统计精准而又快速,让教师短时间内可以把握自己的教学是否存在盲区

续　表

项目	运用智学网	传统纸面评估	分析小结
个体差异	多指标比较：不仅有分数指标，同时通过题型差异，区分个体强化点	按考分比较：分数相同，得分区域不同，也存在死记硬背的客观题拉高分数和灵活机动的主观题拉高分数等不同情况	通过多个指标的比较，智学网介入的分析显然更有区分度，能够在同分不同能力的情况下准确分析学生个体差异所在
分层情况	依据综合数据：多维度，大数据分析，准确定位学生知识缺漏，有效分层	依据大致印象：按照教学、作业的大致印象，缺乏有效反馈机制，分类模糊	通过综合数据的分析而不是模糊印象的反馈，智学网帮助精准定位，对学习效果有效分层分段

由此我们不难发现智学网介入的教学质量分析，科学、有效、精准地提升了教师的教与学生的学，有利于教学走向减负增效的良性循环。

2. 部分学科教师的反思和心得(选录)

试卷上传、扫描完毕后，智能学习引擎会自动对每个学生的成绩、知识点、难度进行一个多维度分析。通过智学网我能了解每道题的全班学生得分率，能清晰地知道试卷讲评的侧重点，使我对学生学习状况的把握精准化。像这次期中考试，我所带的四个班，一百多名学生，其中知识点得分率最高的是走进生命科学板块、最低的是生命的物质和能量板块。那么我后续的讲评将会侧重讲解生命的物质和能量，走进生命科学部分就会选择尽可能多地放手给学生。——王佳老师

在传统的教学模式下，我们会认为，成绩相同的学生，能力大致相仿。但根据两个同样分数的考生进行个体化详细化的数据分析，我们会发现，甲同学更多的是依靠出色的逻辑思维，而乙同学逻辑思维能力相对薄弱。一个学生在光合作用上需要加强，另一个学生需要在细胞亚显微结构这块加强巩固。——万克娟老师

我们老师既要了解班上每位学生的学习进度，还要根据学生学习进度的不同，出有针对性的试题，这个愿景很好，无奈班上学生太多，学生知识点掌握情况各有不同，真正实现起来难度不小。之前一般都是按照大致的教学印象给班上不同学习程度的学生布置不同习题，但因为缺少有效的学生学习反馈信息，这种认知未必准确。学生最容易掉入的陷阱是遗传、光合，还是内环境？哪些知识点

需要深入讲解并加强学生的练习？我无法准确把握学生的需要进而做出相应的教学调整。而用智能网教学平台对每道题目进行知识点、载体、方法、能力等多个维度的标注，帮助教师精准出题，再通过大数据分析，教师可以根据不同题目的考点和学生答题情况，迅速准确地了解每位学生的知识漏洞，有效诊断学生的学习问题，继而进行有针对性讲练。这样，让学习成绩好的学生攻克难题，让暂时跟不上学习进度的学生做一些相对容易的题目，这对提升学生考试成绩和建立学生学好数学的自信心有着重要作用。——黄英姿老师

（七）结论

大数据下的教学模式不会也不可能完全取代传统课堂教学，但它是优化传统教学模式的一种手段。有了大数据分析，学生学习的过程可以被全方位记录下来，教师通过数据分析可以对学生的知识掌握和能力发展进行形成性评价，使教学反馈更加及时准确。同时大数据也解放了像黄老师、万老师这样一大批有创新精神的教师，使他们尽可能少做重复性工作，而将精力集中在教师的核心业务——教学教研上，这对于生命科学教学有效性提升具有至关重要的意义。

参考文献：

[1] 沈子兴."三个指数"质量综合评价十年的实践探索[J].上海课程教学研究,2019(6).

[2] 赖才炎.研究关键教育事件,促进教师专业发展[D].上海师范大学,2011.

[3] 项贤明.七十年来我国两轮"减负"教育改革的历史透视[J].华东师范大学学报（教育科学版）,2019(5).

[4] 何新凤,刘传熙.试论物理教学设计及其评价指标体系的研制[J].教育与职业,2012(18).

[5] 马立超.基于价值分析的中小学生减负政策评析[J].上海教育评估研究,2021(2).

[6] 冒慧晶.基于学案和信息技术的个性化学习模式在生物教学中的实践[J].教书育人,2010(34).

[7] 马瑾瑜,张海安.减负增效背景下小学语文作业创新设计探讨[J].新课程,2021(24).

[8] 黄文增.基于教育数据挖掘的个性化习题推荐算法研究[D].吉林大学,2019.

二十三、复旦小学四年级数学学科诊断性评价分析案例

上海市长宁区复旦小学　厉　悦

作者简介：

厉悦，小学高级教师，现任长宁区复旦小学副校长。先后获得长宁区第三轮学科带头人项目负责制征文评选三等奖、长宁区第十届教学工作研讨活动长作业设计三等奖、长宁区第十二届教学研讨活动"长教杯"教学评优三等奖、2018年长宁区教育系统第三届"教育教学能手"荣誉称号、2019年长宁区融合教育优秀工作者、2020—2021长宁区校（园）级后备干部培训"积极分子"荣誉称号。

教育格言：

教育植根于爱。

[摘要] 为了更好地对接区域"三个指数"评测及改进要求,复旦小学四年级数学学科试点在第二学期期末开展诊断性评价,通过对数据作细致分析,查找典型错题产生原因,寻找教与学环节中存在的问题,跟进切实有效的策略措施,提升教学有效性。

[关键词] 诊断性评价;读图能力;数形结合思想;高阶思维培养

(一) 背景介绍

2021年5月,复旦小学收到了2020年下半年长宁区五年级"三个指数"测评报告,其中"学业成就发展指数"一项,从学科情况来看,语文、英语学科的整体水平基本与全区平均值持平,数学学科的得分率略低于全区平均值且班级间的差异较为明显。

结合测评数据,学校组织各个层面认真研读指标内容,解读相关数据信息,比对数据,分析成因,并列出改进措施,希望通过有效的整改,引导教师更好地改进教学,帮助学生更好地改进学习,从而推动教学质量的稳步提高。其中针对数学学科具体情况,在四年级试点开展诊断评价分析,提升课堂教学有效性研究,是数学组在2021学年度着重推进的项目。

四年级数学备课组非常重视,在期末复习阶段的初期,在区教研员的指导下,认真地梳理了各单元的教学目标和评价目标,制定了双向细目表(图1),编

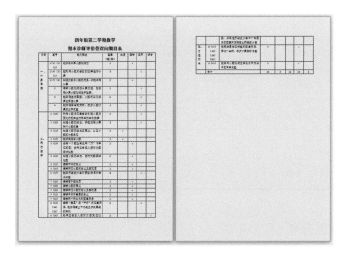

图1　四年级第二学期数学期末诊断评价卷双向细目表

制了一份诊断性评价卷(图2),并认真进行了试卷的质量分析,希望能找到教学中的不足与暂时存在的知识短板,希望根据各班级的实际情况,在接下来的复习阶段进行有针对性的复习巩固,帮助学生牢固掌握教材核心知识点。

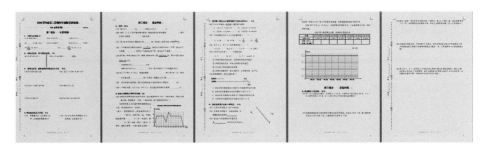

图2 2020学年度第二学期四年级数学诊断性评价卷

(二)数据呈现

本次校级质量评价,四年级学生应参与人数167人,实际参与人数167人,参与率100%。通过数据分析,四年级学生在"概念理解"维度中得分率较低,年级平均得分率为64.61%(表1)。

表1 "概念理解"维度各班平均得分率

班　　级	概念理解得分率(%)
四(1)	67.13
四(2)	65.49
四(3)	63.39
四(4)	64.70
四(5)	62.27
平均值	64.61

(三)原因分析

分析具体题目发现在"概念理解"维度中,失分率较高的题目集中在以下两题:

1. 错题一(图 3)

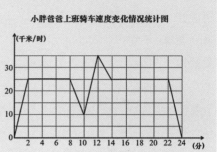

图 3　错题一

此题考查的是折线统计图的相关知识,要求学生根据折线统计图中信息,会联系生活实际进行合理的统计分析,并作出正确判断。此题的前两个填空较为简单,能在统计图中直接找到相关的信息,这两个填空的答题正确率接近100%。失分点主要集中在后两个填空,需要学生先读懂题中的"提示语",分析折线统计图中折线"升""降"变化与坡度的关联,进而作出判断。此题的失分率较高说明了学生读题、读图能力较弱。后两个填空的答题正确率分别为30.30%和36.36%。

2. 错题二(图 4)

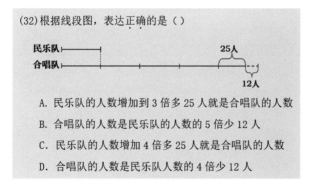

图 4　错题二

此题考查的是两个量之间的数量关系的相关知识,要求学生在线段图中找出相应的数量关系。此题的正确率为42.42%。与错题一一样,此题的失分率较高,真实地反映了学生较弱的读题能力及数形结合数学思想的欠缺。

(四) 改进策略

根据这两题中呈现的问题,四年级备课组进行了反思:学生无法在没有既定解决路径的复杂情境中,将新的信息和记忆中储存的信息进行相互关联,重新组合和拓展,从而得到可能的解决方案,反映出学生缺乏高层次思维能力。因此期末阶段复习的方向和重点是在梳理一学期学习内容的同时,重视高层次思维培养。在练习设计时,联系学生生活实际,引导学生学会解决问题的方法与策略,形成解题技能;精心设计评价中的拓展运用板块,结合核心知识点创设与学生生活匹配、具有挑战性的问题情境,将学生放置于问题之中,激活学生已有的经验和学科知识,培养独立思考、探索发现的思维品质。

(五) 改进措施

1. 改进课堂教学

加强对问题情境、图示呈现中数学信息的收集、解读和筛选能力的培养,引导学生从情境中观察、发现、收集数学信息,学会用适当的方式进行表达。在复习阶段进行第五单元教学时,整理汇总了相关课例(表2),在教学中融入数形结合等思想,引导学生多角度探寻解决问题的路径,提高综合运用数学知识和方法解决非常规问题的能力,并引导学生从生活经验出发,将所学的数学知识运用到实际生活中,解决生活中所遇到的问题。

表2　第五单元相关课例

模　块	相　关　课　例	情境或图示
数与运算	第68~69页:解决问题(2),例1	线段图 树状算图
	第75页:小数与近似数,例4	数射线
	第81~82页:计算比赛场次	树状图 列表
图形与几何	第76页:垂直与平行	作图证明
数据整理与概率统计	第74页:小数与近似数,练一练3	统计图

注重培养学生良好的审题习惯,日常教学中引导学生根据问题,选择相关联的数据进行判断分析,提出合理的预测或决策;加强对题意和统计图中数据进行判断解释的说写训练,培养学生形成有理有序、清晰明了地阐述自己观点的能力。

2. 落实课后辅导

加强对学生的个别化辅导,在校内辅导中尽量采用面批的方式,边批阅边辅导,进一步提高完成基础练习的正确率;开展有利于学生身心健康的各种学习、竞赛等活动,提高学生的综合性知识运用能力。

加强对学困生的学情分析,找出该类学生知识掌握的薄弱点,根据学情因人而异、有的放矢地制订辅导计划。利用每周课后,定时、定人开展有针对性的补缺补差,提高合格率。四年级备课组利用此次诊断性评估,排摸了基础知识比较薄弱的学生,制定了暑期分层个性化辅导方案,并利用期末家长接待日的机会,充分与家长沟通交流,获得了家长的支持和配合。备课组先研读《暑假生活》一书中的"数学作业",进行作业分层,并根据上述学生知识点的薄弱部分,重新设计相关练习,同时为了减轻学生作业负担,免去《暑假生活》中的一部分作业。在期末阶段将分层个性化作业以纸质稿下发,在暑期利用"晓黑板"等家校沟通平台,按一周两次的频率,完成学生上传作业、教师移动终端批改作业、发布讲评视频、学生二次订正等辅导工作。

重视学有余力的学生的培优工作,引导学生建立更高的学习目标,其个体通过自主探究、合作学习,历练比较、归纳、总结等方面的能力;引导他们用积极的学习态度、有效的学习方法,影响和帮助其他同学共同进步,提升学生整体的优秀率。

(六) 下阶段工作设想

1. 完善课前备课设计

(1) 加强备课研究,提高设计针对性。准确把握单元目标,细化分解课时目标,备课时要关注目标制定是否符合教学要求,过程设计是否与教学目标相吻合。四年级备课组在暑假期间对五年级第一学期的教学内容进行了集体备课,梳理了各单元的核心知识点(图5)。

(2) 结合校本教研,研读五年级教材,回顾、整理区教研内容,结合区教研要求,在备课时用整体的思想去理解教材。厘清该学段的目标要求、知识点与之前

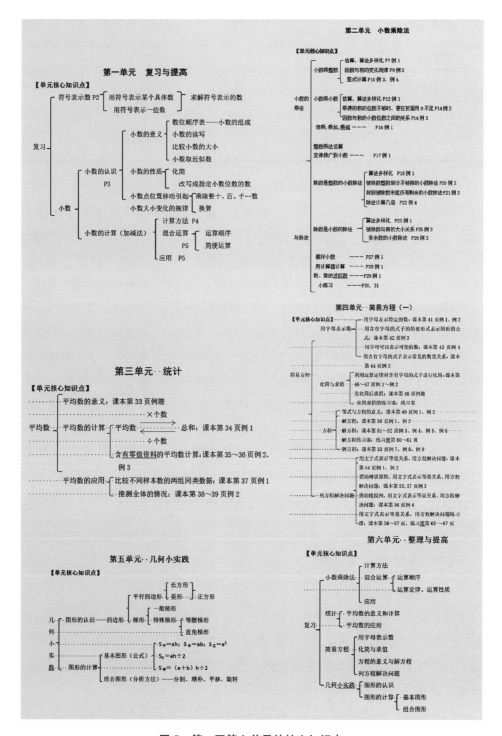

图5 第一至第六单元的核心知识点

学段的前后联系、学段间知识的交叉联系,找准新、旧知识的内在联系,把握知识迁移的学习过程,把教材的知识结构和学生的认知结构结合起来,把分散的数学知识进行串联、归类、整理,沟通知识之间的内在联系,并纳入学生已有的数学知识系统中,形成一个比较完整的知识体系(表3、表4)。

表3 "近似数"相关教学内容的梳理

估　　算	近　似　数	求　近　似　值
二年级(下) 加、减法估算	四年级(上) 四舍五入法 大数与凑整	五年级(上) 积、商近似值 平均数
三年级(上) 乘、除法估算	四年级(下) 小数与近似数 *五舍六入	
三年级(下) 乘、除法估算		

表4 "解决问题"教学内容的模块梳理(数与运算单元主题)

一年级(上) 讲讲算算	二年级(上) 看图编乘、 除法问题 小练习	三年级(上) 小练习 数量关系教学 (单价数量总价) 除法的应用	四年级(上) 解决问题 数量关系教学 (工作效率工作 时间工作总量)	五年级(上) 小练习 小数乘除法的应用
一年级(下) 小练习	二年级(下) 小练习 解决问题	三年级(下) 小练习 解决问题	四年级(下) 解决问题 小练习 小数加减法的应用	

2. 优化课中教学设计

关注"空中课堂",提升教学有效性。虽然"空中课堂"没有真正的师生互动,但它展示了高层次思维能力的学生的行为表现,即在解答问题时能用多种方法表达自己的见解,在讨论时能向同伴提出有建设性的意见,同时"空中课堂"也呈现了优质的教学范例:不论是数与运算模块、方程与代数模块、图形与几何模块还是概率与统计模块的教学,都渗透了转化、归纳、分类、类比、数形结合等数学思想方法,通过猜想、操作、验证等方法推导演示本课的主要知识点,并用典型题型和变式题型进行巩固辨析,但最终都会回到生活实际,用本课的知识点去解决生活中的问题,在看似复杂的问题情境中,引导学生抓住关键信息,找到问题的本质,用新学的本领进行解答,体现出思维过程和经验积累,并且每堂课都有有效的回顾和总结。

3. 重视课后作业设计

中共中央办公厅、国务院办公厅印发的《关于进一步减轻义务教育阶段学生作业负担和校外培训负担的意见》指出,要提高作业设计质量,鼓励布置分层、弹性和个性化作业。因此在单元整体教学设计时就要关注作业的分层设计,结合核心知识点,为学有余力的学生设计与其生活匹配、具有挑战性的拓展运用作业,培养独立思考、探索发现的思维品质。同时,结合学生阶段学习情况,加强困难成因分析,重视个性研究,有的放矢地制订辅导计划。

(七) 改进效果

备课、上课、作业、辅导、评价环节等的改进,使教师在授课时引导学生用已掌握的知识向技能、技巧转化,领会数学思想与方法,获得广泛的数学活动经验,进一步培养与发展了学生的能力和智力。

相信通过以上一系列措施的实施,在五年级"三个指数"评测中,成绩较之前一定会有较大的进步。

二十四、"线上线下相融合教学模式"初探

上海市长宁区天山第一小学　王　诚

作者简介：

王诚，任职于上海市长宁区天山第一小学。先后参加长宁区小学体育中心组、上海市小学体育骨干教师研修班，2018年12月，被评为长宁区第八轮学科带头人，2020年6月参加第二轮"空中课堂"的拍摄。在13年的教育生涯中，先后获得：长宁区小学体育教师模拟教学评优一等奖、小学体育与健身学科教师专业技能大赛一等奖、课堂工程优课评选活动一等奖、"活力教育"研讨活动教育论文二等奖，上海市室内活动创意比赛二等奖、中小学"学科德育精品课程"、体育艺术领域教师专业技能展示评选活动个人二等奖和团体金奖、中小学教育信息化应用推进活动"信息化教学能手"等。

教育格言：

用仁爱之心点亮孩子的心灵，用博实之学传递知识的真谛，用启发之能开启学生求知的大门。

[摘要] 突如其来的新型冠状病毒肺炎疫情使中小学线下上课受到限制,之后虽然建立了空中课堂线上教学,但作为以身体练习为主的体育学科,其还很难满足"每天锻炼一小时"的要求,主要表现出在家在校学习相差甚远、运动量不达标、复学后指导不足导致学生身体素质下滑等问题。基于此,天山第一小学教研组通过对教授内容梳理评估、教材分层,设计出"课前建议"以及"居家运动指南",并通过"晓黑板"进行线上分享,在保证线上教学安全性的同时确保孩子每天的运动量。复课后,又根据体测成绩进行数据分析,调整课堂教学内容。改进效果主要表现为居家在线学习安全性和运动量得到保障,线上课程与线下课程成互补,基于数据反馈的课堂教学更为精准,居家运动形式新颖,可操作性强,便于学生养成科学运动的好习惯。

[关键词] 线上线下;相融合;体质健康

(一)背景介绍

受突如其来的新冠肺炎疫情的影响,2020年国内不少学校都推迟春季开学的时间,同时开启了空中课堂线上教学模式。作为以身体练习为主的体育学科,空中课堂不但在内容上满足不了"每天一小时"的运动需求,而且由于没有体育教师在身边指导,练习的有效性也难以保证。针对这一问题,体育教研组通过备课,提前对第二天的教学内容进行梳理和评估,对于存在安全隐患的内容,在课前做好充分的安全提示,将有难度的教材进行合理的分层,通过练习建议的形式在"晓黑板"提前告知学生和家长。此外,为了弥补空中课堂运动量不足的缺陷,体育组结合各年级学生的身体特点,设计了"小蚂蚁居家健身指南"作为补充,通过"晓黑板"发送给家长,保证孩子每天的运动量。复课后,学校又对全校学生的体质进行调研,通过数据分析的方式找出各班级的薄弱环节,及时调整教学内容,保障了学生身心健康发展。

(二)数据呈现

2020年11月,天山第一小学在长宁区学生体质监测中以平均分91.62分的成绩位居全区第一(表1)。

表1 2020年下半年长宁区学生体质健康监测学校排名

排序	学校名称	样本数	平均分	优秀率	良好率	合格率	年 级		
							小二	小三	小四
1	上海市长宁区天山第一小学	150	91.62	66.67%	99.33%	100%	92.66	91.59	90.62
2		150	88.19	32.00%	94.67%	100%	88.52	88.46	87.59
3		150	88.11	36.67%	94.00%	100%	88.13	87.02	89.19
4		150	88.03	36.67%	94.67%	100%	89.32	90.62	84.16
5		150	87.77	31.33%	97.33%	100%	89.12	88.82	85.37
6		150	87.43	31.33%	95.33%	100%	88.09	86.59	87.62
7		150	86.97	30.00%	92.00%	99%	88.83	87.77	84.31
8		150	86.93	26.67%	90.67%	100%	88.40	86.45	85.95
9		147	86.58	27.89%	89.12%	100%	88.75	85.32	85.62
10		139	86.47	27.34%	92.09%	100%	87.58	84.38	87.74
11		149	86.19	23.49%	83.89%	100%	88.13	83.98	86.46
12		150	86.11	21.33%	88.67%	100%	85.02	87.55	85.76
13		150	86.08	24.00%	84.67%	100%	87.02	86.66	84.55
14		150	86.02	24.00%	83.33%	100%	89.12	85.47	83.48
15		146	85.97	21.92%	85.62%	100%	86.87	85.63	85.37
16		150	85.77	23.33%	86.67%	100%	86.22	85.61	85.50
17		146	85.39	22.60%	85.62%	100%	83.83	85.73	86.58
18		150	85.12	21.33%	84.67%	100%	83.83	84.68	86.86
19		150	84.85	15.33%	86.00%	100%	85.46	85.08	84.00
20		150	84.85	14.00%	84.00%	100%	83.83	86.05	84.69
21		130	84.33	26.15%	67.69%	100%	84.83	85.57	82.71
22		150	84.30	21.33%	75.33%	100%	84.53	84.26	84.13
23		150	84.14	17.33%	78.67%	100%	85.25	84.08	83.10

续　表

排序	学校名称	样本数	平均分	优秀率	良好率	合格率	年级		
							小二	小三	小四
24		150	84.10	14.00%	80.67%	99.33%	84.23	84.78	83.28
25		150	83.63	14.00%	79.33%	100%	83.70	85.24	81.96
26		150	83.49	14.00%	73.33%	100%	85.73	82.89	81.85
		3 857	86.10	25.56%	86.52%	99.95%	86.82	86.17	85.31

注：2～26 为长宁区其他学校，校名省略。

（三）原因分析

疫情防控期间造成学生体质下滑的原因主要有以下几个方面：

1. 父母在旁指导与不在旁指导，学生的学习质量有很大区别

居家学习初期，由于学生父母还未复工，因此多数学生在线学习时有父母在旁辅导，学习质量相对较高。学生家长复工后，居家学习的陪伴者换作老人或者是学生独立完成，因此网课的学习质量与安全很难得到保证。

2. 居家学习与学校教育有很大区别

居家学习时，即使有父母在旁指导，但由于没有专业的学科知识，他们没有办法像体育老师那样指导纠错和评价，因此学习效果无法保证。

3. 空中课堂的运动量与学科要求相差甚远

体育学科要求学生每天必须有 1 小时的体育锻炼时间，但空中课堂只有 20 分钟的时间，与教育部的要求相差甚远。因此，空中课堂提供的内容仅为保底内容，无法满足所有孩子的需求。

4. 居家学习体质下降

复课之后，许多学生的体质都有所下降，而学校并未安排有针对性的内容帮助孩子恢复体能，因此造成了学生身体素质集体下滑的现象。

（四）改进策略

（1）优化线上教学，关注学生需要；

（2）拓展教学内容，实施精准互补；

(3) 基于数据分析,制定线下课程;

(4) 基于信息平台,家、校共育健身。

(五) 改进措施

1. 自我安全管理,筑起安全壁垒

2020年新冠肺炎疫情防控期间空中课堂开播一周后,通过实践,体育组老师发现空中课堂中的某些内容,因为学生住房条件的差异,并不适合在所有家庭内开展,若勉强练习,可能会引发安全事故。同时一些幅度大的运动(如跳跃),没有教师的指导和帮助,学生独自练习时也存在一定的安全隐患。针对这一问题,体育教研组通过备课,提前对第二天的教学内容进行梳理和评估,对于存在安全隐患的内容在课前做好充分的安全提示,充分考虑场地大小、地板材质等因素,通过练习建议(图1)的形式在"晓黑板"提前告知学生和家长,让他们做好充分的准备,为居家上体育课的安全筑起了壁垒。

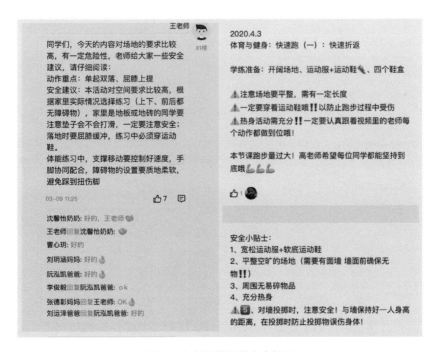

图1 空中课堂课前安全提示

2. 梳理动作要领,保证教学效果

空中课堂虽然凝聚了全上海各个区县的精英体育团队进行打造,无论是内

容还是形式,都足以成为体育教师们潜心钻研的模板。但由于时间仓促,加之每节课的时间只有 25 分钟,因此教学进度衔接得非常紧凑,每个教材和单元分配到的课时数也很有限,尤其是难度较高的球类教材,只提供了 3 课时的学习时间,因此一些运动基础较差的学生很难在这么短的时间内掌握技术要领。针对这一问题,体育教研组结合学生的实际基础,将教材中的难点进行分解和再造,通过提纲的形式将其转换成学生易于理解的内容,帮助他们更快地理解动作要领,另外再提供必要的练习方法指导(图 2),帮助学生由易到难地掌握技术动作。在日常教学中,学生还会将自己的练习动作在微信或"晓黑板"分享,而教师则会进行指导和点评,在帮助学生纠正动作的同时,提高他们对体育运动的兴趣。

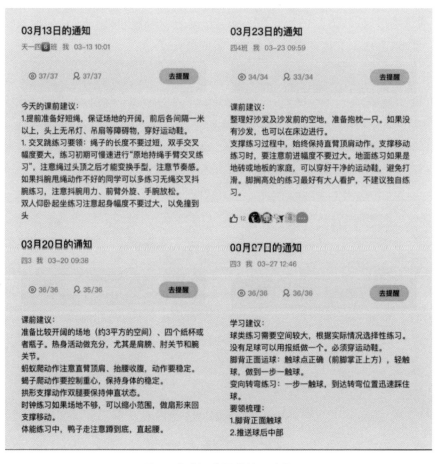

图 2 空中课堂课前练习建议

3. 运动总量不足,居家指南补充

上海市教委多次指出,空中课堂只为学生提供体育课程中"保底"的内容,各校还应根据实际情况进行适当的补充练习。为了帮助学生更好地进行居家体育锻炼,体育教研组借助微信公众号平台,以小蚂蚁"I"运动为主题,围绕居家体育锻炼,根据低年级和高年级的不同身心特点,利用文字提示结合视频及图片的方法,设计了三期"小蚂蚁居家健身指南"(图3)。三期指南分别围绕球类练习、居家亲子健身以及基本身体素质发展进行设计,有效地与空中课堂的内容进行互补,教师通过微信及"晓黑板",将"指南"推送给学生,并鼓励他们及时分享自己

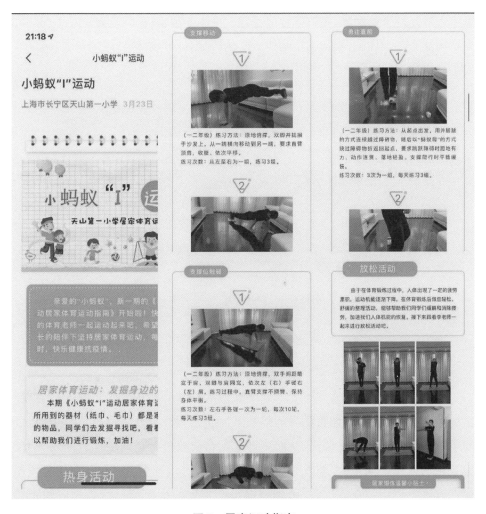

图3 居家运动指南

的练习,而学生则及时将自己的练习情况通过图片或视频的形式在班级群内进行分享,教师再进行点评与指导,师生间的交流通过互联网平台焕发出新的活力,形成了家、校合作的新生态。

4. 定期收集数据,及时调整内容

复课之后,学校根据国家学生体质健康标准,对全校学生进行体质健康测试,并形成数据档案(以二年级为例,图4),再根据年级、班级、男女生的数据对比,分析每个班级的数据情况并以此为依据对课时计划进行调整。为了帮助学生更好地恢复体能。学校采取了综合活动与体能练习相结合的模式。即在完成主教材之后,综合练习都以体能课课练的形式进行,且采用循环练习法保证练习的密度和运动量的达标,每节体育课设置三项体能项目,总时长为10~12分钟。以每两周为一个周期,根据学生的体质变化情况对内容进行适时的调整,确保练习的针对性。

年级	项目	平均分	优秀率	良好率	合格率	不合格率
二年级	身高体重	93.20	72.00%	94.00%	100.00%	0.00%
	肺活量	92.92	68.00%	90.00%	100.00%	0.00%
	坐位体前屈	98.02	94.00%	98.00%	100.00%	0.00%
	1'跳绳	96.68	84.00%	94.00%	100.00%	0.00%
	50米	86.02	44.00%	70.00%	100.00%	0.00%

图4 二年级学生体质测试成绩

5. 利用信息平台,保证时间、质量

结合疫情防控期间"小蚂蚁居家健身指南"的经验,在复课之后,学校继续借助"晓黑板"平台,定期将学生的体质数字报告(图5)分享给家长,让家长及时了解孩子体质的变化情况,从而更好地配合学校进行正向干预。同时,学校也会定期以体育场作业(图6)的形式向家长推送运动资源,家长通过视频拍摄的方式上传练习视频,而教师则根据每个学生的练习情况给予相应的指导和评价。

学生基本信息						
姓名	陈泓翔	性别	男	出生年月	2012年12月15日	
班级	小学二年级4班	学年	2020~2021学年度	学期	第一学期	
学籍号	L310109201212150534			民族	汉族	

项目类别	项目名称	测试项目	成绩	评分	等级
身体形态（12项）	体重	体重（千克）	33.8		
	身高	身高（厘米）	141.3		
	体重指数	体重指数（千克/米²）	16.9	100	正常
	柔韧素质	坐位体前屈（厘米）	12.1	85	良好
		一分钟跳绳（次）	80	74	及格
	肺活量	肺活量（毫升）	2402	100	优秀
	视力	左眼裸眼视力	4.7	65	近视
		左眼串镜	-1	0	
		右眼裸眼视力	4.8	75	近视
		右眼串镜	-1	0	
		左眼屈光不正	1	100	满分
		右眼屈光不正	1	100	满分
身体体能（1项）	速度素质	50米跑（秒）	8.9	100	优秀
总分				90.3	优秀

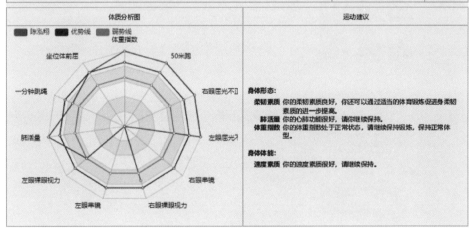

图5 学生体质数字报告

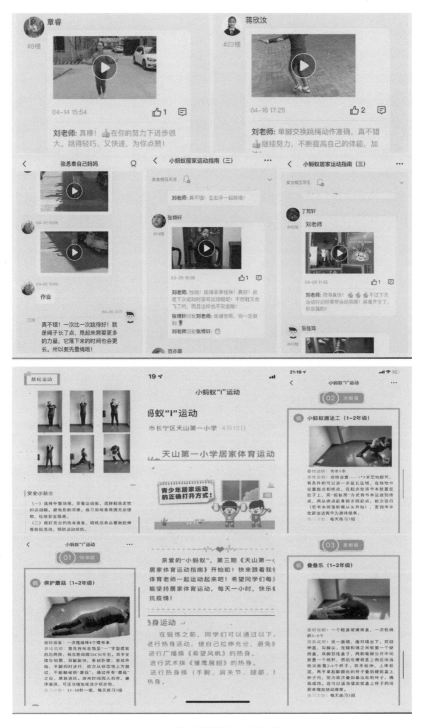

图 6 "晓黑板"体育场作业

（六）改进效果

学校依托线上线下相融合的教学模式，获得以下成果：

1. 居家安全小建议，安全有效来锻炼

疫情防控期间，通过每次课前的"安全小贴士"和"课前小建议"，学生不仅在居家练习的安全性上得到了有效保证，在长达三个多月的空中课堂学习中，学校1 200多名学生未发生一起居家运动事故。同时，通过复课后对各年级学生运动技能的考核，我们也惊喜地发现学生技能项目达标率和优秀率都很高。

2. 居家运动有指南，线下课程成补充

疫情防控期间的"小蚂蚁居家健身指南"有效地解决了空中课堂运动量不足的问题，让学生居家也能达到每天一小时的运动量。从复课后的体质测试成绩来看，学生的体质并未因居家学习而出现明显的下滑。

3. 数据反馈做指导，调整内容融活动

通过定期对学生进行体质健康数据收集，根据班级、年级的数据合理调整体育课内容，并通过趣味体能的方式有效地融入综合活动板块，提高了体育课的科学性和健身性。

4. 居家运动新形式，科学运动好习惯

线上体育课充分体现了"居家"特征，因此，我们在设计线上的居家运动指南时也充分考虑到居家因素，利用家中有限空间，寻找一些易取得的家中物品（如利用居家常用的家具凳、椅、床、墙，以及常见的生活用品如矿泉水瓶、瑜伽垫、拉力带、毛巾等），设计有趣的活动、练习、亲子游戏等。同时，通过"晓黑板"运动平台的搭建，学生可以建立在线互动网络平台和评价体系，激发运动的热情。学生在平台中展现自我，观察到自我努力后的成效，加上教师给予的及时评价，对每日体育锻炼产生积极的动力，为后续养成热爱各类体育活动、体育锻炼习惯奠定良好的基础。

二十五、基于证据调整教研专题　关注表达训练读写结合

——以二年级语文学科阶段终结性评价中的看图写话为例

上海市长宁区天山第一小学　吴珏芳

作者简介：

吴珏芳，语文高级教师，长宁区语文学科带头人，区语文学科中心组成员。现任上海市长宁区天山第一小学副校长，分管课程教学。执教语文课曾荣获教育部优课，上海市优课，长宁区课堂工程一等奖。2020年新冠肺炎疫情防控期间，参与上海市中小学空中课堂春季版录制。撰写出版《行走阅读"乐"分享》一书。

教育格言：

一个有目标、会合作、能体现个人价值的教研组一定能成为教师追求卓越、走向卓越的归属地。

[摘要] 教育教学质量是学校办学的绿色生命线。小学一、二年级学生的学习是否扎实与中、高年段语文学习能否有更大的进步空间息息相关。上海市长宁区天山第一小学一直坚持面向二年级学生开展阶段终结性评价。学生升入二年级,看图写话的评价上显示学生与学生之间差异较大。基于这个实际情况,教研组通过数据分析,及时掌握各班班情、学生学情,了解学生普遍存在的短板,通过精准分析和与之相匹配的教研专题活动,内容调整跟进、具体措施落实,达到改进教学行为、提高看图写话教学质量的目的。基于数据进行教学决策和教研专题调整,是保障学校教学质量的基础性工作。教师在集体教研的基础上及时调整教学行为是夯实低年级段表达训练,确保学生顺利进入中、高年语文学习的有机组成部分。

[关键词] 基于数据;教研专题调整;夯实低年级段表达训练

(一) 背景介绍

小学低年级段语文学科评价根据《上海市中小学语文课程标准(试行稿)》设立"识字与写字""阅读""表达"三个主题模块,从"学习兴趣""学习习惯"和"学业成果"三个维度设计评价内容和观察点。小学一、二年级学生的学习是否扎实与中、高年级段语文学习能否有更大的进步空间息息相关。多年来,天山第一小学课程教学部本着"评价是为了每一个学生更好地发展"的宗旨,一直坚持面向二年级学生开展阶段终结性评价(《上海市教育委员会关于印发上海市中小学2021学年度课程计划及其说明的通知》中明确指出:"小学一、二年级可进行期末考查(一年级不得进行书面考查)。")。主要以书面考查形式检测学生学业成果。学校要求教研组在集中统一阅卷后,由教研组长收集各班质量分析数据,汇总形成年级质量分析报告,递交学科大组长。这是一项常规教研工作,能让学校在第一时间掌握班情、学情;更重要的是教研组能通过数据分析,了解学生普遍存在的短板,通过精准分析,以达到改进教学行为的目的。这项工作是保障学校教学质量的基础性工作。

本次评价范围是统编版语文新教材二年级第一学期内容,是学生进入小学后经历的第一次纸笔形式的阶段终结性评价。教师可以通过评价,了解学生一学期来的学习情况。

（二）数据呈现

本届二年级学生总数234人,实考222人,去掉最高点数和最低点数,平均点数为90.22。整体来看,整个二年级组语文学习成绩比较稳定(表1)。但平均点数最高和最低班级之间的差距是7.5,大于6。这一现象引起教研组的重视。是什么原因导致班级之间的差异较大?教研组在什么板块可以进一步加强集体教研?对此我们又做了进一步的细化分析。

表1 二年级第一学期语文学科阶段终结性评价成绩

班 级		(1)班	(2)班	(3)班	(4)班	(5)班	(6)班
优	人数	32	29	27	24	29	14
	比例(%)	88.9	74.3	71.1	68.6	76.3	38.9
良	人数	3	9	8	10	8	11
	比例(%)	8.3	23.1	21.1	28.6	21.1	30.6
合格	人数	1	1	2	1	1	9
	比例(%)	2.8	2.6	5.2	2.8	2.6	25
须努力	人数	/	/	1	/	/	2
	比例(%)			2.6			5.5

通过初步的数据分析显示,二年级语文学习"识字与写字"是重点,在阶段终结性评价中,占比也最高。(6)班和(3)班在这个板块中的优秀率都相对较低。"阅读"也有类似优秀率分布情况。而"表达"部分,除了(6)班学生整体情况均不佳外,(2)班、(3)班、(4)班,得"良"的学生也相对较多,(3)班"合格"人数还比(2)班、(4)班多1人。这个数据引起教研组的重视,根据阅卷教师留存的"看图写话"分项评价情况,又着手开展针对"看图写话"板块的数据分析(表2)。

学生的主要问题都集中在不能正确表述图意或者是无法用准确的词语描述自己所看懂的内容。学有余力的学生可以模仿借鉴课文结构和描写手法,把故事的起因、经过、结果写清楚,甚至可以把人物的心情变化写出来,语言比较生动

表 2 二年级第一学期语文学科阶段终结性评价中"看图写话"板块得分情况

班　级		（1）班	（2）班	（3）班	（4）班	（5）班	（6）班
总人数		36	39	38	35	38	36
能正确表述图意	人数	32	29	27	24	29	14
	比例(%)	88.9	74.4	71.1	68.6	76.3	38.9
语言连贯通顺	人数	34	31	24	24	36	21
	比例(%)	94.4	79.5	63.2	68.6	94.7	58.3
用词准确	人数	35	31	30	32	33	26
	比例(%)	97.2	79.5	78.95	91.4	86.8	72.2
标点使用正确	人数	32	33	31	30	30	28
	比例(%)	88.9	84.6	81.58	85.7	78.9	77.8
表达完整	人数	32	28	25	28	27	22
	比例(%)	88.9	71.8	65.8	80	71.1	61.1

具体。但还是有相当一部分学生语言表达比较简单，觉得无话可写，故事完整性也不足。这样的情况，归根结底还是与学生日常阅读理解水平的高低、语言积累的多少、活学活用能力的强弱相关联。

（三）改进策略

从数据分析来看，比较突出的问题都与书面表达有关。教研组组织教师反思后，一致认为教师使用统编版新教材后，对于新教材的解读和认识还浮于浅表。尽管有区级实体培训和市级在线教研支撑，但是在实际备课和教学过程中，还是存在经验主义思想，觉得低年级段语文教学还是应以字词为主、基础为重，忽视了教材提供的语境、语篇既是字词教学的来源同时又是学生开展阅读、提高理解能力和语言运用能力的素材。教师应该立足课程标准、教学基本要求和单元整体实施教学，尤其在二年级，要重视训练学生的阅读理解和表达能力，为进入三年级做好准备。

基于以上情况分析,在进入第二学期的时候,二年级教研组在开学初就拟定了年级组的教研专题——在单元整体视域下关注表达训练、读写结合,并在教研组长的带领下开展系列教研活动。主要研究方法有:

1. 文献研究法

围绕统编版新教材解读、小学低年级段表达指导策略等文献资料组织教师展开理论学习和研究。

2. 实验法

围绕研究专题,展开实验研究,组织实施课堂教学实践。

3. 案例研究法

根据学生在"看图写话"中发生的实际情况,选择个案,通过典型解剖的方法,在教研活动时组织教师开展讨论。

教师们希望以更为精准的教研活动,促使自己主动研读新教材,理解编写者意图,明确二年级"看图写话"的教学基本要求,厘清阅读和表达之间的关系,在日常教学活动中选用适当的教学策略并加以实施,以期提高学生的看图写话的能力。

(四) 改进措施

教研组组织教师认真学习上海市小学语文学科教学基本要求和二年级语文学科教学基本要求,明确二年级学生在"看图写话"上的要求:一是对看图写话有兴趣,留心周围事物,能写自己想说的话,写想象中的事物。二是在看图写话中乐于运用阅读和生活中学到的词语。三是根据表达的需要,正确使用逗号、句号、问号、感叹号。通过教研活动,教师不断提炼总结表达训练的方法策略。

1. 引导学生进行仿说、仿写

在精读课文学习基础上,开展语言积累。通过仿说、仿写,引导学生掌握丰富的书面语言,可以是一句话,也可以是一段话。降低学生表达难度,激发学生表达兴趣,提高看图写话教学的有效性。比如在教学二年级第二学期的《开满鲜花的小路》时,请学生"注意加点部分,再看看课文插图,仿照例句说一说",目的就在于引导学生使用定语修饰名词,把句子说具体。

2. 创设有效语言环境

表达训练也不局限于看图写话,形式应尽可能多样,鼓励学生自由表达,让学生借助一些说话类活动开口讲话，提高表达能力。比如在教学二年级第二学期口语交际板块《长大以后做什么》时，教师可以让学生联系生活实际，说说自己长大以后想做什么以及理由，学有余力的学生可以尝试采用书面表达的方式。在提高学生语言能力的同时，也强化了学生的理想信念。

3. 提倡多样性写话训练

除了上述提到过的看插图说话、创设情境说话之外，写话训练还可以是仿照课文写诗、看图编故事。尤其要激活学生的想象力，丰富写话教学。比如在教学二年级第二学期的《当世界年纪还小的时候》，学完课文后，教师可鼓励学生选一个开头，接着往下讲。此时，学生模仿的是课文的表达顺序、语言结构，但是内容全得靠自己丰富的想象力。老师还特意挑选了优秀学生作业，在班级进行展示，进一步激发学生的创作欲望。

4. 不断给予正面评价

教师应尽量发现学生在写话过程中的优点，对学生写得生动的句子给予点评，用热情的语言增强学生写话训练的信心，评价内容可以是修辞、可以是逻辑、可以是文句通顺，也可以是真情实感，甚至是对人物语言的描写，等等，所有的正面鼓励都可以帮助学生树立写话自信，促使学生获得成就感和满足感。

除了重视教研活动和加强课堂教学中表达训练之外，教师还应该视各班具体情况加强课后个别化辅导。通过数据分析，学校安排(3)班、(6)班语文教师日常教学以托底为主要任务，每周安排两次语文老师进班开展个别化辅导，比别的班级多一次；明确(6)班语文教师现阶段主要任务是给予班级内表达板块成绩相对落后的学生更多关注，从"把句子写完整"到"把句子写具体"开始重点辅导，设计个别化作业，让学生练习，逐步提高对他们的写话要求；与此同时，还通过家长会尽可能争取到家长对语文教学的协作。其他班级则重在基于标准的多写多练，托底与培优并进。

(五) 改进效果

教研组每一次活动的内容更加明确，教师的年级组教研课专题研究主题更加聚焦。尤其是借助市、区教研活动和第三方专家团队指导的力量，教师们对于统编版新教材写话板块的教学要求更加明确，对于单元语文要素之间前勾后连、如何在看图写话中体现语言的积累有了更加清晰的认识。

教研组教师之间增加了基于学生日常写话指导的讨论频次,通过年级组讨论、案例剖析,总结共享比较优化的写话指导教学策略,既能让二年级学生听得懂,又能借助教师的指导,真正提高学生书面表达的能力。

从二年级第二学期阶段终结性评价中"看图写话"板块得分情况来看,(6)班得"优"的学生比第一学期增加9人。整个年级的学生中,"须努力"减少了2人,"合格"人数减少3人,优秀率上升7.4%。

表3 二年级第二学期语文学科阶段终结性评价中"看图写话"板块得分情况

班级		(1)班	(2)班	(3)班	(4)班	(5)班	(6)班
总人数		38	40	40	37	40	39
实考人数		36	39	38	35	38	36
优	人数	31	30	30	28	31	23
	比例(%)	86	76.92	78.95	80	81.6	63.9
良	人数	4	7	7	7	6	10
	比例(%)	11	17.95	18.42	20	15.8	27.8
合格	人数	1	2	1	/	1	7
	比例(%)	3	5.13	2.63		2.6	19.4
须努力	人数	/	/	/	/	/	1
	比例(%)						2.8

从教师的日常教学活动观察情况来看,(6)班学生的表达兴趣在老师的指导下有不同程度的提高,班级语文学习氛围浓一点了,家长对语文学习需读写结合的理解和配合度略有提高。

如果说一年级是幼、小衔接的关键时期,教师应更加注重学生是否适应小学生的生活,日常教育教学要侧重学习习惯养成和学习兴趣的激发。那么二年级尤其是二年级第二学期,则应该更加关注学生能否顺利从低年级向中、高年级过渡,其中语文学习的关键能力和必备品格的形成尤为重要。本案例所呈现的两个学期阶段终结性评价中"看图写话"板块数据对比,以及根据数据分析所开展的教研活动,内容调整跟进、具体措施落实,体现了教师基于数据改进教学行为所取得的成效。教研组开展基于学生短板的专题研究,充分关注二年级的表达训练应读写结合,用好统编版新教材,切实提高了"看图写话"的教学质量,为学生正式升入三年级做好了学习的准备。

二十六、依托数据分析　提升命题与评价能力

上海市长宁区新虹桥小学　邹小群

作者简介：

邹小群，毕业于上海师范大学。曾荣获2010年"长教杯"教师综合能力 评优三等奖、2013年"长教杯"教学评优二等奖，2009年和2019年长宁区"园丁奖"；曾参与"教师课堂教学行为诊断的研究与实践"项目获得上海市教育科学研究院第三届学校教育科研成果三等奖；曾参与"制度化、发展性、研究性教研组建设的实践研究"项目获得长宁区第十届教育科学研究成果三等奖；曾参与"借助思维可视化，增进课堂教学有效性的实践研究"项目获得长宁区科研成果一等奖和上海市第七届教科研成果三等奖。

教育格言：

一辈子做教师，一辈子学做教师。

[摘要] 教师利用"深瞳优学"智能学情质量分析系统对阶段练习进行大数据分析,同时结合学生检测反馈,合理分析和利用这些数据对学生整体和个体进行精准评价。在评价和分析中寻找到教与学中存在的问题,并对检测题目进行适当的调整,以便能更好地发挥检测与评价的作用。命题最终要有利于调动全体学生学习数学的兴趣和积极性,有利于大面积提高教学质量,有利于当前的课堂教学改革。

[关键词] 数据;评价;命题

(一) 背景介绍

随着大数据时代的来临,通过大数据的挖掘与分析,能够记录学生学习数学的信息,并在一定程度上预测学生的发展潜能。目前利用"深瞳优学"智能学情质量分析系统,不仅能够精准地分析学生答题个体情况和班级整体情况,而且能将教师每一道命题的区分度和难度都呈现出来,这是以往教师命题不能做到的。这些精准的数据分析,可以帮助教师反思命题设计、调整命题设计,提高命题的有效性,更充分发挥阶段练习的诊断功能。本次分析的是 2020 年 6 月 15 日进行的三年级第二学期第三次阶段练习,以三(4)班的数据为主并结合三年级的整体数据。

三年级第一学期学校引入"深瞳优学"智能评价系统,由于是新接手两个班级的任课,笔者更多地关注全班学生成绩和个体成绩在三个模块中的变化,对命题的精准性和检测的效度思考不够。第二学期教研员李雅芬老师为我校数学组全体教师做了一次关于作业设计和阶段练习命题研究的报告。李老师指导我们利用单元教学目标或教材知识点的页数来确定考查知识点的重点和题量,并明确了每次单元练习各部分的题量——总题量 33 题左右,其中竖式计算题≤4 题、递等式计算题≤6 题、直接写出得数题≤4 题、填空题≤10 题、选择题≤4 题、解决问题题≤8 题(包括挑战题)。练习中至少包括 1 道阅读题。结合李老师的命题要求和"深瞳优学"命题数据分析,笔者以本学期第三次阶段练习中"概念理解"这一模块的填空题来分析和反思命题与评价情况。

(二) 案例呈现

1. 教师命题设计意图

第三次阶段练习"概念理解"部分涵盖了第一单元"平方分米"、第二单元"两位数乘除"。根据阶段教学内容主要涵盖了第四单元"分数的初步认识(一)"和第六单元"几何小实践(周长的认识与长方形和正方形的周长)"的知识点检测。主要检测在具体情境下对几分之一和几分之几的认识;知道几个几分之一就是几分之几;已知正方形的边长计算正方形的周长和面积;周长相等时,正方形的面积最大;能通过画出简图,利用图文结合的方式来解决简单的实际问题。检测学生对于基本概念的识记、理解和灵活运用能力。

2. 学生答题数据分析

以下选择第三次阶段练习中的两道题,并以三(4)班学生的答题情况进行具体的分析。

(4) 16个梨平分给8个人,每个人分到这些梨的 $\frac{(\quad)}{(\quad)}$,也就是( )个梨;其中的7个人分到这些梨的 $\frac{(\quad)}{(\quad)}$,也就是( )个梨。

"深瞳优学"数据分析显示,本题答错人数为24人,占70.59%;本题一共有四个填空,第一填空错误率为38.24%,第二填空错误率为20.59%,第三填空错误率为73.53%,第四填空错误率为32.35%。第一填空和第三填空都是检测学生对于离散型的整体中的每一份或几份用分数表示,错误率更高。

(10) 将两个周长为4厘米的正方形,拼成一个长方形,这个长方形的周长是( )厘米,面积是( )平方厘米。

"深瞳优学"数据分析显示,本题答错人数为29人,占85.29%,且答错的学生基本上两个填空都是错的。

图1来自"深瞳优学"的数据分析截图。从图中很明显地可以看到不仅是三(4)班学生,整个年级组学生对这两题的答题正确率也很低。

3. 学生错题评价分析

"深瞳优学"分析数据显示了这两道题的区分度和难度(图2)。第(4)道填空题的区分度系数0.07、难度系数0.04。看似简单的数据,难度系数却比较大,是离散型分数的教学没有夯实还是平时练习设计没有到位呢?

"16个梨平均分给8个人"这是一道二年级就应该掌握的平均分应用题,但是在学习了离散型分数的概念之后,这样一道简单的题目,让学生对概念产生了混淆,感觉无从入手。对于一个填空"每个人分到这些梨的 $\frac{(\quad)}{(\quad)}$",学生对于整

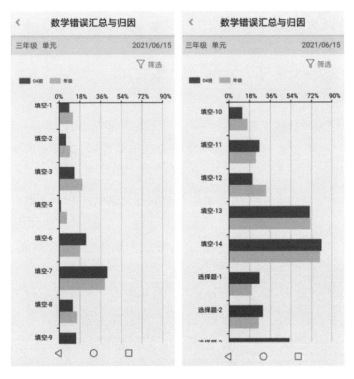

图 1　错误汇总与归因

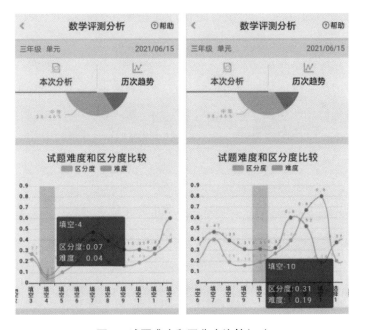

图 2　试题难度和区分度比较(一)

体"1"的概念不清晰,部分学生答题$\frac{(1)}{(16)}$。第一个和第二个填空答错的学生,基本上后面两个填空都是错的,错误答案多为$\frac{(7)}{(16)}$,错误的原因和前面第一填空是一样的。

第(10)题填空题的区分度系数是 0.31,也是属于要淘汰的题目;该题难度系数是 0.11,也不属于难题,只是一道中等难度的题目,错误率竟然如此高,同样引起了笔者的思考。

这是一道需要学生动手画草图来解决的问题。学生在审题时往往会把"周长为 4 厘米的正方形"错看成"边长为 4 厘米的正方形"。其中原因有两个:一是没有良好的审题习惯,比如边读题边圈出关键词;二是这一类的题型在平时练习中很少出现,学生解题出现了思维固化,直接把已知条件理解成"正方形的边长是 4 厘米"。这样,答案是(24)厘米和(32)平方厘米的学生占 47.06%。

依据以往的教学经验,在阅卷时就已经知道哪些题目错误率高,教师会在练习卷上做个标记,记录一下典型错误,在后续的练习评讲课中进行分析。在分析的同时把认为学生薄弱的知识点再复习一遍,以达到巩固和强化知识点的目的。但以往分析命题时总会把学生错误率高的原因归结于学生的学,比如平时学习习惯松散、练习时没有足够的专注度,等等,很少从命题的数据来进行反思。

"粗心"这个词是在小学数学学习中,当学生出现错误时,教师、家长和学生解释原因时出现频次最高的词语。但是在笔者看来,很多所谓的"粗心"中隐藏着学生对基本概念和知识点的不理解和一知半解。因此,每一次的阶段练习笔者都会把学生的草稿收上来,逐一与试卷比对找到错误并进行分析。其中,有的是计算的算理出错,比如商中间有"0"的除法总是没有做到"不够商 1,0 占位";有的是特定的几句乘法口诀背错,只要涉及相关计算就出错。在草稿的检查中能发现学生错误的共性和个性问题,在后续的教学中和补缺中进一步跟进,能夯实基础、循序渐进。

第(10)题阅卷后,笔者认真检查了学生的每一张草稿纸,发现 7 名学生画了草图。说明平时在教学中,教师虽然一再强调"图文结合"帮助解题,但许多学生没有能扎实地做到这一点,简单审题后提笔就做的习惯还是普遍现象。在画草图的七名同学中,只有两位同学拼成的长方形的长和宽的数据是标注正确的。

图3是两名学生画的草图,就是典型的审题错误造成拼成的长方形的长和宽的数值标错,进而导致解题出错。

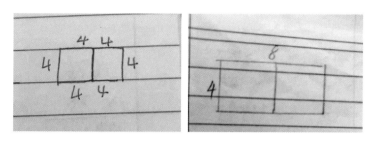

图3　学生答第(10)题时画的草图

4. 教师命题设计调整

第(4)(10)两道填空题检测的内容都是符合教学基本要求的,那么如何来进行适当调整,才能更好地达到检测的效果呢?笔者做了如下的思考。

第(4)题填空可以在文字叙述的同时配上图片:

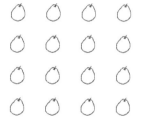

这道题的检测目标是学生对离散型分数的认识,课本和练习册的很多习题都是配图的,对于学习能力强的学生不需要看图也能正确解答,而对于学习能力较弱的学生则可以通过图来圈一圈、分一分,帮助解答。只要能正确解答也就表明了该生对于这个知识点的掌握情况。相反如果没有配图,一部分学生答错可能是因为没有直观的图例而并非没有掌握知识点,后期的试卷分析和差缺补漏的教学重点就要转变,要更能关注到知识点本质,而不是一味地再次全盘讲解。

第(10)题的检测目的是学生能够正确运用长方形周长和面积计算公式解决简单的实际问题。如果像第(4)题一样给出配图难度系数就太低了,无法发展学生的高阶思维能力;但是现在答题准确率这么低,并且在24名学生的草稿上找不到这道题的解题痕迹。怎样做才能更好地检测学生对知识点的掌握程度?笔者觉得可以把这道题作如下调整:

(10) 将两个边长为 4 厘米的正方形,拼成一个长方形,这个长方形的周长是(　　)厘米,面积是(　　)平方厘米。

把已知条件正方形的周长为 4 厘米,改成正方形的边长为 4 厘米。这样略微降低了题目的难度,但是能更有利于检测出学生对于长方形周长和面积知识点的掌握情况。通过检测能了解哪些学生是因为不会画草图或者没有一定的空间想象能力而出错,哪些学生是因为长方形周长、面积的计算公式没有识记而出错。这样就能在后续的教学和作业设计中有效地进行调整,真正做到因材施教。

调整以后笔者依然选择了三(4)班重新解答这两道题。学生拿到题目第一个反应是已经做过了,于是提醒他们认真审题,仔细完成。

学生答题完成后,教师在批阅时发现第(4)题,73.52％的学生在提供的图例上画过圈,然后就能准确填写出 16 个梨平分给 8 个人,每个人分到的也就是(2)个梨;其中的 7 个人分到的,也就是(14)个梨。说明在提供图例后,大部分学生能够通过圈一圈找到正确答案。练习教材在呈现这一类的题目时大多也提供图例,因此在没有降低检测目标的情况下,更好地检测了学生的掌握情况。对于前两个填空依然出错的 26.48％的学生,要在后续的同类练习和复习中加以更多的关注和指导。但是另外两填空答题错误率依然很高,说明学生对于离散型分数的概念掌握不牢固,今后在平时的练习设计中要进行适当的穿插,利用作业分析的时间加以巩固。

第(10)题调整后大大提高了答题的正确率,82.34％的学生两填空都正确,其余的学生基本都错了。出错的情况分为两类:第一类是对于长方形周长和面积计算的基本概念没有掌握;第二类是不会利用图文结合的形式把题目提供的信息用草图来表示,这样如果空间想象能力比较弱的话,就找不到拼成图形的长和宽的长度,答题肯定出错。对于出现不同错误类型的学生,要采用不同的方法加以纠正。对长方形周长和面积计算方法没有掌握的学生,要在帮助理解周长和面积的概念后逐步增强记忆;对没有图文结合想象力的学生,要帮助养成良好的学习习惯,让其理解建立数学草稿不仅仅是停留在计算这一层面上,画草图、画线段图、把文字翻译成算式等都是草稿,这些草稿好比一根根拐杖,可以帮助我们收集信息,解决问题。

图 4 是完成练习后"深瞳优学"重新做的数据分析。从数据中发现,两道题的区分度都不同程度地降低了 0.04 和 0.2。因为这两题是基础题,区分度的降低说明能检测出班级整体对知识点的掌握程度。同时两道题的难度也降低了

0.02和0.1,调整题目并不意味着降低检测目标,而是更好地检测了学生学习中的问题所在。精准的数据分析,有助于教学改进。

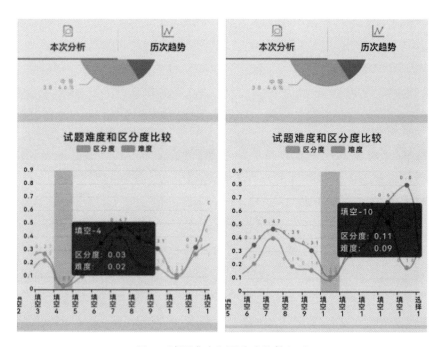

图4 试题难度和区分度比较(二)

(三) 教学感悟

大数据支持下的命题,打破了数据在传统命题中只作为评估和甄别的作用。引入大数据分析与决策,从而实现了人机合理分工、功能优势兼收的目的,真正意义上激发了评价的精准性和有效性。在大数据支持下的阶段练习命题,是面向全体学生的水平检测,是以基本知识点检测和学生思维能力的检测为目标,从而结合班情调整课堂教学,结合生情查缺补漏。命题的导向最终要有利于调动全体学生学习数学的兴趣和积极性,要有利于大面积提高教学质量,有利于当前的课堂教学改革。

二十七、数据为眼　反思现状　探索改进

上海市长宁区古北路小学　徐　萍

作者简介：

徐萍，上海市长宁区古北路小学教师，语文教研组组长。多年从事教育科研工作，积累了比较丰富的理论和实践经验，论文《好的选题等于成功的一半》获长宁区教育学会第十五届优秀教育论文评选二等奖、《以诗促教　减负增效》获长宁区教育学会第十六届优秀教育论文评选三等奖、《让德育与语文教学水乳交融》在长宁区"活力教育"研讨活动中获三等奖，2018年获长宁区"活力教育"研讨活动班主任基本功大赛三等奖、2019年获长宁区青少年法制教育优秀教案征集活动小学组三等奖和长宁区教育系统三笔字和中国画比赛二等奖。

教育格言：

创造人文的课堂，激发动感的课堂，享受智慧的课堂。

[摘要] 在对2019年度小学生学业质量"绿色指标"测试语文学科数据分析的基础上,发现古北路小学学生在习作学业水平上存在明显的不足。针对这种情况,从教师和学生两个角度分析了原因,制定了改进的策略和措施,并加以实践,取得了较好的成效。

[关键词] 数据分析;写作教学;改进策略

(一) 背景介绍

上海市教育委员会组织了2019年度小学生学业质量"绿色指标"测试,上海市16个区的954所学校(校区)的80 353名(古北路小学48名)四年级学生均参加了测试,涉及语文、数学、艺术三门学科。本次测试的内容不仅包括学生在基础知识、基本技能方面所达到的水平,而且还包括时代发展所要求的小学生所必备的搜集处理信息、自主获取知识、分析与解决问题、交流与合作、创新精神与实践能力等核心素养。

本次的语文学业水平测试主要从"积累""阅读"和"习作"三个方面考查学生的语文学业水平(表1)。

表1 2019年度小学四年级语文学业水平测试内容

学科	内容维度	能力维度
小学语文	积累	读准字音, 认清字形, 理解字义、词义, 借助工具书等认识生字新词, 理解常见的古诗文
	阅读	整体感知, 提取信息, 形成解释, 解决问题
	为了获取信息, 为了获得文学体验, 为了完成任务	
	习作	根据习作要求选择合适的材料,表达一定的意思; 把内容写清楚, 用词正确,语句基本通顺、连贯 正确、规范、端正地书写汉字

（二）数据呈现

本次测试分 A、B、C 三个不同学业水平描述。从古北路小学学生在语文学科各能力维度各水平的人数比例来看：基础部分，达到 A 水平的为 68.1%，低于全区平均值；达到 B 水平的为 31.9%，高于全区平均值，没有 C 水平的学生。阅读部分，达到 A 水平的为 63.8%，低于全区平均值；达到 B 水平的为 31.9%，高于全区平均值；达到 C 水平的为 4.3%，高于全区平均值。习作部分，达到 A 水平的为 31.9%，低于全区平均值；达到 B 水平的为 48.9%，低于全区平均值；达到 C 水平的为 19.1%，高于全区平均值。

以上数据清晰地反映出，古北路小学学生在语文学科综合素养上存在的最大问题在于习作部分。这一部分，古北路小学学生的得分率为 71.3%，学生在审题、内容、表达这三个方面的平均得分率均低于全区的平均得分率。"审题"方面的平均得分率为 82.1%（全市平均得分率为 86.9%，全区平均得分率为 85.5%），反映出绝大部分学生能正确审题、明确写作的重点，但也有少部分的学生这方面的能力较差；6.6% 的学生能够根据写作要求和提示确定中心意思、围绕中心意思选择材料；有 14.9% 的学生不理解提示所给的写作范围，中心意思不够明确；有 6.4% 的学生不能根据要求确定写作范围，没有一个中心意思。"内容"方面的平均得分率为 65.1%（全市平均得分率为 68.5%，全区平均得分率为 68.7%），反映出学生不善于观察生活、积累素材，不善于选择合适的写作材料，不善于表达情感，写作的方法不够灵活；只有 25.5% 的学生能做到叙事完整、清楚，想象的内容合理，并能根据需要分段表达；12.8% 的学生叙述一件事情不完整，叙事要素有缺失，想象的内容不够合理；6.4% 的学生没有写一件具体的事情，内容很不合理。"表达"方面的平均得分率为 71.6%（全市平均得分率为 75.2%，全区平均得分率为 75.6%），反映出学生写作基本功不够扎实；只有 34% 的学生能够使用合适的词语、通顺的句子清楚地表达，语意连贯；48.9% 的学生表达中有个别病句、错别字或词语运用不恰当之处，表达比较通顺、连贯，有一些错漏标点的现象；17% 的学生表达中的病句、错别字较多，标点不用或用错，句子意思不够清楚，语义不够连贯。

（三）原因分析

古北路小学学生在习作部分的能力低于上海市和长宁区平均水平的关键因

素在于学生对记叙文的一般结构、叙事素材及语句修辞方法等程序性知识的缺乏。

1. 外部因素

就教师而言,部分教师在习作教学时,过多地依赖自己多年的教学经验,随意而教,缺乏必要的、系统的方法指导,弱化了应该给予学生的写作指导,没能刺激学生的想象力,使得学生的学习效果大打折扣;部分教师过分注重作文教学形式化,让学生背诵好词好句,然后不断地往自己作文里加,往往造成习作的华而不实;部分教师的在习作课堂上"满堂灌",完全忽略了课堂的主人不是教师而是学生;与习作教学相匹配的习作评价不够完善,尤其是高年级段的学生,他们的水平差距非常明显,而教师通常所用的"一刀切"的评价方式让一部分学生得不到成就感,从而写作的动机越来越弱。

2. 内部因素

就学生而言,部分写作基础一般的学生,由于教师没有对其进行有效的引导和教育,学生感受不到原本属于他们的夸赞和鼓励,逐渐产生了畏惧和躲避心理,写作动机也越来越弱化;教师教学方式方法的逐渐滞后造成学生在课堂教学中没有得到充分的方法指导和能力提升,习作水平得不到有效提高;学生写作已经不再有动力和自主意识,而只是一种任务或命令,只是为了考试而不是用于交际和生活;学生没有充分认识到习作不仅仅在课堂上,更应立足社会、源于生活,缺乏注重日常写作素材的积累和不断实践。

(四) 改进策略与措施

根据以上内因和外因的分析,教研组从习作课程教学和语言习惯培养两个方面入手,拟定了以下改进策略与措施:

1. 激发学生的习作兴趣

我国古代教育家孔子说过:"知之者不如好之者,好之者不如乐之者。"可见,激发学生的表达欲望在习作教学中显得尤为重要。所以我们的习作教学一定要顺应学生的天性。

作文课上的游戏教学是一种非常有效的方法。三年级的李老师用学生喜闻乐见的游戏有效地吸引学生参与,且此游戏教学贴近学生的认识,符合投其所好的教学理念,能够使学生产生"我要写"的意识。在游戏的过程中,学生身心都"动"了起来,脑、口、手、脚的活动,最大限度地发挥学生的身心潜能。于是,习作便不再是一种负担,而是感受到的表达和情感的抒发。游戏前,李老师引导学生观察游戏的过程和其他学生的言行;游戏后,李老师组织学生说出游戏心得,并鼓励学生将游戏过程写成作文,在作文中交代其他学生的语言、动作、表情和自己在游戏中的感受等。不仅使学生玩得兴高采烈,而且写得也轻松愉快,兴趣自然而然就激发了。

2. 指导学生的写作方法

叶圣陶说过:"教材无非是个例子。"入编教材的都是经过细致推敲的优秀范文,作者巧妙的构思、有序的写作、独特的观察视角等都是学生习作的好范本。课文中的外貌描写、动作描写、神态描写如何展现人物的性格特征和精神世界;课文是如何选择典型的事例去表现人物的内心世界;课文是如何按照事情发展顺序把事件的起因、经过、结果写得条理清晰,又是如何安排详略的;环境描写在习作中有什么重要作用;修辞手法与好词佳句又该如何合理运用,才能使文章既优美又不显得华而不实……林林总总,教师都应充分利用教材这个形象直观的例子,让学生潜心地去朗读、去感悟、去模仿,总结特点,归纳写法,然后提供学生时间和空间借鉴迁移,巩固习作知识,为写好作文做好铺垫。

教师要给学生多多创造学以致用的机会,写批注就是一个很好的途径。在每天预习新课时,中、高年级段的教师都要求学生在课文的空白处或是在有感触的地方写批注,不规定字数,有感而发即可;在学习新课时,根据文章内容,让学生写写自己学完这一课的感受或是最想说的话;还利用课文中的留白,让学生展开想象的翅膀,为课文作补充……长此以往,学生的写作能力自然会提高。

每天写日记也是提高孩子习作水平的好办法。徐老师要求学生养成天天写日记的习惯,观察生活、体验生活、思考生活,对学生掌握写作方法、提高写作水平是大有好处的。

3. 拓宽学生的素材视野

"生活中不是缺少写作素材,而是缺少发现。"教师必须有意识地丰富学生的生活,引导学生从日常生活的点点滴滴中去挖掘、积累习作素材。

王老师引导学生对周围熟悉的人和事物作细致的观察并教会学生观察的方法,让学生睁开双眼,去观察,去比较:烈日下的行人和寒风中的行人会有什么不同;早晨的小区和黄昏的小区有什么不一样;老师在和老师不在的时候,教室里有什么不一样;一年四季、雷电风雨、日落月出的大自然有什么不同的特点……只有教会学生学会观察,丰富他们的见闻,才不会在习作时因为没有素材而使习作"大、空、套"。

作文素材更多地来自学生的生活实际,教师带着学生用眼睛观察身边熟悉的人、事、物,用耳朵聆听自然界的声音,用双手尝试各种实践,用心感悟生活中的每一次经历。课间的一次跑步比赛、春游中的一个游乐项目、课堂上的一个搞笑片断、老师的一次表扬或批评、一次考试后自己的心情、同学之间的一次矛盾、上学路上的见闻……生活中耳闻目睹、亲身经历的事,都是学生习作的极佳素材。教师所要做的,就是做一个有心人,不断帮助学生回顾积累。

根据学生的年龄特征和心理特点,学校经常会有计划地组织一些有意义的活动,让学生走进生活,比如:一年一度的运动会、艺术节、中队的主题班队会活动,社会实践活动,法定节假日的专题活动等。教师要鼓励学生积极参与、仔细观察、认真体验,有了这些丰富的生活素材,习作时,就会有话想写,有话可写。

另外,学校的家、校共育——阅读计划,号召学生增加课外阅读的数量,这样不仅有利于学生积累写作素材,也能拓宽阅读视野。

4. 丰富习作的评价路径

完善的评价体系是作文教学中至关重要的一个环节,教师摆脱了传统的、单一的、机械化的评价方式,更加关注学生在写作过程中的方法、情感与态度的评价,以增强学生的学习动力,激励学生的学习信心,让学生享受到认真完成习作的成功和快乐。为了提高学生的积极性,教师在评价学生的作文时不使用统一标准,而是进行弹性的评价指导,采用"分项评分"的方式,让学生在教师的评价中自改、互改,发挥学生的创造性。

教师善于寻找学生习作中的亮点,通过激励评价、分层差异式等方法对学生的作文进行评析,帮助他们树立信心;尊重学生主体,尝试用多向型的方法对学生的作文进行评析,突出评价的过程,让学生在体验中对其进行作文评析……凸显了评价的指导功能和激励功能。

(五) 改进效果

通过两个学期的实践和探索,我们发现学生的习作兴趣、习作能力均有了较大幅度的提升。在五年级全年级期末测试中,42.7%的学生达到 A 水平,能根据写作要求和提示确定中心意思;能按起因、经过、结果的顺序记叙一件事情,叙述完整、清楚,想象的内容合理,语句通顺,语意连贯,用词准确;51%的学生达到 B 水平,能明确写作范围,选择符合中心意思的材料,叙述一件事情要素齐全,想象的内容比较合理,语句比较通顺,语意比较连贯,用词基本恰当;6.3%的学生只有C水平,写作范围与要求不相符合,中心意思不明确,叙述一件事情的要素缺失或没有一件具体的事情,想象的内容不合理或过于简单,语句不通顺、不连贯,用词不恰当。可见,A水平和B水平的学生比例有所增加,而C水平的学生比例大幅下降。

总之,作文教学目标是培养小学生作文意识,培养他们用词、造句、构思谋篇和修改文章的能力以及观察事物、分析事物的能力,这就要求教师以学生的全面发展为中心原则,提高学生学习语文作文的兴趣,并通过课堂的强化训练、点评鼓励,使小学语文作文教学满足学生最大限度的个体差异,实现小学语文作文的高效率和高质量教学。